立德树人视阈下
高校德育与思想教育创新研究

王 瑀 著

九 州 出 版 社
JIUZHOUPRESS

图书在版编目（CIP）数据

立德树人视阈下高校德育与思想教育创新研究 / 王
瑀著. -- 北京：九州出版社，2024.3
ISBN 978-7-5225-2767-3

Ⅰ. ①立… Ⅱ. ①王… Ⅲ. ①高等学校－思想政治教
育－研究－中国 Ⅳ. ①G641

中国国家版本馆 CIP 数据核字（2024）第 066506 号

立德树人视阈下高校德育与思想教育创新研究

作　　者　王　瑀　著
责任编辑　杨鑫垚
出版发行　九州出版社
地　　址　北京市西城区阜外大街甲 35 号（100037）
发行电话　（010）68992190/3/5/6
网　　址　www. jiuzhoupress. com
电子信箱　jiuzhou@jiuzhoupress. com
印　　厂　永清县晔盛亚胶印有限公司
开　　本　787 毫米×1092 毫米　16 开
印　　张　15.25
字　　数　197 千字
版　　次　2025 年 1 月第 1 版
印　　次　2025 年 1 月第 1 次印刷
书　　号　ISBN 978-7-5225-2767-3
定　　价　58.00 元

前言

党和国家作出了"中国特色社会主义进入新时代"的重大判断，新时代对个人思想道德品质提出了更高的要求。但在多种因素的影响下，目前受教育者的实际思想道德素质与现代社会对个人思想道德素质的要求还存在一定的差距。全国高校思想政治工作会议提出，高校思想政治工作关系到高校培养什么样的人、如何培养人以及为谁培养人这个根本问题。要坚持把立德树人作为中心环节，把思想政治工作贯穿教育教学全过程，实现全程育人、全方位育人，努力开创我国高等教育事业发展的新局面。

这是一部研究新时代高校德育与思想教育创新方面的学术专著，书稿首先从宏观角度入手，要求坚持中国特色社会主义教育发展道路，坚持社会主义办学方向；进而对高校德育与思想教育理论进行研究，并简要概述立德树人的基础理论，介绍了新时代新形势立德树人的内涵、特性、要求、任务、原则、价值等；然后针对立德树人视阈下的高校德育工作与思想政治教育工作的相关问题进行梳理和分析；最后在立德树人视阈下的高校德育与思想教育创新策略方面进行探讨。本书论述严谨，结构合理，条理清晰，能为立德树人视阈下高校德育与思想教育创新相关理论的深入研究提供借鉴。

本书参考了大量的相关文献资料，借鉴、引用了诸多专家、学者和教师的研究成果，写作上得到很多领导及同事的支持和帮助，在此笔者深表谢意。另由于能力有限及时间所限，虽力求著作的完美，但仍难免有不妥与遗漏之处，恳请专家和读者指正。

目 录

第一章　坚持中国特色社会主义教育

第一节　全面贯彻党的教育方针

我们的高校是中国共产党领导下的高校，是中国特色社会主义高校。《中国共产党章程》总纲规定，党的领导主要是政治领导、思想领导和组织领导。这是我们党总结领导革命、建设和改革的历史经验，在长期执政实践中得出的基本结论，也是办好中国特色社会主义大学的根本宗旨。政治领导，就是要保证高校正确的办学方向，保证党的领导在高校工作中全面发挥作用，保证高校的改革发展与党所确定的阶段性目标任务保持高度一致，保证党的路线方针政策和重大工作部署得到贯彻执行。思想领导，就是要掌握高校思想政治工作主导权，巩固马克思主义在高校意识的主导地位，培育和弘扬社会主义核心价值观，用科学理论培养人，用正确思想引导人，保证高校始终成为培养社会主义事业合格建设者和可靠接班人的坚强阵地。组织领导，就是要保证党的选人用人标准得到落实，建设高素质的干部队伍和专家人才队伍，坚持抓基层打基础，发挥基层党组织的战斗堡垒作用和全体党员先锋模范作用，保证党的路线方针和重大部署不折不扣落实到基层。总之，牢牢掌握党对高校工作的领导权，使高校真正成为坚持党的领导的坚强阵地，必须把握住党管办学方向、党管改革发展和党管干部人才这三个关键，把深入细致的思想政治工作贯穿始终，才能确保立德树人的根本任务得到真正落实和圆满完成。

一、把握住党管办学方向的坚定立场

把握好党对高校工作的领导权，首先要坚持社会主义大学的办学方向，坚持以马克思主义为指导，全面贯彻党的教育方针。

高校是孕育思想、发展理论、传播文化的地方。在历史和人民的选择中，马克思主义成为我们立党立国的根本指导思想，也成为中国特色社会主义大学的鲜亮底色。长期以来，高校在学习研究宣传马克思主义、培养马克思主义理论人才方面发挥了重要作用，为推进马克思主义中国化、时代化、大众化作出了重要贡献。

高校要把加强马克思主义学习研究宣传作为重要职责，让马克思主义主旋律唱得更响亮。要抓好课堂主渠道进行马克思主义理论教育，广泛开展中国特色社会主义理论体系学习教育，深入学习领会党中央治国理政新理念、新思想、新战略；改革教学内容、方法和手段，提高马克思主义理论教学的针对性和实效性；注重综合改革和整体思维，使各学科专业的学生、不同学段的学生都要学好马克思主义理论，掌握科学的世界观和方法论，为学生一生的成长奠定科学地认识世界和改造世界的基础。

高校要加强马克思主义理论研究，建设好马克思主义学院和马克思主义理论学科，发挥高校的学科和人才优势，对马克思主义经典理论进行深入研究和阐释，同时立足中国特色社会主义实践，解读和回答重大理论和现实问题，推动发展 21 世纪马克思主义和当代中国马克思主义。要重视理论人才的培养，下大决心大力气培养一批立场坚定、功底扎实、经验丰富的马克思主义学者，特别是要培养一大批青年马克思主义者。要加大马克思主义的宣传和普及力度，通过有效的改革举措和行之有效的方式方法，向广大民众宣传和普及马克思主义，使马克思主义基本原理由抽象到具体、由深奥到通俗，由被少数人掌握到被广大人民群众理解、接受和信仰，推动中国马克思主义大众化。

坚持以马克思主义为指导，最重要的是坚持马克思主义基本原理和贯穿其中的立场、观点、方法。研究各门具体学科，要善于运用马克思主义的立场、观点、方法去辨明研究方向、掌握科学思维，得出合乎规律的认识，而不是照搬现成结论，更不是代替具体学科的研究。在马克思主义指导下，应该提倡各种学术思想和学术派别切磋交流，提倡对各种思想文化广纳博鉴，形成百花齐放、百家争鸣、创新发展的生动局面。

社会主义核心价值观有深厚的历史底蕴和坚实的现实基础，是当代中国精神的集中体现。它所倡导的价值理念具有强大的道义力量，所昭示的前进方向契合中国人民的美好愿景。培育和弘扬社会主义核心价值观，增强中国特色社会主义道路自信、理论自信、制度自信、文化自信，是保持民族精神独立性的重要支撑。用社会主义核心价值观教育学生，引导他们扣好人生的第一粒扣子，是高校思想政治工作的使命所在，是落实立德树人根本任务的核心要求。

总之，要采取各种有效方式形成培育和践行社会主义核心价值观全面融入、整体推进的良好态势。近年来，各地各校认真探索、积极实践，社会主义核心价值观"进教材、进课堂、进头脑"，特别是"促行动"的态势基本形成。

高校不是封闭的孤岛，高校发生的事情会影响社会，社会上发生的事情也会影响高校。高校和谐稳定是社会和谐稳定的重要组成部分，也是国家安全稳定的重要风向标。认清国家安全形势，维护国家安全，要立足国际秩序大变局、防范风险的大前提来统筹，立足我国发展重要战略机遇期的大背景来谋划，突出抓好政治安全、经济安全、国土安全、社会安全、网络安全等方面的工作。而高校的安全稳定则直接关乎国家的政治安全、社会安全和网络安全。所以，我们要从国家政治安全和意识安全的高度，认清维护高校和谐稳定的重大意义；要从增强核心意识和维护党中央的权威地位的要求，去理解维护高校和谐稳定的重要作用；要从加强和稳固共产党执政地位的责任，去完成高校和谐稳定的重要任务，把高校建设成为安定团结、和谐稳定的模范之地。

目前，高校安全稳定工作任务繁重。由于国际国内形势深刻变化，不同思想观点多元多样多变、社会利益群体的分化加剧、各种社会思潮对峙愈加明显，再加上网络新技术应用迅速普及，使高校安全稳定形势呈现出一些新的特点。可以用三个关键词来概括：放大、迅速、联动。

一是网络舆论的传播放大功能明显，事件一旦发生就会在不同媒体上得到放大，实际发生的"烟"可能会被传播放大成"火"，实际发生的个体可能会被传播放大成群体，而且舆论发酵初期，良莠不分、真假混乱，有图未必有真相，为解决问题和控制事态发展增加了难度。二是一旦事件发生，即以直播的速度传播出去，发生之时世人皆知，传播迅速，不给解决问题留下任何思考的空间。三是不论事件发生在网络空间还是实际生活空间，都可能会引起线上线下的联动，不论事件发生在校内还是校外，都可能会引起校内校外的联动。这些新的特点为妥善处理突发事件、维护高校和谐稳定安全增加了难度。思想活跃是高校的重要特征，各种思想观点在这里交汇，各种价值观念在这里碰撞。我们既要秉持尊重差异、包容多样的态度，在多元中立主导，在多样中谋共识，在多变中定方向，让一切有益思想文化的涓涓细流汇入主流意识的浩瀚大海。同时，又要增强政治敏锐性和政治鉴别力，对鱼龙混杂的思想观点，要辨析甄别、过滤净化；对各种错误思潮，要保持警惕、有效防范；对别有用心的人和事，要主动出击，果断亮剑，防止各种形式的错误思想在高校抢滩登陆，同我们争夺阵地、争夺人心，确保高校的政治安全稳定。

培育理性平和的健康心态，是高校育人的重要方面。高校应该成为使人心静下来的地方，成为消解燥气的文化空间。教师要静心从教，学生要静心学习，通过研究学问提升境界，通过读书学习升华气质，以学养人、治心养性。心理健康教育与高校的和谐、安全、稳定直接相关。要把大学生心理健康教育工作纳入学校重要的议事日程，进一步明确高校心理健康教育的目标、任务和方向，帮助学生改善心理机能，培养良好的心理品质，塑造健全的人格，避免和减少各种心理问题、心理疾病的发生。要帮助学生锤炼坚强的意志和品格，培养奋勇争先的进取精神，历练应对困难和挫折的心理素质，保持乐观向上的人生态度。要加强人文关怀和心理疏导，把解决思想问题同解决实际问题结合起来，多做得人心、暖人心、稳人心的工作，在关心人、帮助人中教育人、引导人。高校在保持和谐稳定方面把工作做好了，就能产生很强的辐射力，为社会和谐稳定注入正能量。

教风和学风构成了一所学校校风的核心内容。一所高校的校风、教风和学风，犹如阳光和空气决定万物生长一样，直接影响着学生的学习和成长。好的校风、教风和学风，能够为学生学习成长营造好气候、创造好生态、提供好营养，好的思想政治工作也能润物无声地实施，给学生以人生启迪、智慧光芒、精神力量。

学习是学生的主要任务，学习过程也是学生锤炼心志的过程，学生的思想、品行、能力都要在学习中形成。高校思想政治工作必须同鼓励学生端正学风、严谨治学统一起来，让学生在刻苦学习中确立科学精神、锤炼品行情操。

教风是校风的重要组成部分，没有好的教风就不会有好的学风。从某种意义上讲，好的教风也是一所学校崇高的精神旗帜，它对学生可以起到熏陶、激励和潜移默化的教育作用。传道者自己首先要明道、信道。高校教师要坚持教育者先接受教育，要加强师德师风建设，把教育培养和自我修养结合起来，坚持教书和育人相统一，坚持言传和身教相统一，坚持潜心问道和关注社会相统一，坚持学术自由和学术规范相统一。要引导广大教师以德立身、以德立学、以德施教，以良好的教风带学风。

好校风来自师生共同努力，而其基础在于学校办学方向和治理水平。没有高质量的育人体系，没有高水平的管理体系，没有良好的学习风气，就不可能有科学的制度规范，就不可能有细致的思想政治工作引导，就不可能形成良好的校风。要按照高等教育法和学校章程，用法规去规范办学方向和基本制度，依法依章运行，执行校纪校规，做到治理有方、管理到位、学术繁荣、风清气正。

二、把握住党管改革发展的目标任务

把握好党对高校工作的领导权，就要坚持党管高校改革发展，把习近平总书记关于高校工作的新理念、新思想、新论断转化为改革发展的新部署、新要求，统筹推进"五位一体"总体布局和协调推进"四个全面"战略布局，牢固树立创新、协调、绿色、开放、共享的新发展理念，紧紧围绕学校办学定位，聚焦提高办学质量的战略主题，科学设计学校的发展规划，积极探索构建以党组织为核心的高校治理体系，大力推进综合改革，解放思想，大胆创新，勇于开拓，确保高校各项工作健康发展。

一是全面领导学校发展规划的科学论证和制定实施。高校的发展定位决定着学校的发展方向和最终成败。要围绕着办什么样的大学、怎样办好大学和培养什么样的人、如何培养人以及为谁培养人这个根本问题，坚持立德树人根本任务，按照国家教育发展规划纲要，根据国家和区域经济以及社会发展的需要，找准学校在人才培养中的位置，确定学校在一定时间内的总目标，培养人才的层次、类型和人才的主要服务方向，科学制定学校的发展规划。切实避免办学特点不够鲜明、突出，规划制定中定位不够准确，办学目标不够清晰、不够科学等问题。

二是全面领导学校内部治理结构的健全完善。积极探索构建以党组织为核心的高等学校科学化治理体系，把党对高等学校的领导落实到把好办学方向、深化综合改革、推进依法治校、促进内涵发展、建设一流大学的全过程。要严格遵守国家相关法律法规，依据学校章程，加快完善中国特色现代大学制度，着力完善内部治理结构，切实加强自律机制建设，自觉履行社会责任，维护校园和谐稳定。

三是全面领导学校综合改革的统筹推进。全面贯彻党的教育方针，遵循教育规律，以立德树人为根本，以中国特色为统领，以支撑创新驱动发展战略、服务经济社会为导向，强化问题意识，聚焦顶层设计，突破思想束缚，凝聚改革共识，破除体制机制障碍，领导和推动学校综合改革发展。要深化内部管理体制改革，完善内部治理结构，加快推进学校治理体系和治理能力建设。深化人事制度改革,坚持以人为本,建立科学的聘用、考核、评价、激励和分配机制,努力形成广纳群贤、人尽其才、充满活力的用人机制,要努力发挥好教师、管理人员、教辅人员和后勤保障人员四支队伍的作用,充分调动他们的积极性,使大家在各自的领域为学校发展积极贡献力量。深化人才培养体制改革,探索教学模式改革,进行创新创业、招生制度和党建思想政治教育改革,通过体制机制改革激发高校内生动力和活力。要切实增强改革定力、保持改革韧劲,加强思想引导,注重研究改革遇到的新情况新问题,锲而不舍、坚韧不拔,提高改革精确发力和精准落地能力,扎扎实实把改革举措落到实处。

三、把握住党管干部人才的根本原则

牢牢把握党对高校工作的领导权,就要坚持党管干部、党管人才的根本原则。在干部选拔任用、监督管理,在人才培养使用、交流引进等方面把好关口,为高校的改革发展和立德树人提供坚强的组织和人才保障。

一是选好配强学校领导干部和领导班子,确保高校领导权牢牢掌握在忠于马克思主义、忠于党和人民、忠于党的教育事业的人手中。要按照社会主义政治家、教育家的标准要求,选用那些既有正确的教育思想、深厚的学识学养、强烈的事业心,又有坚定的政治立场、崇高的理想信念、服务国家和人民的价值追求,既掌握教育工作规律,又善于从政治上看问题、把方向的优秀人才,担任高校的党委书记和校长。要把高校的党委书记或校长的岗位作为解决干部级别待遇的中转站,把高校作为解决地方干部积压的消解地。要注重选拔政治能力强、业务能力精的优秀人才担任高校各级党组织负责人,选好配强各级领导班子。严格党的干部工作原则、程序、纪律,坚持德才兼备、以德为先,靠严格的标准选好人,坚持信念坚定、为民服务、勤政务实、敢于担当、清正廉洁的好干部标准,着力打破"四唯",从严落实"凡提四必"要求,坚决防止干部"带病提拔",围绕事业需要选拔忠诚干净有担当的好干部,配备结构功能强的好班子，进一步增强班子整体功能。

二是要健全制度机制，从严监督管理，努力营造真管真严氛围和良好政治生态。全面从严治党，贵在久久为功，重在狠抓落实。坚持真管真严、敢管敢严、长管长严，教育引导广大干部严规守纪、干净干事。以党章为根本遵循、以党纪为基本准绳，利剑高悬，让铁规发力、让禁令生威。让高校各级领导干部要心有所畏、言有所戒、行有所止，为办好一流大学打造风清气正的管理环境。

三是着力完善人才工作机制。要落实党管人才原则，发挥党委在人才工作中的领导核心作用，建立健全人才工作领导体制和工作机制，完善教师评聘和考核机制，切实加强人才队伍建设和师德师风建设。高校的人才工作目标为学生，关键是教师，教书育人是教师的第一要务。目前，教师队伍总体是好的，信念坚定、爱生敬业、以德施教、学识扎实的教师成为我国高校教师队伍的主体，培养了一批又一批社会主义合格建设者和可靠接班人。要下大力气加强师资队伍建设，把政治标准放在首位，严格教师准入资格，探索建立教师淘汰制度，特别是思想政治理论课教师的准入和淘汰制，完善教师职业道德规范，引导广大教师以德立身、以德立学、以德施教，把师德规范要求融入人才引进、课题申报、职称评审、导师遴选等评聘和考核各环节，实施师德"一票否决"。认真做好党外知识分子工作，加强思想引导和团结教育，促进他们对党的理论和路线方针政策的内心认同，要探索完善外籍教师和海外引进人才使用管理办法。

第二节　着力提升思想政治素质，全面加强高校建设

高校思想政治工作直接涉及高校培养什么人、怎样培养人、为谁培养人这个根本问题。站在新的历史方位，面对新形势、新任务、新要求、新使命，坚持以习近平新时代中国特色社会主义思想为指导，充分

发挥中国特色社会主义教育的育人优势，自觉把培养担当民族复兴大任的时代新人作为重要职责，着力培养德智体美劳全面发展的社会主义建设者和接班人，这是高校思想政治工作延展"生命线"、焕发时代生命力的必然选择，也是高校思想政治工作的方向和主要任务。

一、新时代提升思想政治素质全面发展工作的方向

（一）做到"四个服务"

1. 为人民服务

中国共产党的根本宗旨就是全心全意为人民服务，在党的领导下，我国高校自然要将这一根本宗旨作为出发点和归宿。众所周知，教育具有政治属性，教育为谁服务是事关教育方向的根本问题，高等教育也不例外。我们办社会主义大学，必须始终坚持为人民服务的根本要求，这既是关系广大人民群众切身利益的重大问题，更是事关中国特色社会主义高等教育性质和方向的根本问题。坚持以人民为中心、办人民满意的教育是社会主义大学的本质要求。大学连万家，大学办得好不好的根本检验标尺是人民满意不满意。近年来，正是由于各地认真贯彻落实党和国家"建立完善的高等教育体系"等一系列重大战略部署，不断赢得了人民群众的点赞。

从根本上而言，高校想要贯彻为人民服务，最基础也是最重要的任务就是坚持以学生为本，不断提高人才培养质量，满足广大学生和家长的需求。

（1）一切为了学生

高校的教学、科研、社会服务和管理等各项工作都要贯彻以学生为本的理念，用心教育学生、细心管理学生、全心服务学生。在教育教学中，要讲好每一堂课、策划好每一次活动、搞好每一项研究；在管理服务中，要充分考虑学生的需求和对学生的影响，出台相关制度和政策之前要广泛征求学生意见。要从关心学生学习、生活的一点一滴做起，从关心学生成长成才的一个个具体问题抓起，在科学严格的管理和细致入微的服务中，增强育人的实效。

（2）为了一切学生

要把以学生为本的理念落实到每一个学生，尊重每一个学生、关注每一个学生、服务每一个学生。要注意倾听学生的心声，认真了解他们的需求，切实解决他们的困难；要健全服务学生的规范制度，改善服务他们的物质条件，营造服务他们的校园氛围；要不断健全家庭经济困难学生资助体系，确保他们能够顺利完成学业。要切实做好毕业生的就业指导，教育引导他们树立正确的择业观念，不断将就业渠道拓宽，让他们好就业、就好业。要深入推进大学生心理健康教育，培养他们积极、知足、感恩、达观的阳光心态，做一个健康的人、幸福的人。

（3）为了学生的一切

要把以学生为本的理念落实到教育教学全过程，全面提升他们的综合素质。要培养学生正确的世界观、人生观和价值观。人以学而立，立以德为先。广大家长"望子成龙"，首先是希望自己的孩子成为一个品德良好的人。要培养学生的科学精神和人文情怀。广大家长都希望自己的孩子成为全面发展的人，而全面发展的人的重要标志是既有科学精神，又具备人文情怀。要培养学生的创新精神和实践能力。随着日益加剧的社会竞争的产生，创新能力不仅仅是广大学生的必备素质，也是广大家长渴望自己的孩子立身社会的必备本领。

2. 为中国共产党治国理政服务

我们必须清晰地认识到，我们党能够取得领导地位和执政地位的根本是历史的必然选择，这一领导地位体现了广大人民群众的共同心愿。近代以来，许多优秀的中华儿女为了寻求救国救民的真理和道路，进行了前赴后继、英勇顽强的斗争。尤其是十一届三中全会之后，党作出改革开放的战略决策，带领人民走出了一条具有中国特色社会主义的崭新道路，取得了举世瞩目的伟大成就。要沿着这条道路继续走下去，最终实现中华民族伟大复兴，仍然必须始终坚持中国共产党的领导。现在，贫穷落后的旧中国能够变成日益繁荣富强的新中国，中华民族伟大复兴能够展现出前所未有的光明前景，人民群众能够不断地朝着美好幸福生活迈进，这一切，都是由于有了中国共产党的领导，都是通过中国共产党治国理政来不断推进、逐步实现的。正因为如此，中国高等教育坚持为中国共产党治国理政服务是理所应当、天经地义的。

为社会培养高素质人才是高校的一项重要任务。高校本身就是高层次人才集聚的战略高地，因此高校应当通过人才培养、科学研究社会服务、文化传承创新和国际交流合作等方式，充分发挥智力优势和先导作用，积极主动地承担党和国家发展战略赋予的神圣使命，努力当好党和政府治国理政的智囊参谋，成为经济社会发展的生力军。与此同时，要为中国共产党治国理政大力培养有用之才，这是极为重要的一方面，也是由高校的根本任务决定的。

（1）提高教育质量，培养更多高素质的中国特色社会主义事业的建设者

国无才不强。从古至今，治国理政中人才都是处于第一位的。高校是培养高素质建设人才的摇篮，特别是新中国成立以来，活跃在社会主义现代化建设各行各业的高水平技术人才和管理人才，绝大部分都是高校培养出来的。在高等教育进入大众化阶段后，加强内涵建设、提高人才培养质量是高校一切工作的重中之重。要着力提高大学生的创新精神、实践能力和社会责任感，特别是要全面贯彻党的教育方针，确保在人才培养的问题上不走偏，确保广大青年大学生成为中国特色社会主义事业的建设者。

（2）提高大学生党员的发展质量，培养更坚定的中国特色社会主义事业的接班人

党无才不立，要把忠诚于党、忠诚于人民的优秀大学生发展成为党员，培养成为我们党治国理政的核心骨干力量和中国特色社会主义事业的接班人。实际上，各级党组织对把优秀的青年大学生吸引到党内这一事情看得很重。当前，高校尤其要注重提高大学生党员的发展质量，纯洁入党动机，坚定共产主义远大理想，牢固树立正确的世界观、人生观、价值观，自觉加强党性锻炼，增强党的观念，践行党的宗旨，在思想上、政治上、行动上同以习近平同志为核心的党中央保持高度一致，确保党的接班人源源不断。

3. 为巩固和发展中国特色社会主义制度服务

我们党坚持不懈地探索和践行中国特色社会主义，在这个过程中，我们党取得的一项重要成就就是确立了中国特色社会主义制度。中国特色社会主义制度显示出了无与伦比的优越性，自从历史和人民选择了中国特色社会主义制度，中国人民的生活就一天比一天美好，国家经济发展也如芝麻开花一样节节高。与此同时，中国特色社会主义制度发展了中国高等教育，促进和带来了我国高等教育事业翻天覆地的变化。没有中国特色社会主义制度，就没有中国现代高等教育的繁荣发展。只有不断坚持发展中国特色社会主义制度，才能满足广大人民群众对中国高等教育的需求。高校不仅要教育和引导广大师生正确认识中国特色社会主义制度的强大优越性，而且要更加积极主动地为巩固和发展中国特色社会主义制度服务。

（1）引导广大师生不断增强中国特色社会主义制度自信

中国特色社会主义制度自信不仅来自以往的历史，更来自活生生的现实，是我们很容易触摸得到的。放眼全球，中国特色社会主义制度不仅让广大中国人民的获得感与日俱增，而且正在影响着全世界，"中国模式""北京共识"已经成为国际政界、商界和学术界热议的话题。高校要教育引导师生正确认识世界和中国发展大势，全面客观认识当代中国、看待外部世界，让他们真正体会到中国特色社会主义制度的优越性，不断增强制度自信，不断增强自身的责任感和使命感，自发自觉地为巩固和发展中国特色社会主义制度努力成才、奋发有为。

（2）为巩固和发展中国特色社会主义制度提供好的成果

一方面，高校应该提供好的实践成果。办好中国特色社会主义大学，培养更多又红又专、德才兼备的人才就是对中国特色社会主义制度最好的巩固和发展，就是对中国特色社会主义制度最好的服务。另一方面，高校应该提供好的理论成果。毋庸置疑的是，即便是最好的社会制度，也是发展的社会制度，更是与时俱进的社会制度。要保持中国特色社会主义制度的强大生命力，就必须为其提供足够的理论支撑。高校是哲学社会科学研究的重镇，在推动中国特色社会主义制度发展方面的优势十分明显。高校要充分发挥这一优势，及时提出新的理论成果，指导完善社会主义制度，挖掘和发挥中国特色社会主义制度更大的优越性。

4. 为改革开放和社会主义现代化建设服务

我们党带领人民走上改革开放的道路，这是中国特色社会主义的强国之路。改革开放40余年来，我们党领导中国人民坚持把改革开放作为推进中国特色社会主义事业的根本动力，大力提升国内生产总值（GDP），目前我国的经济总量已位居全球第二位，取得了"人类历史上从未有过的发展成就"，人民生活总体上实现了从温饱到小康的历史性跨越，中国人民从来没有像今天这样充满自信、生活幸福美好。社会主义现代化建设是中国特色社会主义发展的必经之路，既符合社会发展的矛盾运动规律，又集中体现了广大人民的共同愿望。当前，我国只有加快社会主义现代化建设，才能破解产业结构性矛盾、就业和社会保障压力等深层次的矛盾和问题，不断增强人民的福祉。同时，我国已全面建成小康社会，我们比以往任何时期都更加接近中华民族伟大复兴的目标，只有加快社会主义现代化建设，才能使中华民族和中国人民千年求索、百年奋斗的目标，在不远的将来变为现实。这意味着，改革开放和社会主义现代化建设对高等教育提出了更高更新的要求，高校理当适应社会发展的需求、顺应广大人民群众的期盼，在为改革开放和社会主义现代化建设服务中有更新更有力的担当。

（二）做到"四个坚持不懈"

1. 坚持不懈传播马克思主义科学理论

马克思主义具有强大的真理力量是被我国革命、建设、改革、发展的成功实践一一证明了的。陈独秀、李大钊、李达等中国早期马克思主义者都把高校作为阵地。面对不断发展中新的时代特点和实践要求，高校在坚持不懈地传播马克思主义科学理论方面必须有新的作为。

（1）引导大学生学习马克思主义科学理论

大学是最美好的时光也是最宝贵的时光，大学生要在有限的时间内学习各种知识，而其中一项是要重点学习内容马克思主义理论。对于马克思主义理论，当前大学生学习效果显然不够明显，这说明高校在教育顶层设计、学习环节安排、学习方法探索等方面还有进一步改进和加强的空间。各学科专业的学生、不同学段的学生都要学习马克思主义理论，不能疏漏；第一课堂和第二课堂都要丰满，不可偏废；总体上的"漫灌"和因人而异的"滴灌"要有机结合，不拘一格。

（2）促进教师应用马克思主义科学理论

高校要让马克思主义讲中国话，要让基本原理变成学习和生活中的基本道理，使广大学生真真切切地感受到马克思主义不过时、有真用，是货真价实的科学世界观和方法论；使广大学生实实在在体会到马克思主义能够科学地指导自己成长成才、建功立业，能够很好地帮助自己适应社会。各门学科都是马克思主义科学理论的良好传播渠道，广大教师都要守好一段渠、种好责任田，要善于运用马克思主义立场、观点、方法掌握各门具体学科的科学思维，得出符合规律的认识；要把马克思主义科学理论和符合规律的认识有机地"植入"教学内容和教学环节中。

2. 坚持不懈培育和弘扬社会主义核心价值观

大学生培养良好的思维方式和行为习惯需要树立正确的价值观，社会主义核心价值观符合我国基本国情，反映了我国最广大人民的根本需求，是当代中国精神的集中体现，是凝聚中国力量的思想道德基础。社会主义核心价值观具有深厚的历史底蕴和坚实的现实基础，它所倡导的价值理念具有强大的道义力量，它所昭示的方向符合中国人民的美好愿景。培育和弘扬具有强大感召力的社会主义核心价值观，关系社会和谐稳定，关系国家前途命运，关系人民幸福安康。

对于高校而言，加强社会主义核心价值观教育是最基本的核心任务。高校应坚持贯穿、结合、融入，精心加强系统设计，把社会主义核心价值观体现在办学育人的全过程中。

（1）在教育内容中有机融入社会主义核心价值观

理想信念教育应一马当先。"志不立，天下无可成之事"，理想信念是精神之钙、信仰之魂，始终是社会主义核心价值观建设的根本。高校应教育引导广大学生树立中国特色社会主义共同理想，使他们树立共产主义远大理想，将个人前途与党和人民的事业同频共振，勇做走在时代前列的奋进者、开拓者。中华优秀传统文化是社会主义核心价值观教育的"宝藏"，高校应把中华文化重要典籍作为大学生推荐读物，在政治学、社会学、法学、历史学、新闻学等专业和课程中，要适当地加入中华优秀传统文化内容，建设推出中华优秀传统文化在线开放课程。革命文化、社会主义先进文化是社会主义核心价值观教育的"富矿"，高校应将党史、国史、改革开放史、社会主义发展史作为改革开放成就展览、重大历史事件纪念活动、爱国主义教育基地等教育活动的主题，弘扬以爱国主义为核心的民族精神和以改革创新为核心的时代精神。与此同时，高校还应将国家意识、法治意识、社会责任意识教育和民族团结进步教育、国家安全教育、科学精神教育纳入日常课程体系。

（2）在教育教学、日常生活的各环节贯穿社会主义核心价值观

大学生的核心任务是学习和科研，高校要将价值观教育与学习、科研紧密结合起来，避免成为"两张皮"，要注重在日常生活和文化氛围中培育社会主义核心价值观，使社会主义核心价值观在潜移默化中成为学生的日常行为准则；广泛开展文明校园创建，组织开展丰富多彩、积极向上的校园文化活动，提升校园文明程度，引导大学生勤学、修德、明辨、笃实等。

（3）在师生教与学的行为规范中体现社会主义核心价值观

要抓好学生评价工作，将学生对于社会主义核心价值观的认识、态度、行为的表现具体化，建立相应指标体系，引导学生不仅学会学习、做事，还要学会做人。要抓好教学督导工作，将社会主义核心价值观教育开展情况纳入教学督导的重要内容，与此同时，将教师在社会主义核心价值观教育方面的表现作为评奖评优、职称评定、职务晋升的重要指标。要抓好学院考核工作，在培育和弘扬社会主义核心价值观的过程中，学校是主导，学院是主体，学生是主角，要建立社会主义核心价值观教育成效评估标准与机制，充分发挥学院主体作用。

3. 坚持不懈促进高校和谐稳定

高校和谐稳定是社会和谐稳定的重要组成部分，稳定是改革发展的

基本前提，高校和谐稳定则是高校改革发展的基本前提。高校虽然有"象牙塔"之称，但从来都不是封闭的孤岛，高校发生的事情会影响社会，社会上发生的事情也会影响高校。可以说，高校是社会的风向标。我们要从维护国家政治安全的高度，认清维护高校和谐稳定的重大意义。不仅要维护好高校的和谐稳定，更要把高校建设成为安定团结的模范之地，为社会和谐稳定注入正能量。

（1）加强安全稳定制度体系建设

要完善责任机制，进一步把责任明细化、制度化、规范化，落实到每一位领导、每一个部门，确保事事有人管、责任有人担。要建立风险评估机制，安全稳定工作的最高境界是"防患于未然"，开展安全稳定风险评估是源头维稳的最好抓手。既要对社会稳定风险开展评估，又要对高校自身开展安全稳定风险评估，特别是要将安全稳定风险评估作为决策的前置条件和刚性门槛，要健全考评机制，完善安全稳定工作考核办法，以考评调动高校各单位主要领导重视安全稳定工作的积极性，以考评推动安全稳定工作各项制度落到实处。

（2）培育理性平和健康心态

要营造消解燥气的文化空间，把高校建设成能让人心静下来的地方，让学生静心学习，通过读书学习升华气质，以学养人、治心养性。要加强人文关怀和心理疏导，引导学生正确认识义和利、群和己、成和败、得和失，强化心理危机干预和心理疏导，不断地提升大学生的心理健康素质。要把解决思想问题同解决实际问题有机结合起来，在关心学生、帮助学生中教育学生、引导学生。要加强对家庭经济困难学生的资助工作，完善奖助学金、助学贷款、勤工助学、学费减免等多种方式的资助体系，让他们共享改革发展的成果。

（3）加强阵地建设管理

逐渐加强对课堂教学的建设管理，不断健全课堂教学管理办法，不断完善课程设置管理制度，建立课程标准审核和教案评价制度，落实校领导和教学督导听课制度，强化教学纪律约束，坚持课堂讲授守纪律、公开言论守规矩。加强对讲座、论坛、报告会、研讨会等的管理，把好场地申请、内容审核等审批关，落实"一会一报""一事一报"的制度，把好主持人、过程管理关。加强对校园媒体的管理，严格校报校刊、广播电视等校园媒体规范管理，执行"三审三校"制度；严格出版管理，规范选题和书号管理，建立质量监督检查体系；严格网络新媒体管理，建立登记备案和年审制度，加强对师生自媒体的规范引导。加强校园网络安全管理，落实校园网络使用实名登记制度和用网责任制度，加强学生互动社区、网络论坛建设，加强网络舆情收集研判，做好网上舆论引导，唱响网上主旋律。

4. 坚持不懈培育优良校风和学风

校风和学风代表着一所高校的风气，从高校的校风和学风中就可以看到这所学校的文化，看到其治理能力的强弱，看到其办学水平的高低。校风和学风虽然看不见、摸不着，但与学生息息相关，一旦质量下降甚至变坏，学生都会深受其害。

高校思想政治工作是基于高校而存在的，高校治理得如何、校风和学风如何，既影响和决定着、又反映和体现着高校思想政治工作的水平和成效。高校治理水平高，校风和学风就好，思想政治工作就如鱼得水；反之，如果高校治理水平低，校风和学风不好，思想政治工作的作用是难以发挥的。

（1）提升高校办学水平和治理水平

要坚持依法治校。没有规矩，不成方圆。依法治校是坚持办学方向、提高高校办学水平和治理水平的必由之路。当前高校办学方面的法规并不少，除了《中华人民共和国高等教育法》从法律上规定了高校办学方向和基本制度之外，很多高校依据《中华人民共和国高等教育法》制定了大学章程。但是，不可忽视的是，有的高校有时有章不依，校规校纪执行不严，导致高质量的育人体系和高水平的管理体系建立不起来。从高校办学发展规律来看，依法治校没有完成时，只有进行时，永远在路上。

要坚持以德治校。法治和德治从来都是相辅相成、互相促进的。要坚持以德治政、以德律师、以德育人，特别是要坚持以德治政。一所高校各级领导班子道德水平的高低，对高校风气的好坏起着至关重要的作用，以德治校务必从各级领导干部抓起。与此同时，要特别注重师生德治意识的养成。不少时候，德治总能取得令人惊喜的效果。

（2）加强高校文化建设

要突出软件建设，培育大学精神。好校风和好学风来自师生的共同努力，师生共同努力的重要引擎就是大学精神。大学精神是一所大学校园文化的"灵魂"，包括学校的发展目标、办学理念等。"灵魂"在，师生就有了共同依存的精神家园；精神家园在，优良的校风和学风就有了根基。高校要充分挖掘高校优秀文化传统和历史资源，结合学校发展愿景，大力开展校情校史教育、爱校兴校教育和丰富多彩的校园文化活动，把大学精神真正化为广大师生共有的价值理念、认同目标和行为方式，让广大师生集聚在大学精神的旗帜之下，同时要坚持把大学精神有机融入教育教学全过程，引领优良校风和学风的培育。

要突出硬件建设，建设美好校园。家园里只有精神还不够，也要有"桌椅板凳"，还要有"楼台亭榭"。要通过有序的校园规划，科学布局教育教学设施，科学划分学习生活功能区域，同时加大校园环境综合治理，特别是要在环境建设上充分考虑大学文化载体功能，以硬件承载软件，化"硬"为"软"，让校风和学风的因子在美好校园如影随形，彰显大学文化的潜移默化作用。

二、新时代高校思想政治素质全面加强的主要任务

（一）引导学生正确认识世界和中国发展大势

当前来看，世界是开放的世界，中国的发展离不开世界，世界的发展也离不开中国。如果说在改革开放初期，我们要站在中国的角度看世界，充分了解世界发展的大势，那么在改革开放 40 余年后的今天，我们需要站在世界的角度看中国，必须教育学生对当今世界和当代中国有

一个清晰的了解，了解中国在当今世界的历史方位。

（二）引导学生正确认识中国特色和国际比较

1. 通过与资本主义市场经济进行国际比较来正确认识中国特色社会主义市场经济

资本主义市场经济的基础是生产资料的私人所有制，它因为强调依靠市场配置资源和分配产品而使得政府宏观调控能力较弱，并将经济利润作为生产决策的指导力量而将其放在支配地位。和这些不同的是，社会主义市场经济强调生产资料的集体所有制和国家所有制，强调经济利益分配中有限的不平等，利用而不是完全依靠市场配置资源和分配产品。

中国特色社会主义市场经济是符合中国国情的经济发展模式，创造了一份份令人惊叹的成绩单。据世界银行公布的数据，中国经济总量自超过日本并仅次于美国以来，持续稳步增长，一直稳居世界第二位。中国经济近些年之所以能够取得令世人瞩目的成绩，与既注重市场的力量又更好地发挥政府作用是直接相关的。借助经济政策与计划、经济立法与司法、行政命令与规定等多重手段来实现的宏观调控，可以有效促进经济增长、增加就业、稳定物价、保持国际收支平衡。

2. 通过与资本主义社会制度进行国际比较来正确认识中国特色社会主义社会制度

中国特色社会主义不仅有经济特色与优势、政治特色与优势、文化价值特色与优势，还有自身的制度特色与优势。

中国特色社会主义经济制度体现为：社会主义公有制为主体、多种所有制经济共同发展的基本经济制度，按劳分配为主体、多种分配方式并存的分配制度，实现共同富裕等。这种制度强调国有经济在社会经济发展中的主导作用，既考虑当前利益、局部利益，也注重长远利益、整体利益，既发挥了市场经济的长处，也体现了社会主义基本经济制度的优势。这明显和资本主义市场经济所推崇的以私有制为主体，按照生产要素进行分配的基本经济制度有所差别。

中国特色社会主义政治制度体现为：人民代表大会制度这一根本制度，中国共产党领导的多党合作和政治协商制度、民族区域自治制度、基层群众自治制度等基本制度。这种政治制度充分满足了人民群众和各利益群体的政治需求，扩大了公民的有序政治参与，保证了人民依法实行民主选举、民主决策、民主管理和民主监督，并最终使其享受到广泛的政治权利和政治自由，同时其人权也得到了尊重和保障。基层群众自治制度的典型特征是直接民主与自我管理，它是中国特色社会主义政治制度特点和优势的集中体现，是真正实现人民当家作主的最为有效与最为广泛的途径。

判断一个国家的基本制度具有优越性的标准，其实主要是看其是否能够立足于本国实际而有利于解放和发展生产力，是否能够适应本国社会经济发展的需要，是否能够有助于本国人民生活水平的稳步提高，是否能够促进人类命运共同体的构建和为世界各国人民创造福祉。中国的发展已经成为世界发展的机遇。中国经济长期高速发展所带动的整个亚太经济的长期繁荣发展，已经成为全球经济长期疲软背后的一股强劲的增长动力和独特风景线。也正是有了上述的制度特色与优势，中国的发展才取得了一个又一个令世人瞩目的骄人成绩。"贫穷落后"已成为历史记忆中的痕迹。2020年7000多万农村贫困人口实现脱贫，是我国全面建成小康社会最艰难的任务。自改革开放以来，我们实施大规模扶贫开发，使7亿农村贫困人口摆脱贫困，取得了举世瞩目的伟大成就，谱写了人类反贫困历史上的辉煌篇章。事关人民福祉的扶贫开发工作不仅巩固了党的执政基础，维护了国家长治久安，更提升了中国的国际形象，彰显了中国的制度魅力！

中国特色社会主义的最终目的是实现中华民族伟大复兴，并彻底实现广大人民群众的共同富裕。它始终坚持人民的主体地位，坚持"以民为本"，始终把实现好、发展好、维护好广大人民的根本利益作为工作的出发点与落脚点，始终不忘权为民所用、情为民所系、利为民所谋。中国共产党人始终深怀爱民之心、恪守为民之责、善谋富民之策，始终坚持为人民群众服务，为百姓多办实事，坚持维护社会公平正义，坚持走共同富裕道路，坚持促进社会和谐。在中国特色社会主义指引下，中国公民将会感受到不断增加的幸福感，将越来越体会到自己在世界范围内的与日俱增的地位和尊严。

（三）引导学生正确认识时代责任和历史使命

1．真实可感的中国梦

中国共产党诞生于灾难深重的旧中国，无数仁人志士前赴后继，用生命和热血换来了中华人民共和国的成立，中国人民从此进入了建设社会主义的新时代。新中国的建设者们筚路蓝缕，用艰辛汗水和非凡勇气谱写了一部可歌可泣的创业史，开始了崭新的历史征程。改革开放使积贫积弱的文明古国焕发出盎然生机，一个充满希望和活力的中国崛起在世界东方。建设富强、民主、文明、和谐的社会主义中国成为中国人民共同的理想和追求，激越奋进成为新时期的主旋律。

改革开放40余年来，中国的深刻变革和历史进步让世界为之震惊、关注。国民经济和各项事业蓬勃发展，社会安定和谐，综合国力和国际影响与日俱增，国际地位空前提高。在这个崭新的时代，中国已经走上了繁荣昌盛的强国之路。自2010年起我国就稳居全世界第二大经济体的位置，被国际社会誉为"奇迹"，创造了经济社会发展的"中国模式"。中国是世界上第一个提前实现联合国确立的减贫目标的发展中国家。从载人航天飞船的发射成功，到横跨陆地的高速公路、全球最大的风力发电站的建成；从奥运赛场上国歌嘹亮、五星红旗飘扬，到世博会成功举办，中国取得的成就令世人刮目相看。

当代中国正在一条人类文明史上前所未有的特色之路上求索。虽然我们依然面临各种考验和挑战甚至质疑，但是中华民族伟大复兴的梦想从来没有像今天这样具体真切、真实可感。拥有五千年灿烂文化的中国，正以日出东方的壮志豪情和全新面貌向世界展示大国崛起的自信。

2．中国梦是国家和民族之梦，也是每个中国人的梦

实现中华民族伟大复兴的中国梦，是贯穿世纪中国最突出、最清晰的历史主线和时代主题。强我中华、民族复兴成为几代人魂牵梦萦的、最强烈的期盼和渴望。

中国有句古话叫"大河有水小河满，小河无水大河干"，所以说中国梦是国家和民族的梦，但"归根到底是人民的梦"，它根植于人民心中，根本归宿也在于人民。它把国家的追求、民族的向往、人民的期盼紧密相连。"人民对美好生活的向往，就是我们的奋斗目标"，不断实现好、维护好、发展好最广大人民的根本利益，使发展成果更多更公平惠及全体人民，这不仅仅是新一届中央领导集体对全体人民的郑重承诺，更是对党和国家未来发展的政治宣言。

3. 历史使命义不容辞，民族复兴责无旁贷

历史和现实都告诉我们，青年一代有理想、有担当，国家就有前途，民族就有希望，实现我们的发展目标就有源源不断的强大力量。如果说实现民族复兴的中国梦是全体中国人民共同的追求，一切赞成、支持和参与中国特色社会主义建设的阶级、阶层和社会力量都属于人民的范畴，都是实现中国梦的依靠力量，那么，青年无疑是实现中国梦重要的先锋力量。

青年强则国家强，青年兴则国家兴。历史告诉我们，青年从来都是实现民族复兴的生力军，是推动历史前进的重要动力。在国家民族命运岌岌可危之时，大批进步青年学生不仅仅以救国救民为己任，更在战争烽火中锻炼成长。在社会主义建设时期，广大青年更是勇于解放思想，努力学习先进的现代技术和管理经验，自觉担负起振兴中华的历史使命。我国著名桥梁建筑专家茅以升，23 岁在美国获得工科博士学位，为投入国家建设毅然决然放弃国外的优越条件。新中国成立的初期，一大批年轻人在党的召唤下外出留学，带着所学知识投入百废待兴的祖国建设。我国的航天科研团队也是以青年为主体，"嫦娥团队""神舟团队"平均年龄才 33 岁。青年大学生是中国当代青年的优秀代表，最有可能拥有先进的科学技术和文化知识，是未来人才的后备军，是推动社会前进的最重要的力量。当代大学生是实现中国梦的希望所在，在实现中国梦的舞台上必将大有可为。民族复兴的伟大事业，青年学生责无旁贷。

4. 用青春梦点燃中国梦，勇做开拓奋进者

今天的中国处于改革开放、科学发展的新时代。这个时代为大学生成长成才创造了更为优越的条件和更多的发展机遇，但也要求大学生有更多的责任意识。

一个人只有把自己的发展进步与国家和集体的事业紧密相连，才能最有力量。只有在实现民族复兴中国梦的伟大事业中发挥个人的才华和智慧，才能更好地实现个人的梦想。树立为祖国富强繁荣而奋斗的远大理想与充分发挥自身才能相辅相成、相得益彰，个人的生命价值才能得到更加完美的展现。当代大学生要用青春梦来点燃中国梦，用中国梦来激发青春梦，使青春之梦在中国梦里熠熠生辉、绽放光彩。

（四）引导学生正确认识远大抱负和脚踏实地

1. 胸怀青云之志，以高远理想引领人生航向

在中国古代，理想抱负叫作"志"，强调"夫志当存高远""三军可夺帅也，匹夫不可夺志也"。

理想作为人类特有的精神现象和精神世界的深层核心，是一个标尺，可以把生命体区分成人与动物，把人生区分为高尚充实和庸俗空虚。理想是行为的风向标，决定着行为方式。理想是行为的动力源，决定着行为深度。理想能够驱散重重迷雾，能够使人永葆内心的力量，能够让精神意志永放光芒。就像北宋哲学家张载所说的一样："人若志趣不远，心不在焉，虽学无成。"

当代大学生肩负民族复兴的历史使命，是祖国美好未来的创造者，一定要坚定马克思主义信仰，坚定对中国共产党领导、对社会主义制度的信念和信心，切实做到虔诚笃实、赤诚执着，把个人的崇高理想和祖国、民族的命运紧紧联系在一起，具体落实到建设中国特色社会主义事业上来，并为之执着追求、奋斗不息，这样的人生才能是丰富的、有意义的、有价值的人生。

2. 坚持躬行践履，用力学笃行铸就进步阶梯

远大抱负如果只是停留在主观领域，就只是一个空想而已，只有把理想转化为行动的热情和意志，才会成就伟大事业。因此，我们必须脚

踏实地，把理想付诸行动。实践既是理论的基础，又是理论的出发点和归宿。实践与真理紧密相连，对理论起决定作用，任何真理都需要实践的检验。我国历来就有重视实践的传统，前人先贤以哲理思考和身体力行为后人留下了可资借鉴的宝贵经验和启示。"岸上学不好游泳，嘴里说不出庄稼""动手干，硕果累累；说空话，事无成"，这些谚语虽然语言浅显，却包含了诸多的含义。脚踏实地要求当代大学生具有重视实践、深入实践的意识，有"纸上得来终觉浅，绝知此事要躬行"的求索精神；要求当代大学生要勇于实践，以科学严谨的态度努力探索客观事物发展的本质和规律，凡事不"想当然"，不轻率浮躁，不纸上谈兵、坐而论道；还要求当代大学生要持之以恒，不能浅尝辄止，要锲而不舍、精益求精，扎扎实实、一丝不苟。

3. 勇于艰苦奋斗，将自我成长根植祖国沃土

艰难困苦玉汝于成，要成大器必经磨砺。要实现远大抱负，在艰苦奋斗中磨炼意志是最为重要的途径。古今中外，凡成就大业、有大作为的人，无不是沿着这样的轨迹走向成功的。艰苦奋斗是中华民族精神的基本内核，是我们具有永恒意义的精神财富。在革命战争年代，青年志士不惧生死，满怀革命理想抛洒热血。在新中国建设时期，一批批热血青年不畏艰辛奔赴荒原、走向基层、艰苦创业。在当前社会主义建设时期，与重要发展机遇并存的是前所未有的困难和挑战，实现富国强民，实现个人发展，都需要广大青年锲而不舍、驰而不息。

第三节　全面加强高校队伍思想政治工作

一、立足思想引领，塑造高校思想政治工作队伍精神新风貌

高校思想政治工作队伍建设，首要的是引导高校思想政治工作队伍深化认识思想政治工作的重大意义，在思想上"定好位、定准位"，塑造精神新风貌。高校作为意识工作前沿阵地，加强高校思想政治工作阵

地建设，是一项战略工程、固本工程、铸魂工程。这些年高校思想政治工作领域主流积极健康向上，始终坚持正确方向、立德树人、服务大局和改革创新，广大师生对党中央的领导坚决拥护信任，对党中央治国理政新理念、新思想、新战略高度认同，对中国特色社会主义和中华民族伟大复兴的中国梦充满信心。总体上看，高校思想政治工作持续加强和改进呈现出良好发展态势，为保证高等教育改革发展、服务党和国家工作大局作出了重要贡献。

引领高校思想政治工作队伍思想，关键在于提升队伍的马克思主义理论素养。中国共产党从成立之日起就把马克思主义写在自己的旗帜上。马克思主义尽管诞生较早，但历史和现实都证明它是科学的理论，迄今依然有着强大的生命力，是"科学思想中的最大成果"，具有鲜明的实践品格，不仅致力于科学"解释世界"，而且致力于积极"改变世界"。在人类思想史上，还没有哪一种理论像马克思主义那样对人类文明进步产生如此广泛而巨大的影响。在历史和人民的选择中，马克思主义成为中国共产党立党立国的根本指导思想，也成为高校的鲜亮底色。长期以来，高校在学习研究宣传马克思主义、培养马克思主义理论人才方面发挥了重要作用，为推进马克思主义中国化、时代化、大众化作出了重要贡献。

高校思想政治工作队伍应认真学习马克思主义基本原理和马克思主义中国化成果，不断深化对辩证唯物主义和历史唯物主义的认识，解决真懂真信的问题。只有真正弄懂了马克思主义，才能自觉坚持马克思主义基本原理和贯穿其中的立场、观点和方法，将中国特色社会主义理论体系融入研究和教学的全过程及学生的学习工作生活中，并转化为清醒的理论自觉、坚定的政治信念、科学的思维方法，更好识别各种唯心主义观点、更好抵御各种谬论。同时，以当前开展"两学一做"（学党章党规、学系列讲话，做合格党员）学习教育为契机，从战略高度上认识高校思想政治工作。开展"两学一做"学习教育，是落实党章关于加强党员教育管理要求、面向全体党员深化党内教育的重要实践，是推动党内教育从"两学一做"向广大党员拓展、从集中性教育向经常性教育延伸的重要举措，是加强党的思想政治建设的重要部署，旨在着力解决一些党员理想信念模糊动摇的问题，党的意识淡化的问题，宗旨观念淡薄的问题，精神不振的问题，道德行为不端的问题。高校思想政治工作队伍要深入学习思想政治工作战略思想，牢固树立政治意识、大局意识、核心意识和看齐意识，向党的理论、路线、方针、政策看齐，明确目标任务和工作要求，解决思想认识问题，以良好的精神风貌，切实担负起应尽的职责和使命。

二、补齐能力短板，提升高校思想政治工作队伍水平新境界

大学是一个研究学问、探索真理的地方；高校承担着人才培养、科学研究、社会服务与文化传承创新的重要职能；能否充分发挥这一职能，与教师队伍建设密切相关。教师的工作是塑造灵魂、塑造人的工作。抓好高校思想政治工作，关乎国家政治安全和高校稳定。这就决定了必须提升高校思想政治工作队伍的能力水平，努力使这支队伍成为先进思想文化的传播者、党执政的坚定支持者，更好地担负起大学生健康成长指导者和引路人的责任。从总体上看，目前高校思想政治工作队伍在能力方面存有一些短板。总之，高校思想政治领域中存在的建设以马克思主义为指导的学科体系、学术体系、话语体系上的功力不足、高水平成果不多，马克思主义在有的领域中被边缘化、空泛化、标签化，在一些学科中"失语"、教材中"失踪"、论坛上"失声"等状况，都反映出高校思想政治工作队伍的能力"短板"成为制约高校思想政治工作向上向好发展的瓶颈。因而，高校思想政治工作队伍建设，必须在补齐能力短板上下功夫，努力提升队伍工作水平新境界。

第一，围绕立德树人根本任务，提升高校思想政治工作队伍的思想政治教育能力。我们正处在全面建成小康社会决胜阶段，我们比历史上任何时期都更加接近中华民族伟大复兴的目标。我们对高等教育的需要

比以往任何时候都更加迫切,对科学知识和卓越人才的渴求比以往任何时候都更加强烈。我国高等教育肩负着培养德智体美全面发展的社会主义事业建设者和接班人的重大任务,更要扎根中国大地办大学。这就要求高校思想政治工作队伍具有较强的思想政治教育能力,成为意识宣传的有力组织者、社会主义核心价值观的自觉传播者。应通过社会实践、骨干研修、择优资助、国内访学、挂职锻炼、岗前培训、专题轮训等途径,提高思想政治工作队伍的宣传教育能力。还要鼓励有条件的高校思想政治工作队伍成员在职攻读马克思主义理论、思想政治教育专业硕士博士学位,支持队伍成员开展意识教育科学研究,在实践中提升思想政治教育能力。

第二,围绕社会网络化趋势,提升高校思想政治工作队伍的网络管理防控能力。当前,互联网已成为舆论斗争的主战场,"网络＋教学""网络＋科研""网络＋生活"已成为高校师生学习工作生活的常态,微博、微信、论坛等网络社交平台已成为高校思想政治舆情酝酿发酵的源头,传统教育引导方式面临网络新媒体的挑战,网络思想政治工作形势复杂而严峻。加强网络舆论引导,充分运用新型传播手段创新高校思想政治工作,掌握网络舆论主动权的任务更加凸显。这就要求高校思想政治工作队伍具备网络思想政治工作能力。要增强网络意识阵地管理能力与网络意识舆情风险防控能力,运用最新的信息技术手段密切关注微博、微信、网站、论坛等网络社交平台,全程跟踪网络舆情,妥善处理各种网络意识舆情事件,管好导向、管好阵地、管好队伍,牢牢把握党对高校网络思想政治工作的领导权和话语权。

第三,围绕新闻舆论导向,提升高校思想政治工作队伍的意识宣传能力。高校新闻舆论是意识工作的"风向标""晴雨表",直接关涉高校稳定发展。高校思想政治工作队伍应不断提升舆论宣传能力,即通过多种方式不断增强新闻舆论议程设置能力、新闻媒体驾驭能力,把握好新闻舆论宣传的时、效、度,既要用好校园广播电视、校报校刊等传统新闻媒体,为高校师生提供有品质、有思想、有温度的深度新闻报道,又要用好网络新媒体，积极探索交互式、分众式、碎片式信息传播模式下营造健康向上的文化氛围、壮大主流思想舆论的有效之策，做大做强正面宣传，集聚教育人、引导人的正能量。

三、采取有力措施，增强高校思想政治工作队伍管理新能量

高等教育是一种社会存在，高校思想政治工作就是要通过对社会主义的构建、宣传、教育和传播等，使高等教育更好地为人民服务、为中国共产党治国理政服务、为巩固和发展中国特色社会主义制度服务、为改革开放和社会主义现代化建设服务。这就要求高校采取有力措施，增强高校思想政治工作队伍管理新能量。

第一，形成齐抓共管格局。建立健全高校党委统一领导、党政工团齐抓共管、党委宣传部门牵头协调、有关部门和院（系）共同参与的工作机制。高校党委应充分意识到忽视高校思想政治工作所导致的严重后果。高校党委必须增强做好高校思想政治工作的责任感、使命感，切实发挥领导核心作用，把思想政治工作纳入重要议事日程，加强政治领导和工作指导，切实发挥院（系）党组织教育管理党员和宣传引导凝聚师生的主体作用，发挥基层党支部战斗堡垒和党员先锋模范作用；同时，分层次建好高校党校，加大党务工作者培训力度，不断创新基层党建工作，夯实高校思想政治工作队伍的组织基础，加强共青团建设，充分发挥团组织在教育培养青年大学生中的作用；并在推进现代大学制度建设中，健全和完善相关法律法规，为高校思想政治工作队伍建设提供法制保障。

第二，从人抓起、久久为功。结合高校实际，应在发现、培养上花力气，努力造就一支政治坚定、学养深厚、有重要影响的思想政治理论建设队伍，集聚一批功底扎实、开拓创新、有发展潜力的学科学术人才，切实开展思想政治教育相关学科研究，为思想政治工作提供学理支撑。特别要深入实施"青年马克思主义者培养工程"，注意在青年教师

和学生中培养政治骨干，充分发挥他们在思想政治工作中的示范带动作用。鼓励和支持学生会、学生团体等开展自我教育、自我管理。尤其要关注的是，在管理高校思想政治工作队伍"从人抓起"中，必须直面和解决学风问题。如果这些问题得不到及时有效解决，必然会累积成顽疾，削弱思想政治教育实效，阻碍高等教育事业发展。因而必须运用"软约束和硬措施结合起来"的策略，推动形成崇尚精品、严谨治学、注重诚信、讲求责任的优良学风，为高校思想政治工作队伍建设营造风清气正、互学互鉴、积极向上的生态环境。

第三，管好阵地平台。高校思想政治教育尽管侧重于哲学社会科学、思想政治理论、核心价值观念、基本道德规范等方面，但并不意味着不需要一定的载体、阵地、平台等。相反，这些看似无"形"的内容，都要凭借有形的途径和方式予以表现和传播，所以应完善高校思想政治教育阵地管理，运用新媒体新技术制定校园网上信息发布和舆论引导工作流程，建立校园网络使用实名登记制和可追溯制，推动思想政治工作传统优势同新信息技术高度融合，增强时代感和吸引力。切实落实举办报告会、研讨会、讲座、论坛一会一报制，规范各类社团管理，绝不给违法、有害言论提供传播空间。尤其要强化思想政治教育主阵地的课堂教学管理，坚持学术研究无禁区、课堂讲授有纪律，绝不允许在课堂教学中传播违背和反对社会主义的观点和思想。

四、完善评价机制，激发高校思想政治工作队伍干事新动力

毋庸置疑，在当前国际国内形势深刻复杂变化，社会思想文化领域情况更加复杂的历史境遇下，高校思想政治工作面临一系列新的挑战：马克思主义一元化指导思想遇到多样化社会思潮的挑战，社会主义核心价值观教育遇到各种消极思想文化的挑战，传统校园宣传言论方式遇到新媒体迅猛发展的挑战等。这无疑给高校思想政治工作提出了新课题、新任务，要求高校思想政治工作队伍勇于担当、迎接挑战，更加有自信有底气地干事创业。特别不容忽视的是，目前高校思想政治工作存在着

一些问题。因此，高校思想政治工作队伍建设，要在评价机制方面立规矩，激发队伍干事创业新动力。

第一，要完善考核机制。考核是评价的基础和前提，加大对高校思想政治工作队伍的考核力度，有利于调动他们工作的积极性、主动性与创造性，形成良好的工作局面。完善考核机制，要以"有理想信念、有道德情操、有扎实学识、有仁爱之心"的"四有特质"为基本标准，从"坚持教书和育人相统一、坚持言传和身教相统一、坚持潜心问道和关注社会相统一、坚持学术自由和学术规范相统一"的"四个统一"等方面的要求予以综合考察。考核时，要选用易于操作、师生参与面广、公平公正公开的方法，如网络评价、问卷调查、小型座谈、个人述职等都是效度值较高的常用方法。最重要的是用好考核结果，将考核结果与晋职晋级、评优评奖、学习深造等结合起来。对于履行责任不力、思想政治工作薄弱、师生评价不高的思想政治工作队伍成员，要追究责任；对于责任心强，塑造灵魂、塑造人的工作成绩显著、师生公认的思想政治工作队伍成员，应给予相应的奖励表彰，并提供更多的发展机会，以增强高校思想政治工作队伍的凝聚力战斗力。

第二，完善追责机制。追责是处理考核结果必不可少的环节。需在厘清党政干部、共青团干部、思想政治理论课教师、哲学社会科学课教师、辅导员班主任、心理咨询教师和网络思想宣传工作者权责边界的基础上，建立问题清单、任务清单、责任清单，做到有责必问、有责必查、有责必究。既要治"懒"，即对那些在工作岗位上不作为的队伍成员给予严肃批评教育，通过谈话、处分等手段促其端正工作态度、改换工作状态；又要治"乱"，即对那些在工作岗位上乱作为、唱反调又不听教育劝阻的队伍成员一定要调离、解聘，决不允许继续留在队伍中站污高校思想政治工作队伍整体形象。同时，要建立层层问责制，防止个别思想政治工作队伍成员为了躲避追责而掩盖个人失职渎职责任，酿成更大的祸端。在此过程中，要始终牢记纪律，充分发挥党的政治纪律和政治规矩的"硬约束"作用，依规严肃处理个别思想政治工作队伍成员在组织上、纪律上、作风上的违纪行为，绝不姑息。

概言之，中国特色社会主义和改革开放能不能坚持，经济能不能加速发展，国家能不能长治久安，从一定意义上说，关键在人。办好中国的事情，关键在党。高校思想政治工作队伍有素养、有能力、做到忠诚干净担当，高校思想政治工作就能抓常抓细抓长，落地落实落小。新形势下高校思想政治工作队伍建设，只要不忘初心、继续前进，把思想政治工作的领导权、管理权、话语权牢牢掌握在手中，任何时候都不旁落，就一定能坚定队伍的道路自信、理论自信、制度自信、文化自信，不断提高工作能力和水平，推动高校思想政治工作在与时俱进中不断改革创新。

第二章　高校德育与思想教育理论研究

第一节　高校德育研究

一、高校德育的基本功能及目标价值

（一）德育的基本功能

1．德育及其功能的含义

德育有狭义和广义之分。狭义的德育是指教育者对受教育者进行的道德品质教育。广义的德育是教育者对受教育者进行的政治教育、思想教育、道德品质教育、法制教育等教育的总和。

功能是指某一事物在环境中所能发挥的作用和能力，是事物的客观属性。德育的功能是德育所具有的客观属性。从不同的角度看待德育的功能，很可能会得出不同的结论。如果从社会功能的角度探讨德育的基本功能，在谈论德育的特性时，经常会提到德育的职能、作用、价值等，有些人将其不加区别地混用，这样是不合适的。

"功能"是"物质系统所具有的作用、能力和功效""职能"是"人、事物、机构应有的作用、功能"。从内涵看，功能和职能有相同之处，都指事物的作用。但二者也有区别，"功能"所强调的是具有一定结构的系统的作用，而职能主要是指机构的职责和能力。把德育作为教育这个系统内的子系统，在谈到它的作用时，使用"功能"为宜；而把德育作为高校的职责，在谈到它的作用时，使用"职能"为妥。

"功能"是事物的客观属性，"作用"是"功能"的外在表现。"作用"是以"功能"为前提的，"功能"不明确，"作用"就难以发挥。同

时，人们往往通过"作用"来考察"功能"。德育的作用是德功能的表现，德育的功能要从历史的、现实的德育的作用去挖掘。"价值"，从社会学的观点来理解，是指事物的相互关系，即一事物对其他事物的有用性。德育的价值是指德育在某一方面的作用，同样是以德育的功能为基础的，是德育对其他事物的作用，但不是"功能"本身。德育的价值在不同的方面表现不同，而德育的"功能"在一定社会历史条件下却是确定的。

2. 社会主义社会德育的基本功能

社会主义社会是阶级社会向无阶级社会的过渡，因而在德育的功能上既保持了阶级社会德育的功能，又具有无阶级社会德育的功能。社会主义社会德育的基本功能，是政治功能和经济功能。

作为意识形态的德育，是由一定的经济基础决定的，有什么样的经济基础就会有与之相适应的德育。同时，作为上层建筑的组成部分的意识形态，一旦形成，就对经济基础有巨大的能动作用，它为经济基础服务，积极清除阻碍经济发展的旧观念。德育与其他上层建筑相比，有自己的特点，它不靠强制推行，而是通过教育为人们所认识和接受，然后形成社会舆论，变为人们的内心信念。因为政治是经济的集中表现，所以德育既为经济服务，又为政治服务。德育为经济服务表现为德育的经济功能。德育作为教育的重要组成部分，其经济功能变得十分突出。德育的经济功能具体表现在以下三方面。

（1）保证经济建设沿着社会主义方向发展

我国的现代化是社会主义现代化，我们的物质文明建设是社会主义的物质文明建设。社会主义方向是我们必须坚持的方向，保证这个方向就是德育核心内容政治教育的重要功能。具体地说，政治教育使经济建设牢固地建立在社会主义经济制度基础之上；保证"各尽所能，按劳分配"原则得到正确的贯彻和执行；保证生产经营始终坚持为人民服务的正确方向。

（2）培养受教育者适应经济发展需要的思想观念和价值取向

德育的经济功能还表现为，培养受教育者适应经济发展需要的思想观念、价值取向，提高受教育者的政治觉悟、思想水平和道德水准，为经济建设提供具有较高思想素质的劳动者。经济建设的主体是人，人只有具备多方面的素质才能满足经济建设的需要。德育的作用就是保证人才具备良好的政治、思想、道德素质，缺乏这些素质或素质不高的人难以适应经济发展。

（3）调动人的生产积极性，调整人们的经济利益关系

德育经济功能的另一个表现，是调动人的生产积极性，调整人们的经济利益关系，创造和谐的人际关系，促进劳动生产率的提高。现代管理理论认为，影响劳动生产率的一个重要因素是人们的劳动积极性，而劳动积极性又往往是由人们的经济利益关系和人际关系决定的。如何帮助人们正确认识经济利益关系，创造和谐的人际关系，是思想政治教育的重要功能。除了物质利益外，人们还有精神生活的追求。人们对精神生活的追求不可能用物质的手段来解决，只能借助精神的手段来解决，而德育是一种重要的精神手段。

（二）德育目标的价值蕴涵

德育目标是教育目标在德育领域的具体化。它在本质上是德育价值的凝结状态，是其自身前提条件的整合统一，是德育活动的价值枢纽。德育目标的层次间、域分间的辩证联结，要求我们在认识和处理德育目标时必须注意协调过程目标与终极目标、首位目标与非首位目标的关系。

从教育的整个系统来看，德育目标是教育目标的一个重要组成部分，是教育目标在德育领域的具体化。所谓德育目标，就是指一定社会对教育所要造就的社会个体在品德方面的质量和规格的总的设想或规定，是在进行德育之前，人们对于要把受教育者培养成具有何种品德的人，在观念中所具有的某种预期的结果或理想形象。德育目标是从德育

预期结果，也就是从受教育者所要形成的品德的角度来说明德育的作用和认识德育活动的价值。因此，我们可以明确地说，德育目标就是对德育活动结果的具体要求，是对德育工作产品质与量的规定。这种认识在德育界是较有共识的。

1. 德育目标本质

德育目标本质上是德育价值的凝结状态。将德育目标置于德育价值的视域中进行考察，并不是人为的牵强附会，而是德育目标自身的要求。德育目标的目的的几个特征：第一，目的（劳动的结果）在劳动开始时就已存在于劳动者的观念之中。这是劳动者对劳动结果的理想性的观念设计。它是主体实践的动力与指令，也是主体实践所追求的理想成果。第二，这个目的必须通过实践"物化"到自然实体中，并使实体发生改变，以实现自身目的。第三，目的应当是规律的反映，规律决定着主体实践的方式和方法。主体认识到规律后，即按此规律去实现自己的目的。综上所述，我们可以这样认为，所谓"目的"，就是主体根据自身客观规律和主体需要或内在尺度的认识而提出的并努力为之实践的未来客体的模型，或者观念中设计的未来行为的理想结果。目标是目的的具体化和规范化。目的的实现过程也就是价值的创造过程。目的牵引着价值创造及创造的方向，目标凝结着价值的理想状态。从这个意义上讲，对德育目标的考察必须联系德育价值问题，以实现德育目标本性的回归。相反，离开价值论来谈论德育目标，或者直接将德育目标确定为对"培养大学生的思想品质所做的规定"，往往易产生德育目标上的命令主义或权威主义的歧义。

德育目标作为德育活动中德育价值的凝结，其规定性在根本上取决于自身的特点。也就是说，只有依据德育目标自身的本质特点，才能给出相对完善的界定。因为从德育价值论来看，德育目标无疑是观念中设计的未来德育行为的理想结果。然而，德育主体对德育规律和主体需要或内在尺度的认识，总是受到社会现实条件的限制，德育目标只能是一定社会现实背景下的德育价值理想的凝结。因而，要想深入探讨德育目标问题，就要进一步研究德育目标确定的前提性条件。

2. 德育目标是其自身前提性条件的整合统一

德育目标的确定，并不是任由人们提出就能够保证其正确性、合理性的，而是必须依据其自身的前提性条件整合统一。这主要包括如下三个方面。

首先，必须坚持德育主体需要与德育规律的统一。德育目标即德育活动目的的表征。目的是主观性的，正确、合理的目的是以对客观事物发展规律的正确认识为前提的。同样，确定正确、合理的德育目的，也是要以对德育规律的正确认识为前提的。这种对德育规律的认识，包含了对社会及人自身生存发展规律的认识。当然，这种认识是相对的，它总是要受到生产力与社会发展的制约。只有在符合规律的基础上，德育主体对受教育者的改造才能得以完成。因此，制订正确的德育目标，必须坚持主观与客观相统一。反之，若违背德育规律与主体需要的统一，德育目标就只能是主观与客观相分离的一种空想。

其次，必须坚持超越性与现实性的统一。德育目标是对未来的设想，是理想地达到德育目的的标志性模型；德育目标又是对德育现实的一种扬弃，是对德育外在价值的一种超越。因此，德育目标具有未来指向性。如果德育目标无超越性与未来指向性，那它就失去了存在的价值和意义。同时，德育目标又有其现实根据，具有现实的可能性，是以一定历史条件下现实的主客观条件为基础的。德育目标如果失去了现实性，就会成为空中楼阁，就不可能实现，同样也会失去其价值和意义。

最后，必须坚持统一性与多样性的整合统一。在一定历史时期，一个国家、民族具有共同的利益需要，则具有共同的德育目标。但德育目标又有其多样性。其一，德育目标具有层次性；其二，德育目标从横向看，又是多种类的。可以说有多少德育价值的种类就有多少种德育目标，包括政治性目标、思想性目标、道德性目标等。总之，德育目标是一个系统，是多层次、多域分、多方面的统一。多种德育目标互相联系、互相影响，因而相关人员要善于协调各层次、各种类目标并对其进行整合统一，注意各种德育目标的衔接与支撑，分清主次，辨清主流，使各种具体目标服从于整体目标。

3. 德育目标是德育活动的价值枢纽

德育目标价值枢纽的地位和作用，首先表现为德育目标规定德育活动全过程的价值趋向。德育目标的提出是德育活动的起点，即德育价值创造的起点。实现德育目标，又是德育活动和德育创造价值活动的终点。整个德育过程是在德育目标价值枢纽作用的观照下进行的，是以实现德育目标为导向来组织、协调和调整主体全部行动的。也就是说，德育主体的全部活动都服从和服务于德育目标。因此，正确、合理的德育目标是贯穿德育活动和实现德育价值的中心环节。

德育目标决定着德育活动的手段。目标决定手段，手段服从于目标。广义地说，手段是主体作用于客体的一切中介的总和，包括工具、方式、方法、措施等。随着社会文明和科技的发展，人们对德育规律的认识不断深化，因而德育目的、德育手段也在发生变化。在当前我国社会主义社会，我们的德育目标主要是培养社会主义公民，树立大学生的主人翁意识，使大学生成为中国特色社会主义的建设者和接班人。这就要求我们在德育活动过程中，德育手段要由灌输式向启发式、养成式过渡，德育工具也应偏向多样化。值得注意的是，在目的与手段的关系中，不仅前者决定后者，后者也制约着前者。目的的提出要以一定的手段为前提，因为手段是实现目的的必要条件和保证，没有一定手段的配置，目的就不能实现。在我国社会主义市场经济初步确立并逐步完善的背景下，如何建构并实施与社会主义德育目标相配套的手段，完成现代德育手段对传统德育手段的更新、改造，是当今德育工作的一项重要任务。

德育目标直接制约和影响着德育活动的价值归宿。德育目标是在活动之前（或者至少是在活动初期）提出来的。德育目标本身的规定性表明，全部德育活动都是为了实现它，德育主体据此调节自己的一切活动。因此，从总体来看，德育目标决定着德育活动的结果和价值归宿。当然，现实中的德育活动与活动结果的关系，并不是这么简单的决定与被决定的关系。从目标到结果的转化，是要通过一系列中介手段实现的。因此，德育结果事实上是由德育目标与中介手段的整合作用产生的。此外，外部环境和其他复杂因素，包括受教育者的自身状态、能动性等因素，对德育活动的结果也有重要影响。因此，在通常情况下，德育活动结果往往存在着对德育目标不同程度的偏离。这种偏离表现为动机与效果的矛盾，即效果与动机的偏离。一方面，存在着目标被实践所否定，不能实现全部目标的情况；另一方面，也存在着达到意想不到的良好结果的情况。在这两种情况下，主体都应从实际出发，通过反馈机制相应调节、调整自己的中介手段，其中包括对德育活动的工具、方式、方法、措施以及德育目标的调整，直至最大限度地实现德育目标。德育自身也正是在这种偏差与调整中完善自身、发展自身的。因此，这种目标与实践的偏差又可以称为"合法的偏差"。德育目标正是在这种"合法的偏差"的推动下，寻找对德育规律和主体利益的契合，寻找自身对合规律性与合目的性的契合的。在"合法的偏差"下，正确的德育目标总是要成为决定德育活动结果的首要因素。

4. 德育目标层次间、域分间的辩证联结

德育目标的层次、域分问题是德育研究领域中的一个复杂问题。一般来说，在德育目标确定和实施的过程中，教育者总是自觉或不自觉地依据受教育者的心理水平、接受能力和成长发育的生理特点及思想形成规律和社会历史条件来因材施教的；而且，德育目标在阐释自身时，也要求德育目标具有层次性和域分性。所谓德育目标的"层次"，主要是指德育目标在德育活动过程中，按照受教育者的特点及相应的目标要求而形成的不同水平或者不同阶段的标准。所谓德育目标的"域分"，主

要是指德育目标按其内容的不同所形成的领域标准，它是德育目标在不同领域的具体体现。德育目标的层次性，体现的是德育目标的纵向划分标准；德育目标的域分性，体现的是德育目标的横向划分标准。实践表明，只有实现德育目标的层次间与域分间的辩证联结，才能真正形成德育目标的有机系统。因为同一层次的德育目标往往是由不同域分的目标构成的；同样，同一域分间的德育目标又是由不同的层次连接而成的。这是德育活动的内在要求。

德育目标的层次间、域分间的辩证联结，要求我们在认识和处理德育目标时必须充分协调好两个关系，即过程目标与终极目标的辩证关系、首位目标与非首位目标的辩证关系。

（1）过程目标与终极目标的关系

终极目标是德育的总目标，是德育目标体系中所含价值最高的目标，是德育能量作用于社会的杠杆，只有它才能集中地表现出德育对社会的全部意义，因此，它在德育体系中占有极为重要的地位。过程目标是德育体系中的局部或阶段性目标。在二者的关系中，其一，要坚持过程目标以终极目标为指导的原则。过程目标只有与终极目标联结起来，才能培养社会主义事业接班人和建设者的必备素质。因此，过程目标要转化成终极目标的有机组成部分，就必须以终极目标为指导原则。当然，过程目标虽不像终极目标那样在德育目标体系中占有最高地位，也不能表明德育对于社会的全部意义，但过程目标具有强烈的直接性和现实性。没有过程目标，终极目标就会成为空泛的抽象。反之，我们也不能将过程目标脱离终极目标并将其作为终极目标来追求。因为一旦失去终极目标的统摄，过程目标就失去了正确的指导，就会随着人们功利性的追求而成为盲目活动。为此，德育工作者必须树立牢固的终极目标观念，以终极目标统率过程目标，根据终极目标的要求对德育对象施加有目的、有计划的影响。其二，终极目标要以过程目标为中介基础。因为过程目标虽是终极目标的逻辑展开，终极目标是过程目标的逻辑起点和逻辑归宿，但是，没有一定的过程目标的演绎积累，终极目标是不可能形成的。同时，在制订过程目标时，要注意使目标与受教育者的内在需要相结合，与受教育者的成长、思想和心理的发展层次相结合。离开了这两个结合，任何目标都会流于形式。此外，也要注意过程目标之间的衔接与连贯，以保证每一个过程目标与终极目标的逻辑一致性。事实上，终极目标的内容与形成状况，一般不会超越过程目标提供的可能性空间。终极目标虽是过程目标的最终归宿，是在过程目标逻辑发展基础上形成的，但它不是过程目标的简单集合，而是由过程目标抽象和升华形成的。这就是说，如果忽视过程目标，只强调终极目标在德育中的作用，忽视对人才的过程培养，或对人才的培养急于求成，幻想人的德性修养在某一刻突然达到理想水平，那么，最终将破坏终极目标赖以形成的基础，使终极目标成为无源之水、无本之木。

（2）首位目标与非首位目标的关系

高校的党团组织和所有的教员都要做好大学生的思想政治工作。将政治方向放在第一位，实际就是将德育中的政治目标放在德育域分目标中的首位，成为首位目标。政治目标外的其他几个目标也就成了非首位目标。

德育的基本内容在内涵和实践上无疑是互相联系、互相渗透的，但其各自的本质意义又是有区别的，不能相互混淆和替代。在德育内容上，显然是将政治方面的目标当作首位目标，其他目标当作非首位目标。但是，在德育实践和德育活动中，非首位目标并不意味着不重要。既不能以首位的政治方面的目标代替非首位目标，也不能使非首位目标政治化，更不能在新的市场经济发展的社会条件下只注意发展道德、心理健康方面的非首位目标，而忽略政治方面的目标。我们只有协调好德育目标域分间的关系，才能使德育健康发展。实际上，就政治教育目标而言，仅靠纯粹的政治教育是行不通的，而是要以其他域分目标方面的教育为基础、为条件；离开其他方面的支撑，政治教育难以落到实处。

需要明确指出的是，阐明德育目标域分间的首位目标与非首位目标，并不是说在德育活动的各层次、各序列都要过分强调首位目标。德育的内涵是丰富的，德育总是全方位地运行着，德育目标中的各层次、各域分都可能根据不同历史时期的实际和主客观需要而变化发展，加强或着重某一方面的教育不仅是可能的，而且是必要的。

在处理德育目标层次间、域分间的辩证问题时，要善于运用历史唯物主义和唯物辩证法的基本观点，不能把德育目标系统中的问题简单化、片面化。只有这样，才能使德育目标系统日益完善与科学，才能更好地满足新时期各方面对德育教育的新要求，为培养全面发展的具有较高德性素质的人才作出贡献。

二、高校德育教育的理论探索

（一）道德教育是高校德育的根本

1. 强调道德教育的基础性质是最基本的教育共识

强调道德教育的基础性质是教育界的一个最基本的共识。这一命题可以从理论和实践两个方面予以佐证。从理论上来说，"道德教育是教育的根本"是许多教育学家的共识。从近代教育学产生之日起，强调道德教育的基础意义，就与教育学家们对教育的价值属性的共同认知紧密联系在一起。教育以人类个体的未完成状态为起点，通过养护、管教、教导等环节，最终以发展大学生的善良为倾向，使之成为道德存在的目的。今天的教育已经进入了互联网时代。科技教育在高校教育课程中的比例正在无限增大。但是，世界上理性的教育学家们都一致肯定教育的价值性，都承认道德教育在全部教育中的核心地位。正是因为这一点，面对全球范围内的挑战，联合国教育科学及文化组织（简称联合国教科文组织）已经将"学会生存"作为一种新的教育哲学加以提倡，强调我们有足够的理由重新强调教育的道德和文化因素。

从道德教育与政治教育的关系角度审视道德教育的基础性、重要性，也是许多教育学家的共同选择。人们共同参与一件有共同利益的事，每个人必须使自己的行动参照和考虑别人的行动，使自己的行动有意义和方向，这样的人在空间上大量地扩大范围，就等于打破阶级、种族和国家之间的屏障，这些屏障会使人们看不到他们活动的全部意义。

从全球视野来看，随着可持续发展观念的确立，以及高校教育对于道德教育的深入反思，强调道德教育在全部教育中的基础性和重要性，采取不同措施，强化不同形式的道德教育，是当代教育理论与实践的共同取向。

我国教育界亟待完成高校德育的重心转移：从泛化的德育走向以道德教育为核心的、基础的、常规的高校德育。在道德教育基础之上，塑造中华民族基本品格的高校德育、高校教育，是我国改进基础教育品质、迎接新时代、新开放、新挑战的必然选择。

道德教育是高校德育的根本。由于高校是进行系统道德教育的重要阵地，大学生是公民道德教育的重点人群，公民道德教育是高校德育的重要内容。明确道德教育在高校德育中的基础地位和作用，对于增强高校道德建设的自觉性、减少随意性、克服盲目性、提高高校德育工作的实效性、促进大学生德智体美劳全面发展，具有重要意义。

2. 道德教育是思想政治教育的基础

德育是对受教育者进行思想品德教育的一种教育活动，一般包括政治教育、思想教育和道德教育几个部分（心理素质教育应贯穿于整个德育过程），它们既相互区别又相互联系。政治教育是关于政治原则和政治方向的教育，其功能主要是确定教育的阶级属性和解决人的政治方向；思想教育是关于世界观和人生观的教育，其功能主要是培养人的科学的世界观和人生观，提高人的认识能力和帮助人们掌握科学的思想方法；道德教育是伦理道德规范和基础文明的养成教育，其功能主要是通过使人掌握道德原则和标准教人学会如何做人和评价他人等。根据大学生成长的特点和品德形成的规律，德育内容应有不同的层次。对大学生来说，思想政治教育属于高校德育框架中的高层次教育，它更理论化、更宏观、更概括，大学生接受这种教育往往需要更多的生活积累。相对而言，道德教育则更倾向于实践，属于德育框架中的基础层次教育，它是处理人际关系的一种行为准则。

在高校德育体系中，道德教育具有基础性作用。政治和思想教育的繁枝茂叶，是根植于道德教育的沃土的。一个道德高尚的人，在政治和思想上往往也是进步的；道德沦丧是导致一个人政治、思想蜕变和堕落的最初原因。从大学生道德品质的养成入手，实施政治思想教育，符合大学生的接受水平，较易实施，并且可以使道德教育收到"由近及远""推己及人"的功效。因此，政治教育和思想教育虽然是高校德育中不可缺少的内容，但高校德育的工作重点应放在道德教育上。

3. 道德教育是个体思想品德形成的基础

道德教育不仅是政治教育、思想教育的基础，而且可以为大学生打好做人的基础。道德教育的主要目的和功能之一就是教人通过掌握道德原则和标准学会做人，懂得做人的基本道理。一般来说，一个心地善良、乐于助人、有强烈道德责任感的人，会走上一条服务社会的人生道路；一个恪守道德规范的人，由于自律，会比较自觉地遵守法律规范和政治规范；一个有高尚道德操守的人，能够为民族和国家利益采取积极行动，乃至献出自己的青春和生命。在历史上，一些具有高尚道德品质的人，尽管他们在世界观、价值观上不一致，甚至在政治上可能有分歧，但是他们不会故意去伤害国家和人民。而一个没有道德良心的人，很难在政治上保持坚定，一个空有理想而实际缺少道德的人，其"理想"也很难真正变成现实。

高校教育的首要任务是使大学生学会做人，把大学生培养成为社会主义事业的建设者和接班人。大学生从小养成做人的基础伦理道德和良好的行为习惯，会终身受益。否则，恶习一旦养成，矫正起来就十分困难。因此，高校德育应该把道德教育作为基础工程切实抓好，在培养大学生良好道德品质上下功夫。

个体思想品德的形成和发展具有一定的顺序。人的道德意识一般是先于他的政治意识、世界观、人生观产生和形成的，人的道德行为也先于其政治行为、法律行为的形成和发展，并且对其思想品质和政治品质的形成与发展产生积极影响。

人的道德品质是思想品质和政治品质的形成与发展。第一，个体思想品德的形成与发展受其身心发展水平的制约，与其身心发展水平相一致。第二，个体思想品德的形成与发展，是以其自身所参与的活动和交往为基础与中介的，与其所参与的活动和交往的范围、性质、水平相一致。具体地说，大学生的抽象思维还没有充分发展，理论思维水平还很低。他们还不能真正理解社会发展的规律以及人生的真谛，从而不能真正拥有科学的世界观、方法论和正确的人生哲学。从时间上看，高校的思想政治教育应当在适当的道德教育之后逐步进行；从逻辑上看，高校的思想政治教育应当建筑在基本的道德教育基础之上。

（二）新时期高校德育实效性研究

1. 高校德育实效性概念

德育这项实践活动所取得的实际效果被称为德育实效性中的"实效"。具体来说，德育实效性是指通过投入一定的人、财、物、时间等，获得最佳的效果和最大的好处，即德育目标在特定的环境条件下的实现程度。如果德育对改善大学生的道德素质产生了积极的推动作用，那么德育就是有实效性的；若没有产生推动作用，那么德育就没有产生实效性。高校德育的实效性，是高校德育工作者通过课堂等主渠道将德育理论传授给在校大学生，让大学生通过自我的学习和感悟，将其转化为自身内在的道德素质，再通过一定的德育实践，将这种内在的道德素质转变为生活中的日常行为的程度。

2. 提高高校德育教育实效性的对策

德育可以说是高校教育的灵魂和先导，它与智育、美育、体育、劳育相互联系，彼此渗透，对大学生的全面发展和健康成长起着重要作用。因此，相关人员必须高度重视德育教育，把德育教育工作放在高校工作的首位。但新时期德育工作的环境已经发生了很大的变化，高校需要与时俱进，相应地转变工作方法。

（1）增强高校重视程度，完善德育工作机制

第一，加强领导，完善德育工作机制。高校应该建立完善的德育管理体制和工作机制，把高校党委作为德育工作的领导核心，成立以高校党委为首的德育工作领导小组，由领导小组负责德育工作方针、德育工作任务和总体规划的研究、制定，形成党委统一领导、党政齐抓共管、全校紧密配合、上下共同推进的德育工作体制。高校应建立系统的德育教育体系，明确目标，细化责任，在全校范围内广泛推行，营造良好的育人氛围；引导全体教职工共同履行以人为本的德育教育原则，制定相应的制度，比如在评聘职称时的制度倾斜，鼓励更多品德高尚、敢作为、有能力的优秀教师加入德育教育队伍，让更多的人来关注德育教育工作，真正实现"育人为本，德育为先"。

第二，加强德育工作队伍建设，努力打造一支专业化、职业化的德育工作队伍。德育工作队伍是高校德育教育的组织保障，高校的德育教育工作除了高校党委的重视外，主要依靠德育工作队伍来完成。当前的德育工作人员主要是高校的党政干部、"两课"（我国现阶段在普通高校开设的马克思主义理论课和思想政治教育课）教师、辅导员和班主任，他们往往身兼数职，工作任务繁重，很难拿出专门的时间和精力来对大学生开展德育教育。高校党委应加强组织领导，真正把德育工作放在首位，采取切实措施，培养一支具有坚定的政治方向、扎实的理论功底、敢于开拓创新的德育工作队伍，提高其职业化和专业化水平，使这支德育队伍真正成为大学生健康成长的指导者和大学生全面发展的引路人。高校领导层面应从各个方面给予德育工作队伍适度的关心，适当倾斜待遇，提高德育工作岗位的吸引力，吸引更多的教师加入，不断扩大和充

实德育工作队伍，真正建立起一支高水平的德育工作队伍。同时，应适时地对德育工作者进行培训，统一其思想，提高其认识，使之在掌握德育理论知识的同时积极开展学术研究，真正成为德育领域的专家，增强其归属感和使命感，提高德育工作队伍的稳定性，从而真正实现德育工作队伍的职业化、专业化。

（2）充分发挥德育教师的人格示范作用，营造全员育人氛围

对大学生来说，学习知识固然重要，但具备良好的人格和品德更重要，一个品德低下、道德败坏的人是不会赢得他人的尊重，成就自己的人生的。大量事实也说明，人的良知一旦泯灭，道德出现问题，学再多的知识也是没有用的；育人一旦失败，再好的学问也是徒劳的。在大学生成长的道路上，教师要肩负起相应的责任。

学高为师，身正为范。教师的一言一行、一举一动都对大学生有着强大的示范作用和潜移默化的影响。因此，我们必须加强高校教师的思想道德建设和职业道德建设，提高教师的道德修养和综合素质，不断提高德育工作人员师德修养，充分发挥教师的人格示范作用，树立以人为本的服务意识，做到为人师表、言传身教，通过教师的人格示范作用培养大学生为人处世的态度，使教师成为大学生崇拜的对象、信赖的朋友，从而达到成功传递科学的道德观念和价值标准的德育教育目标。我们应强化"育人为本，德育为先"的理念，让更多的教职工参与到德育教育队伍中，把全员育人、全方位育人的思想贯穿到高校教学、管理、服务各个方面，努力形成全员参与、齐抓共管的良好德育氛围。

（3）创新德育内容，改进德育教育方法，增强德育实践

第一，创新德育内容。当前的德育教材内容相对滞后，对大学生缺乏吸引力和感染力，并且普遍存在着以说教、灌输为主的方法，大学生处于一种被动接受的状态，这些都影响了德育教育的效果。我们应积极地创新德育教育内容，注重与时俱进，不断挖掘当前社会热点中所包含的德育素材，利用身边的德育资源，将德育教育渗透到大学生生活的方方面面，而不仅是单纯地停留在教材的"理论"或"概念"上；合理地

借鉴国外优秀的德育理论和德育教育方法，丰富德育教育方法和形式；注重中华优秀传统文化的传承和启迪作用，让大学生深刻领会和感受传统文化的魅力，乐意接受并传承传统文化中的精髓，并能将之转化为内心自觉的信念和实际行动。新时期高校道德教育内容要贴近大学生的生活实际，满足大学生的现实需要，充分彰显"以人为本"的德育理念，只有这样才能真正走进大学生的心灵，启迪大学生的道德思维，深化其已有的道德认识，增强其道德选择和判断能力，从而培养其良好的道德行为习惯，增强德育教育效果。

第二，改进德育教育方法，增强德育实践。德育教育不仅要传授知识，示范行为，使大学生"知其然"，还应该让大学生"知其所以然"。在具体的教育方法上，要改变传统的灌输模式，采取多样化的教育手段，可运用案例分析、小组讨论、演讲、辩论等方法，增加大学生的参与热情，调动大学生学习的积极性和主动性，使大学生成为道德认知的主角；积极组织大学生参加道德实践活动，通过志愿者服务、假期社会实践、与福利院孤寡老人及社区"空巢老人"结对帮扶等活动，让大学生认识到自我修养的必要性，从而使大学生对德育教育内容内化于心、外化于行。德育教育方法应贴近社会、贴近生活、贴近大学生的实际，适应大学生的成长特点。在德育课程教学中，还可以探索德育教师与团委、大学生社团联合开展活动的方式，在德育实践活动中让德育课老师参与活动的设计和规划，并全程跟踪和指导，把课堂教学内容融入社会实践活动，实现理论向实践能力的转化，帮助大学生认识社会、服务社会，在实践中强化道德内容，巩固道德信念，并建立科学的评价体系，将实践表现计入德育课成绩，以增强德育教育的实践效果。总之，德育教育只有从态度、形式、内容、方法等多方面加以改进，做到与时俱进，才能真正发挥应有的育人作用，达到预期效果。

（4）创新德育理念，把社会主义核心价值体系融入高校德育

第一，创新德育理念。新时期高校德育教育要紧密结合社会实际，树立以人为本的德育理念。高校德育教育要充分尊重大学生的主体性地

位，积极地转变观念，将大学生的被动接受转变为主动学习。高校德育内容要贴近社会、贴近生活、贴近实际，教师在德育引导的过程中需要切实加强与大学生的沟通和交流，加强人文关怀和情感投入，找准着力点，让德育教育不仅能解决大学生较深层次的思想问题，而且能解决其生活中的实际问题，遵循德育教育的规律，融入社会主义核心价值观，引导大学生学会主动选择，充分发挥自我教育能力，通过一系列科学的、行之有效的方法、举措和途径，帮助大学生树立新的德育理念，使之真正做到道德信念内化于心、外化于行。

第二，引导大学生积极培育和践行社会主义核心价值观。青年可以说是这个社会中最活跃的群体，也是代表现在、影响未来的关键人群，倘若能用社会主义核心价值体系引领青年人的思潮，也就在很大程度上成功引导了整个社会意识的走向。特别是当今时代，活跃的社会思潮对大学生影响显著，部分大学生在价值选择和判断上摇摆不定，思想呈现出盲目的多元化发展趋势，表现出个人主义、功利主义、自由主义的倾向，缺乏远大理想、社会责任感和公民意识，用社会主义核心价值观对其进行有效的教育引导，非常必要。

三、高校德育教育的原则

（一）高校德育原则概述

高校德育原则是高校教师对在校大学生进行高校德育工作时遵从的基本原则。此原则既体现了高校德育全过程的规律性，也高度总结出了高校德育实践经验。在当今时代探索高校德育原则不仅对德育实践具有现实意义，同时也是研究高校德育理论发展的必然选择。自从改革开放以来，教育界专家深入探索高校德育原则问题，并取得了一定的有价值的理论成果。这些成果对进一步探讨高校德育原则起到了举足轻重的作用。

1. 高校德育原则的内涵

德育原则是根据教育目的、德育目标和德育过程规律提出的指导德育工作的基本要求。德育原则对如何制定德育大纲、确定德育内容、选择正确合理的德育组织形式和德育方法等方面都具有指引作用。

高校德育原则指的是教育者按照一定的社会或阶级要求，有计划、有目的、有系统地对受教育者施加政治、思想和道德等方面的影响所制定的原则，并通过受教育者积极的体验、认识与践行，以使其形成一定社会与阶级所需要的品德的教育活动，即教育者有目的地培养受教育者品德的活动所遵循的指导原则。

在我国，对于德育原则的含义学术界大体有两种看法：广义的是指对社会成员在政治、思想与道德等方面有计划、有目的地施加影响的活动进行引导，其中包含高校德育原则、社区德育原则、家庭德育原则以及社会德育原则等。而狭义的主要指高校德育原则。它是教育者有目的地培养受教育者品德的活动所遵循的指导原则，是教育者需要按照一定的社会或阶级要求，对受教育者施加思想、政治和道德等方面的影响有目的、有计划、有系统地所制定的原则，并通过对受教育者积极的认识、体验、践行方面的总结而形成的一定社会与阶级所需要的品德的教育活动原则。

高校德育原则，指的是在高等院校中以大学生为培养对象的德育原则。我国高等院校的德育原则，是教育者按照党和国家的要求，坚持社会主义方向，坚持以马克思主义为指导的大方向下制定的。它不仅注重理论方面的教育，同时也注重实践方面的教育。它是联系国内外政治经济文化的发展变化和大学生的思想实际的基本原则。高校德育原则是指在高校德育的实施过程中，为实现德育目标，在确定德育内容、选择德育途径和方法等方面所必须遵循的指导思想和基本准则。高校德育原则涵盖德育思想，体现德育意图，并与中小学德育原则有着层次性联系。它的基础是高校德育的实践经验，遵循高校德育的客观规律，同时也反映高校德育的本质特点。它来源于实践，指导着实践，被实践检验，并在实践中不断丰富和发展。

2. 高校德育原则的研究意义

研究高校德育原则问题，是适应变化了的高校德育对社会存在环境的需要。当今世界，经济全球化、政治民主化、科技信息化的趋势势头猛进、不可阻挡，同时信息交互作用显著，各国间文化相互渗透，社会正发生着结构性的变革。我国处在进一步深化改革、实施经济体制转轨与社会结构转型的关键时期，经济发展迅猛，社会转型剧烈，中国特色的社会主义事业日新月异。在这样的社会现实下，青年大学生的价值观有了很大的变化，思想道德状况有了全新的特点，这对高校德育原则提出了新的要求。高校德育原则的确立必须与改革开放和社会主义现代化建设实践相统一，只要顺应社会现实与高校德育对象变化紧密联系起来、与国际社会的发展趋势结合起来，高校德育就能充满活力，适应社会主义现代化发展的需要。

身处知识经济时代，高校德育承担了新的使命。研究高校德育原则问题，是顺应我国教育改革发展的需要，是提高综合国力和增强民族凝聚力的重大职责，这就对高校的人才培养也提出了更高的要求：深化教育改革、发展教育事业、实施科教兴国战略，积极培养适应知识经济要求的高素质创新人才。这是着眼于国际竞争的挑战，着眼于中华民族在新世纪的伟大复兴，进一步适应教育观念转变、教育体制改革以及教育目标调整的重中之重。

研究高校德育原则问题，是加强和改进高校德育工作的前提。长期以来，由于受到各种环境因素和社会深层次矛盾的影响，虽然高校德育工作在培养社会主义的建设者和接班人，但是也有很多没能解决的现实问题。

研究高校德育原则问题，是弥补其自身发展滞后的缺陷，提高其规范性的需要。高校德育原则存在着发展滞后现象是由于高校德育整体性研究的欠缺、零乱且不规范，针对性和超前性缺乏科学性，指导意义不突出等。为了弥补这些缺失，不断提高高校德育的实效性，我们应以中国特色社会主义理论为指导，研究新问题，解决新情况，潜心研究高校德育原则。高校德育涉及方方面面，以往制定的高校德育原则条目众多，其相互关系十分复杂，这不利于德育工作者正确把握和落实。因而，有必要依据现阶段高校德育中的主要关系和社会需要，对现有的高校德育原则进行研究、整合、更新，达到协调统一，提高其规范性和科学性，保证德育目标的实现。

（二）高校德育原则确立的理论依据

1. 科学发展观中的"以人为本"思想

"以人为本"思想是在马克思主义学说的基础上关于人的学说的延伸和运用。这里所说的"人"不是抽象的，而是现实的、具体的人。在高校德育中的"以人为本"思想应体现为以下几方面：

第一，在教育中坚持以人为本思想就是以"人"为中心，重点表现"人"的发展。教育的起点是"人"，其终点也是"人"。所以教育的根本是育"人"，坚持以人为本是现代教育的基本价值。造就具有道德意识和行为的社会成员是德育工作的本质。大学生不是一味处于被动地位的客体，而是高校德育工作的主体。任何教育只有将被动的填鸭式教育转化为自我管理、自主学习，才是真正达到了教育的预期效果。作为高校的德育工作者应有能力将社会要求转化为大学生的自我要求。德育工作的重点是要努力培养大学生的意志力、判断力、创造力和高尚的人格。构建积极进步的社会道德体系，发掘大学生潜能和价值是高校德育的最终目的。高校德育工作一定要坚持开放性和多元价值，帮助大学生明辨是非、树立正确的道德观念。现阶段，高校德育工作的重点应从单纯的灌输知识，提升为让大学生掌握自我研判和分析的能力，学会自己面对人生，创造人生。

第二，坚持教育以人为本不仅从心理上关心人，而且从行动上帮助人。因此，管理是途径保证，教育是核心思想，服务是拓展理念。大学生思想问题一般分为：思考问题需要用思想政治理论；需要按照一定要求和规范培养行为习惯的问题；需要根据大学生的实际困难帮助大学生解决问题。三种思想问题，需要结合在一起，用教育、管理、服务的解决方式。德育教育是真真正正地做到一切行动从大学生的根本利益出发，其根本目的是切实关心大学生成长成才，调整好高校内的管理、教育以及服务资源等，完善大学生成长、学习、生活、就业和维护大学生权益的所需要的服务体系。21 世纪教育理性追求的本质规律就是尊重，切实做到关心大学生的学习和生活的各个方面。这就要求德育教育要尊重大学生本身、人格、责任和基本权利，明确大学生不是机器人，让每位大学生都得到民主平等的对待和尊重，然后健康成长。与此同时，要求不仅要重点抓好贫困生帮扶，而且要抓好大学生维权体系的建设，尤其要关注教学质量、各项收费、食堂伙食、住宿等和大学生利益相关的问题。通过完善工作制度，改进工作作风，保证大学生的投诉得到受理并获得满意的答复。

第三，坚持教育以人为本就是要把教育与人的尊严、幸福和价值联系起来，坚持人性化架构，用现代人的思想、视野培养全面发展的人，使教育人性化。教育本质有三种基本观点：其一是培养人的实践活动；其二是人之自我构建的实践活动；其三是价值引导与自我构建的活动。因此，当代高校德育的重要任务就是要坚持教育的人性化、具体化，树立教育的社会性、时代性，培养文化素养高、人格健全的人，这是现代社会对人的基本要求。现代人的自我价值和自我尊严没有统一的衡量标准，而是每个人实现自我目标，体现自我价值的完成。现代人选择的都是适合自己的完美生活。人生是一个寻找和发现自我价值的进行时。因此，高校德育应实现社会价值和个体价值的统一；而大学生个体要实现自我价值，必须在社会价值中把握社会发展趋势。

第四，坚持教育以人为本就是要体现人文关怀和情感共鸣。教育既是文化知识的传播，也是人格魅力的养成。德育是用人的感情与人交流的工作，通过交流达到用真情打动人，用道理说服人的目的。人应该用健康向上的情感，高尚的思想品格去体验珍视生命、珍爱生活、热爱自然的乐趣。人文关怀就是有信念地追求生命和理想，关心每位大学生的生活点滴和思想情感。实践证明，无论多么先进的教育方法，无论多么完善的管理模式，无论多么发达的现代传媒，都不能代替人与人之间的沟通和交流。生活的富足才能让人的精神和思想品质不断成长。

第五，坚持教育以人为本就是要注重大学生的个性发展，发现每位大学生的兴趣，爱好和特长。没有个性就没有创造性。有个性才能培养出独特的竞争力，才能取得成功。个人主义和个性不同，个性的发展符合人才成长的必然规律，个性发展的基础是全面发展，是核心发展。而我们总是把全面发展误解为全科发展，要求大学生每样都要尝试，但不一定能取得理想的效果。每个人都有成才的可能和潜质，从不同角度评价，每个人都可以是第一。培养个性的主要特征是：让大学生在广泛的兴趣、良好的心理基础上，产生强烈的求知欲和创造力。

2. 系统科学理论中的"大德育"思想

无论人类社会、自然界还是思维领域都是系统性的；从微观上看，所有事物都不是独立生存的，它们都处在普遍联系之中，包括事物之间和事物内部各个要素的相互制约和相互影响的关系。系统科学理论在高校德育中表现为"大德育"思想，其要点为：

首先，系统的本质属性是整体性，系统存在于物质环境中，并持续与环境进行物质、能量和信息的交换。事物的存在本身就是一个系统，系统是由事物内部互相联系和相互影响而组成的有机整体。德育系统中有三个最基本的因素：教育者、受教育者、教育过程。加强高校德育创新，必须从整体出发，有高瞻远瞩的意识。从综合的思想出发，明确调控目标，使各系统调整成为一个四通八达的德育网络。高校德育工作量大面广，组织过程要调动有效的调控机制，才能井然有序。因此，发挥德育功能的正面效应，需要加强校内各种教育资源的整合，还要取得高校、社会和家庭的支持，从整体上协调好，做到全员育人。

其次，系统的另一特点是分层。不同层次的发展规律也不相同。所以，高校教育的层次性最终取决于受教育者自身的层次性，若想要得到好的德育效果，掌握好德育对象的主体性观念以及有目的性地开展工作很重要。把握德育对象的层次性要求要根据大学生在学习过程、教育环节、时机等不同方面采取相适合的教育方法、手段和内容，要注重大学生的综合素质培养和全面发展相结合，为保证大学生的健康发展打下良好的基础。

最后，发挥系统功能的作用，需要该功能的有机结合，把各个要素的结构功能调配好，保证系统内部的各个要素都达到最佳的配置和建构，使得系统结构和工作达到最优化。至此，我们必须做好下面几项工作：协调好高校、家庭和社会之间的关系；协调好高校内部各岗位和工作部门之间的关系；协调好高校德育工作中的管理和评价关系，构建和谐的大德育工作系统。

3. 高校德育理论中的"内化外化"思想

"内化外化"思想是解决思想政治教育基本矛盾，揭示德育过程中人的内心外在表现变化过程的重要规律。好的德育既要依靠教育者的科学传授和悉心组织，也依靠受教育者自觉的内化和外化思想。内化是指把教育者传授的思想政治的核心内容转化为受教育者内在的个体意识的过程；而外化是指受教育者把自身的个体意识转变为外在的实际活动行为的过程。两者侧重点不同却又紧密相连，共同推动人的思想和德育实践不断向社会要求的方向发展。

内化就是在德育过程中，教育者把一定社会发展所要求的原则、品德、规范传授给教育对象，教育对象则以自己原有的认知结构为基础，在各种因素的交叉作用下，通过自觉选择，主动地消化和吸收这些原则、品德及规范，将其纳入自己的意识体系，成为自己的道德认识的过程。德育的内化过程可以分为盲从阶段、认同阶段和信奉阶段三个层次。内化的关键是要把外在的社会原则及规范自愿、真正转化为个体自身的意识体系，作为行为的准则与依据。内化强调的是教育对象的自觉主动性，在内化的过程中，要特别注重教育对象原有的知识结构。如果教育者所施加的教育影响和教育对象本身原有的思想认识状况一致，那么所传授的教育内容就不会和教育对象的认知结构发生冲突，教育对象会主动、自觉地认同接纳教育者所传授的思想道德规范，并逐渐发展成为自己内心的信念。基于教育对象内化的心理活动角度，内化的要素包括知、情、信、意四个方面。要使教育对象完整、准确、深刻地内化德育内容，就必须为其内化创造良好的内部条件和外部条件。其中，内部条件是指从教育对象的角度出发，要求教育者充分挖掘教育对象本身所具有的潜力，充分调动其主观能动性，通过发挥教育对象自身的潜能来实现内化。因此，要引导教育对象实现内化，首先必须弄清教育对象内心有没有要求内化的需要。其次，德育活动是一个主客体双向互动的过程，缺少了教育者和教育对象任何一方，这个活动都将无法展开。而教育对象的基本条件则是完成此项活动的必备要素，教育对象的基本条件包括其遗传素质、经验阅历和思想道德文化素质。最后，内化的内部条件还牵涉教育对象正在接受道德教育时的精神状态和心理状态。在强调内因的同时也不能忽视外因。德育的外部条件，主要是指除教育对象自身之外的包括社会政治、经济、文化等在内的宏观社会环境和教育者作为传道授业解惑者所要具备的素质。实现内化要从发挥教育者的影响作用以及选择合适的教育方式方面着手。

外化就是教育对象将在内化阶段形成的社会发展所要求的个人意识转化为具体的行为态度，在遇到相关刺激时，在相关动机的驱动下做出相应行为并养成习惯的过程。外化可以划分为明确问题阶段、选择合适的行为方式和实践并养成习惯三个阶段。这一过程需要在实践活动中才能完成，受到教育对象内化形成的知识结构和主观能动性的制约，外化必定是行为。外化是德育的目的所在，也是检验某一阶段德育过程是否完成并取得预期目标的关键标准。外化的条件也包括内部条件和外部条件。内部条件就是指教育对象已有的思想体系对行为动机的评判作用和对行为方式的选择作用。而外部条件则主要有：第一，一定的思想意识要外化应合时宜，具备可以外化的"时间、地点和方式"；第二，社会舆论，如果教育对象要实施的外化在社会上"孤掌难鸣"，甚至遭人讥讽，即便这种外化是正确的，也很难实现；第三，教育对象的社会角色，教育对象在社会中都会承担某种社会角色，在角色的扮演过程中都会按照角色要求的规范去活动。角色要求的规范就是一种无形的外部条件，制约着教育对象按照角色要求去实施外化，这就好比我们常说的"在其位，谋其政"一样，处在一个什么样的位置就要做出什么样的表率，当然社会角色扮演在外化中作用的发挥，除了依靠群众监督外，还要看个人的内心信念。外化作为一种行为表现，其实现途径主要是通过实践活动协调教育对象心理发展，强化行为训练，以及发挥教育者的主导作用。

（三）高校德育原则的构成

目前，面对我国现阶段的高校德育教育现状，高校德育原则应由教育原则及德育方法，照应德育的内容体系、实施体系与评价体系三个组成部分，即德育的原则体系由方向性与现实性、整体性与连贯性、知行统一三个原则构成。

1. 现实性和方向性原则

德育工作中必须遵循的第一准则是由社会主义的性质和任务决定的，因此要坚持社会主义方向，抵制各种错误思潮的侵蚀和干扰。作为社会主义高校德育的根本原则，它要求高校德育必须坚持四项基本原则，把坚定正确的政治方向放在首位，培养大学生形成科学的世界观、人生观和价值观。我们要建设社会主义精神文明，培养社会主义建设人才，必须坚持方向性原则。德育内容的实施和选择应全面贯彻党和国家的教育方针，必须坚持正确的政治导向。方向性原则也是德育区别其他教育的明显标志之一。归根到底，人们是在进行生产和交换的经济活动关系中，吸取和形成自己的道德观念。在体育、智育、美育等教育中可以制定不具备阶级性的道德教育，而高校德育则必须坚持方向性，进行价值观教育。

在坚持德育的方向性原则，以共产主义思想体系教育大学生的同时，还要坚持德育的现实性原则，从社会主义现阶段的实际出发，以现阶段党的路线、方针、政策教育大学生，以保证高校德育的实效性。随着国内外社会政治经济形势的发展变化，高校不再是与世隔绝的象牙塔，只有不回避矛盾，把现实社会生活中的疑难热点问题与大学生思想认识相结合，运用马克思主义的观念和理论分析解决问题，为大学生做出有说服力的解释和回答，才能从根本上解决大学生的思想认识问题，增强德育的实效性。高校要根据当代大学生出现的人生观、价值观的形成特点，进行实际有效的德育教育，要在德育工作中从文明行为习惯、遵纪守法等思想品德的基础教育抓起，引导大学生树立科学、正确的理想和价值观念，并为实现远大理想而进行不懈的努力。

2. 整体性与连贯性原则

整体性原则是就横向的高校德育的空间环境而言的，即高校德育应以德育目标为依据，以社会、高校和家庭各方面为主要的教育力量，合力共同教育好大学生；而连贯性原则是从纵向的高校德育的时间范围而言的，是指各方面的教育者要根据大学生身心发展的需要，按照教育方针和培养目标，提出系统一致、前后衔接、从易到难、由简到繁的教育要求，步调一致地、有计划地、持续地对大学生进行教育，以便逐步帮助他们形成正确的道德观点、信念、情感、意志和行为习惯。

从整体构思入手，建立全方位德育格局，形成全员德育意识，才能形成有效的德育教育。高校德育工作由教育者、受教育者、环境和媒介等组成，应发挥高等高校各方面的积极性和各种渠道与环节的德育功能，协调一致地共同完成育人职责。通常讲，在大学生德育培养的过程中高校占主导地位。教育者包含高校、"两课"及其专业课教师、辅导员等；受教育者就是在校大学生；德育环境包含课堂，图书馆、大学生宿舍及社会实践基地等；媒介包含家庭、校园文化、社会风气、网络资源等。因此，高校的团队组织、领导、班主任等一切员工要在德育教育的步骤和要求上保持统一，全员树立育人的意识，积极践行管理育人、教育育人、服务育人的理念。

所以需要高校、家庭、社会积极合作与支持，真正提高高校德育工作的实效性。当前，高校德育最直接、最具体、最具影响力的外部环境就是高校所驻社区。因为社区里拥有着丰富的德育资源，能够给高校德育提供必要的、有益的支持，同时它也是高校德育教育工作的根据地。社区为大学生提供了解社会、服务社会、适合社会生活的能力以及最直接、最便捷的空间；同时在德育教育学习中社区内的先进分子，具有专业特长的居民以及知名人士等人力资源都可以被充分利用起来。

品德的形成需要经过"知、情、意、行"的长期培养和不断提高的过程，这就是德育影响要连贯才能强化。高层次的道德认知与行为可以与较低层次的品德并存但不影响。德育是"润物细无声""无声胜有声"的境界，大学生往往是从浅层次的心理感受、行为习惯层面，然后提升到思想体系和世界观层面这个过程来形成思想意识。而德育工作的重点就是要转变他们的思想认识，这就需要从浅层面的心理感受、生活习惯入手，从而逐步地解决深层思想体系问题。我们要坚持由表及里、由浅入深的持续连贯原则，即是从心理的、行为的浅层面入手，最终达到解决思想体系和世界观的深层面问题。由于大学生存在个体差异，教育内容深浅与德育理论不一，德育对象的心理因素、性格特征、环境影响和受教育程度及自我要求等方面也显著不同，在强调整体性原则的基础上，还要针对不同的大学生在不同的阶段提出不同的要求，一切从实际出发，坚持连贯性原则，提出针对性方面进行有针对性的教育，以此来确保全面推进德育目标得以实现。高校德育的要求和内容，由低到高可分为马克思主义的基本原理、日常行为规范、道德品质和心理素质等多个层次。高校德育对象的思想变化主要体现为一年级转轨适应阶段，二、三年级发展提高阶段，四年级成型毕业阶段三个阶段。因此，必须依据这一状况，确定不同阶段的高校德育目标和要求。大学生品德的情感培养、提高认识、磨炼意志、训练行为和养成习惯等环节上具有不同的要求和特点，因而，大学生品德塑造是一个循环发展过程，应该区别对待，重点把握在多端性实施德育的过程中保持连贯性。

3. 知行统一原则

完成个体社会化的任务，同时使受教育者的行为规范化，这是高校德育的最终目标。德行是认知的目的，认知是德行的准备。只重视大学生的道德理论，忽视大学生的道德行为是不对的，只有大学生的内心和行为一致，才能完成道德知行统一的过程。所以，我们既要重视大学生的认识水平的提高，同时也要关注大学生自身行为。要注意将大学生对道德问题、思想的认识与指导品德践行原则相结合。要指导大学生学习相关政治理论和道德伦理理论，要求大学生用其来指导自身的行为，并且通过实践逐渐加深对这些思想和道德准则的理解，使得认知、体验、践行相结合，做到不仅表里一致，而且言行一致、情行统一。特别强调的是教育者一定要起到表率作用，时刻将自身言教和身教结合起来。

在道德认知阶段，高校德育的作用是解决大学生道德思想模糊和矛盾性。由于高校大学生对道德原则、立场观点、道德规范的认知，主渠道就是通过"两课"的系统学习掌握，而"两课"的课时又确实有限，因此，"两课"之外的更多课堂及课余学习，可以作为德育渗透的有利时机。如：积极发掘科学知识传授过程中的德育因素，启发、感染大学生等。在道德情感阶段，高校大学生已有更多机会在贯彻实践道德知识原则的过程中反复体验着各种道德情感的变化，从而使道德内化过程变得更为深刻与迅速。采用各种方式方法帮助广大学生感受到，当你按照社会要求的原则、立场行事时，会得到身心的满足，使这种情感体验更加愉悦和高尚。在道德意向的阶段，大学生已处于"准成人"阶段，独立的意向和需求迅速发展并逐渐成熟，他们会很大程度上渴望得到成人社会的尊重和认可，从而时时刻刻以成人的标准来规范自己。"行"本身是实际的道德。因此，在道德的行动阶段，高校大学生能够认同"行"比"知""意""情"更为重要。然而现实中却存在有些大学生更多地表现为从文字上或口头上认为所受德育效果良好，观之行动，却又与口头的表述大相径庭。因此，我们在传授大学生不同思想的道德行为方式时，更要营造气氛，创造时机，引导大学生进行自我教育、自我鞭策，促使大学生实践道德行动，全面提升个人素质。

四、高校德育教育的主体

（一）高校德育主体概述

1. 高校德育主体的内涵

随着人类实践能力的提高和活动范围的扩大，主体的外延也在丰富和完善中。主体不仅包括个体主体，还有群体主体、社会主体和人类主体。从这个意义上讲，"主体即社会"。而两个或两个以上主体的关系，就是主体间或主体际。高校德育主体是人的主体性在高校德育活动中的具体化，高校德育主体的主体性和人的主体性是特殊和一般、个性和共性的关系。高校德育作为教育的重要组成部分，也具有一定独立性的活动主体。

因此，高校德育的主体构成得以明确，即高校德育的教育者、受教育者和活动主体，而高校德育的主体性是由高校教育者的主体性、受教育者的主体性和高校德育活动的主体性有机构成的复杂整体。

高校德育主体的内涵包括下面几层含义：第一，高校德育主体是处于一定德育实践活动中的人，这说明德育主体是现实的、具体的人，这凸显了高校德育主体的社会性和实践性本质。第二，高校德育主体以德育活动为中介客体，这表明高校德育主体是存在于一定关系中的主体。德育主体（教育者）——德育活动（客体）——德育主体（受教育者），处于一定德育实践活动中的德育主体具有两种本质性的关系：高校德育主体（教育者和受教育者）与德育客体之间的对象性关系，这是一种认识与被认识，改造与被改造的关系，体现的是"人改造自然"的活动；高校德育教育者与受教育者之间的交往关系，是平等、协作、共存、共赢的关系，体现的是"人改造人"的活动。第三，高校德育主体是以主体性的充分发挥和生活世界的不断完善为目的的人，这说明德育的终极目的是要达到受教育者的德性、思想品德和思想政治素质的提高。

2. 高校德育主体的基本特征

（1）高校德育主体的自主性特征

自主性具有两个尺度，第一个尺度描述个体的客观状况、生活环境，是指相对于外部强迫和外部控制的独立、自由、自决和自主支配生活的权利与可能。第二个尺度是对主观现实而言，是指能够合理地利用自己的选择权利，有明确目标，坚韧不拔和有进取心。自主的人能够认识并且善于确定自己的目标，不仅能够成功地控制外部环境，而且能够控制自己的冲动。高校德育主体的自主性就是指高校德育主体能够依据自己的意志决策、行动、选择和评价。自主性使教育者能够在德育实践活动中依据客观实际和受教育者的需要，有计划、有目的地合理安排德育内容、德育目标、德育方法等。

（2）高校德育主体的能动性特征

所谓能动性，是指主体在自我发展的对象性的活动中，能战胜自己的消极、被动，积极、主动、自觉地认识和改造客体的实践。人的能动性体现在实践活动中，就是使实践活动具有一定的计划、良好的程序和明确的目的。高校德育主体的能动性就是指教育者和受教育者作为主体能够在德育实践活动中，自觉地意识到自身的主体身份和自觉地发挥认识和改造客观世界能力的属性，既包括高校德育主体对德育活动的适应，也包括对德育活动的选择。德育主体的能动性发挥程度对德育活动的效果有重要影响，但也要注意高校德育主体的能动性发挥是在尊重德育活动客观规律的基础上。

（3）高校德育主体的创造性特征

创造性是人的主体性的最高表现，不仅包括对客观事物的发展和完善，也包括对主体自身的发展和完善，实现自我超越。高校德育主体的创造性特征是其主体性的核心构成要素，是德育主体之所以为主体的本质体现。在德育实践活动中，高校德育主体的活动会受到活动客体及德育规律的制约、限制，但总是创造条件，改变环境，超越既有的现实去创造新的生活。高校德育主体就是通过不断地创造新的生活世界，才使自己的主体地位得到保证和巩固，使主体性得到充分发挥。

（4）高校德育主体的交往性特征

交往是在一定历史条件下，现实的个人、社会集团、民族、国家之间以一定的手段为媒介的、互为主体和客体的相互往来、相互作用、相互联系的物质和精神交流活动。我们可以从两个维度来理解交往的这一概念：一个是横向维度，它反映了主体和主体之间的社会联系；另一个是纵向维度，它反映了主体间的这种联系是在主体与客体的社会实践活动中形成和发展的。也就是说，交往范畴不仅仅表明主体与主体的关系，也不单单表明主体与客体的关系，而且是主体之间与主客体之间关系的统一。高校德育主体的交往是教育交往，教育者和受教育者是"我"与"你"的平等关系，受教育者置身于德育活动中，为自身的发展而学习，知识只是手段，目的是获得生命质量的提升，生命内涵的领悟。

（二）高校德育主体发展的时代挑战与诉求

社会主义现代化建设的伟大征程使我国社会的方方面面都发生了深刻的变化，高校德育也不例外。高校德育面对的是快速发展、充满变革的时代，新情况、新问题不断出现的社会环境。这是高校德育的挑战，实质上，这也为高校德育的发展提供了难得的历史机遇。

1. 高校德育主体发展的时代挑战

当前高校德育主体的发展并未如人们所希望的，主体性充分发展，德性不断完善。从某种程度上讲，高校德育主体依然处于传统德育主客二分的固化模式下，这种模式的弊端使德育主体在崭新的历史条件下面临前所未有的挑战。其表现为：由于德育与时代的紧张关系，德育的某种内涵被边缘化；由于德育与人的紧张关系，人们对德育普遍逆反；由于德育自身文化内涵的贫乏，德育教育力量薄弱。因此，分析和反思高校德育主体论的现代挑战是解决问题的前提。

2. 高校德育主体发展的时代诉求

为了有效应对高校德育主体的"物化"倾向、片面发展和人文价值缺失问题，在当今时代高校德育主体发展要践行以人为本的德育理念，倡导主体间的交往和回归生活世界。

（1）践行以人为本的德育理念

高校德育要坚持"以人为本"的德育理念，就是要以受教育者为本，德育作为主要关注大学生思想、政治、道德素质的全面提升和塑造的专门的教育领域，其教育成效的体现就是大学生人格的全面提升与素质的全面完善，而其教育成效取得的关键则在于德育本身的人本发展，也即坚持以大学生为本，充分尊重大学生的主体地位，充分发挥大学生的自觉能动性和内在潜能，以大学生的实际为教育的出发点，以大学生的全面发展为教育的根本目的。高校德育要坚持一切为了大学生，为了大学生的一切，为了一切大学生的原则。站在立德树人的高度，满足大学生精神发展的需要，做到因材施教，有的放矢地正面引导，达到共性和个性的协调发展。

（2）倡导主体间的交往

交往是社会生活的开端，也是社会生活的基本内容，交往是人的生存方式。这意味着，在社会中，任何一个个体都不是单一、孤立、抽象的存在，而是在与周围的人及环境的相互作用中存在和发展的。社会是人们交互作用的产物，一个人的发展取决于和他直接或间接进行交往的其他一切人的发展。而当今时代的科技发展和网络的普及使全球性的普遍交往成为现实。高校德育走向交往，是德育在交往时代做出的必然选择和理论自觉。

高校德育作为教育交往的一种形式，实质上是对传统德育灌输式的否定，它是公共主体教育消除了自我中心意识，而生成交互主体性。教育交往是一种精神交往，语言是交往的手段。因此，教育交往的过程就是诉诸对话，通过理解而实现精神世界的共享。交往的教育过程包括对话、理解和共享三个阶段。前者是后者的基础，后者是前者的结果。对话是两个以上平等主体的语言交流活动，在于把握意义世界，关注人的精神存在。对话是师生在意义层面对政治、思想、道德等方面用语言架构的沟通桥梁，从各自的前理解结构出发而达成的视界融合。通过道德对话、交谈、讨论，主体间达到对意义世界的理解。

高校德育师生关系的和谐是德育发展的推动力，师生关系本身就是人与人关系在教育领域中的体现，更是教师和大学生作为人而存在和发展的独特方式，具有无可比拟的教育力量。师生关系的展开和师生交往过程，是大学生获得人际体验技能和终生交往品质的重要源泉，也是大学生建立价值系统的现实基础。而大学生能与教师平等交往，意味着彼此承认双方的主体地位，双方人格平等，没有被压迫者、被控制者。师生各自以本源性的真诚交往着，德育获得来自生命深处的力量，因此而充满活力与生命感动。在交往中，大学生得到的是自由、民主、尊重、信任、同情、理解、宽容，同时受到激励、鼓励、指导、建议和忠告，形成积极的人生态度与情感体验，受到精神的教育。

（3）回归生活世界

德育源于生活、内在于生活。德育的存在是为了生活中人的需要，尤其是人的精神需要。德育是对生活的提升，其目的是引导人过美好生活。德育回归生活世界不是说离开生活的德育重新回到生活，而是高于生活的德育回到生活。德育回到生活，是为了生活向更好的方向发展。德育从生活出发，在生活中进行，但并不意味着德育等同于生活，消融于生活。

（三）高校德育主体互动模式构建

高校德育活动是教育者、受教育者能动的自主建构思想道德的对象性活动；是在教育者的启发、引导、指导与受教育者的认知、体验、践行之间的互动；是教师的价值引导与大学生自我教育相统一的活动；是教育者与受教育者的相互教育与自我教育、教学相长、德性共进的活动。

基于此，高校德育主体互动模式构建旨在充分发挥高校德育主体的主体性，即教育者是价值引导主体，受教育者是自主建构主体，在他教与自教基础上建立高校德育学习共同体。教育者的主导作用和受教育者的主体作用是辩证统一的关系，教育者的主导作用体现着教育的意志，保证着教育的方向；受教育者的主体作用决定着受教育者思想的变化，影响着教育的最终效果。

1. 高校德育教育者是价值引导主体

所谓教育者，从广义上讲，凡是有意识地形成或改善他人思想品德的主体都是教育者，包括教师、家长、亲友和其他社会成员。就高校教育而言，全体教师都是教育者，都是德育主体。教育者主体是高校德育最活跃、最重要的因素，在教书育人的德育活动中履行立德树人的职责。教育者是德育活动的价值引导者，"引导"的特点是含而不露，指而不明，开而不达，引而不发。所谓"价值引导"就意味着德育是有方向和目标的，德育方向和目标凝聚着我国对理想社会和理想人生的追求；教师对大学生的成长负有道义上的责任，教师在高校里肩负着帮助大学生增加他们的自我价值感和追求成功的责任；大学生是有自由意志和人格尊严的、具体的、现实的个体，尊重大学生的自由意志和独立人格不仅是德育的条件，而且是教育本身的内在规定性。总之，教育者是社会主流价值传播主体，高校德育活动的组织主体，大学生价值建构的促进主体，更是自我价值的实现主体。教师职业是社会价值、利他价值和自我价值的统一。从这个角度来理解高校德育教育者主体，可从以下几个方面来认识。

（1）教育者是社会主流价值的传播主体

教育者是社会主流价值的传播主体，体现的是其社会价值。高校德育教育者是党和国家的代言人，是社会主流价值的倡导者和推广者，负责引导受教育者的思想、道德和政治方向。

作为社会主流价值的传播主体，就要从两个方面充分体现，即全面落实和谐社会思想和社会主义核心价值体系。和谐社会思想旨在注重激发社会活力，促进社会公平和正义。构建和谐社会要坚持"以人为本"的核心价值，不断推进社会主义物质文明、精神文明、政治文明和社会文明的发展，才能最终建立民主法治、公平正义、诚信友爱、充满活力、安定有序、人与自然和谐相处的社会。而落实社会主义核心价值体系则是要坚持马克思主义的一元主导地位，以培养青年马克思主义者和马克思主义的拥护者和实践者；理想信念要坚定中国特色社会主义的共同理想，并与中国国情紧密结合，用不懈的努力拼搏将其实现；高校德育还要秉承爱国主义传统，从中华民族最深层的精神追求和行为准则出发，培养受教育者的民族自豪感和责任感；改革创新是推动中国特色社会主义事业的发展动力。高校德育要引导受教育者以社会主义荣辱观作为自己的道德指南，将其由外化的道德规范内化为自己的自觉道德追求，由他律走向自律，成长为社会主义合格的公民。

（2）教育者是高校德育活动的组织主体

教育者根据社会要求，以及受教育者的思想道德状况和身心发展变化特点，确定教育目的，制订德育计划，选择德育内容，优化德育环境，运用一定的德育途径和方法，对受教育者进行有目的、有计划、有组织的教育影响，并进行德育活动过程的调节和引导。

教育者是高校德育活动的组织主体，其表现为：

一是全面贯彻德育目的。德育目的是德育活动的出发点和归宿，规定着德育的方向和结果。因为德育体现的是国家、社会对青年一代的期望和要求。德育目的的实质和内容，是培养成为一个合格公民所必须具备的思想道德素质和法律素质。全面贯彻德育目的就是发挥德育目的在德育活动中的指导作用，以利于确定德育内容、优化德育环境、选择德育方法和科学评价德育质量。

二是丰富拓展德育内容。德育内容是为实现德育目的而选择的德育材料，使抽象的德育目的具体化为受教育者可接受的德育活动过程。德育内容的选择、确立就是教育者主体性的体现。现今，德育内容强调与现代社会、科技发展与大学生生活的联系，不再只是教科书，而是包含教科书在内的一切对德育活动有用的物质和人力。丰富和拓展德育内容就是要以理性、包容和开放的心态汲取古今中外的文明成果为德育活动所用；针对不同的德育目的要拓展与之相应的德育内容，以提升德育内容的针对性和有效性；德育内容要突出个性，从实际出发，发挥地域优势，强化高校特色，展示教育者风格。

三是选择、优化高校德育环境。高校德育环境是影响德育活动和教育者、受教育者思想和行为因素的总称。环境正是由人来改变的，环境的改变和人的活动的一致，只能被看作并合理地理解为变革的实践。选择、优化德育环境要体现科学性，既要遵循德育的本质规律，也要符合受教育者的身心特点；选择、优化高校德育环境还要体现受教育者的创造性，一方面受教育者的活动空间总是超出人工德育环境所能影响的德育范围，教育者必须面对新的意料之外的德育因素，根据实际情况做出动态调节，使德育环境不断更新和优化；另一方面教育者还必须与社会上其他德育主体保持协调一致的关系，对随机性德育因素作出总体统一的调控，为社会德育环境优化积聚教育合力。

四是创新高校德育方式、手段。德育方法是连接教育者和受教育者的桥梁和纽带，是完成德育任务，实现德育目的的中介。教育者要在与德育方法的对象性关系中发挥主体性，就要随着德育内容和受教育者的变化，选择行之有效的德育方法。高校德育方式、手段要向其他领域延伸，要面向世界，面向未来，更要面向人的心理。高校德育方式、手段要现代化，但不是全部简单搬用，要根据实际情况做出选择、调整。

（3）教育者是受教育者价值建构的促进主体

主体性虽然是人所特有，但并非每个人都能意识到自己的主体性，人的主体意识和主体能力是人的主体性发展的前提条件。受教育者对于自身的发展潜能要有足够准确的认识，对于自身改变外部世界的能力也要有准确评估。教育者在促使受教育者的主体意识觉醒、主体能力提升和把握主体性发展方向方面起到了重要作用。

第一，促进受教育者主体意识的觉醒。所谓主体意识，就是对自身的主体地位、主体能力和主体价值的一种自觉意识。人的主体意识的发展有一个从自发到自觉的过程。一方面，教育者在德育过程中把受教育者的创造力量诱发出来，将受教育者的生命感、价值感"唤醒"，使受教育者的主体意识得到进一步确证。另一方面，教育者使受教育者认识到每个人都是独一无二的。只有当大学生的主体性醒悟，才能找到自己的安身立命之所，才能成为自己真正的主人，从而最终实现主体的全面自由的发展。

第二，促进受教育者主体能力提高。主体能力是受教育者在社会实践中形成，并在主体与客体的对象性关系中表现出来的力量，包含着"人本身的自然力""经验知识力"和"情感意志力"等多种因素。主体能力是个体在成长过程中，学习社会历史文化成果发展而来的。其中"经验知识力"是教育者间接传授的，它们一旦为受教育者所掌握并进入认识和实践活动领域，就会转化为真实的主体能力，也许会成为主体对客体进行社会实践的理论支撑，也许会成为带领主体去探索世界的起点。主体能力就是主体对世界、自己以及二者关系的认识和把握程度。

第三，对受教育者主体性发展方向的规划。教育者作为真、善、美的化身，将把受教育者的主体性发展方向引至有益于社会、家庭和个体的健康良性的发展轨道。人的主体性的发挥是有条件制约的，人正是在对这条件和限制的超越中显示主体性的特殊意义。人类社会生产力的高度发展无不凝聚着人类主体性的充分发挥，而这又是每一个主体积极、健康主体性发挥的结果。

教育者对受教育者的主体性发展方向起着制约和定向作用。教育者在进行德育活动之前，在头脑中必然存在对德育活动结果的某种预想或假定，但要遵循社会发展和个体发展相统一的客观规律。德育活动是教育者把人的发展中所蕴含的某种符合教育的内容，融进受教育者主体的现实发展中，加速其自然的发展进程，进而内化为受教育者的思想道德素质。

德育过程中受教育者的主体性发展是在教育者有目的地参与和干预中发生的，因而人们可以按照预想的目标来确定受教育者的发展方向，从而使受教育者具有创造精神和健康个性的同时，矫正其不良品德和行为，抑制其向消极和不健康的方面发展。

（4）教育者是自我价值的实现主体

教育者传播社会主流价值，组织高校德育活动，促进受教育者主体性发展本身就是其自我价值的实现，是社会价值和个体价值的完美统一。教育者把自己作为价值主体进行自我发展、自我超越，就是其主体性发挥的内在动力源泉。教育者要永远保持积极进取精神，拓宽知识领域，优化知识结构，不断学习现代科学技术知识，并使之指导教学实践。教育者还要提高自身修养和素质，与时俱进地掌握思想、政治、道德、法纪和心理等方面内容，胜任时代对教育者的期待。教育者良好的性格、个性等作为无形的教育资源对受教育者将产生潜移默化的积极影响，而个性作为教育者思想言行、感情意志、道德品质等综合素质的体现是教育者长期修为的结果。所以，教师不仅是职业，更是需要每个从教者用心经营的事业。

2. 高校德育受教育者是自我教育主体

如果说高校德育教育者主体的主体性体现为对受教育者主体性发展的引导，体现为让受教育者参与教育活动，促成受教育者主动、独立、有创造性地发展自己，那么高校德育受教育者主体的主体性则体现为自我教育。自我教育是教育的最高境界和最后目的，是受教育者主体能动性的集中表现，是主体成熟的重要标志。

其实，人的主体性具有两个向度，即主体性的外向度和内向度。主体性的外向度是指主体与客观世界的关系，认识和改造客观世界为人的目的服务的过程。主体性的内向度是指人进一步把自身作为认识和改造的客体，内在地指向自身，不断地回到自身，是一个反身建构自己的主体意识，提高自身主体能力的过程，是一个改造主观世界的过程，即自我教育。主体性的内向度使人成为自己的主人，成为自身的主体。主体性的内向度与外向度的和谐与一致，既指向人面向客观世界时的自我改造，也指向人面对内心世界时的自由意志。高校受教育者的主体性在内外向度的相互作用中不断提升。一般来讲，高校受教育者是具备一定主体能力的成年人，大学生处于主体性发展的高级阶段，这体现了学术自由和学习自主的思想要求；大学生主体性处于基本成熟阶段，由于大学生人生观、价值观的日趋成熟、稳定，在确认自己价值和目标时既能反映内在的需求又衡量外在的尺度，主体性的表达进入更加广阔、宏大的阶段，大学生主体性趋于理性化。由此，高校受教育者的自我教育既是主体理论发展的必然归宿，也是高校受教育者的主动要求，更是高校教育的题中之义。高校的基本原则是：经过思考去运用一切工具和全面发展人的所有潜能，让大学生在一切行动和信仰上做出自己的抉择，并通过认知让他们完全清楚地意识到自己所负责任的意义。

教育这个概念在广义上就是对集体的教育与对个人的教育的统一，而在对个人的教育中，自我教育则是起主导作用的方法之一。只有能够激发大学生去进行自我教育的教育，才是真正的教育。伴着年龄的增长，社会经验的丰富，学识的广博，人的自我认识越来越深刻，进而能够引导自己不断自我完善，这样才能紧随时代的步伐，塑造一个崭新的自我。这就是人的自我教育和自我完善。而高校德育应引导大学生努力做到自我教育，活到老，学到老。

自主学习是大学生主动地学，表现为学习过程中的自立、自为、自律。大学生在自主学习过程中能培养搜集和处理信息的能力，提高分析问题和解决问题的能力。独立应对生活中的道德困境和价值冲突指的是大学生能以乐观的心态、健康的人格面对利益交织、价值多元的社会，经过认真负责的思考和分析，最终做出的自我价值和社会主流价值相统一的决策。自我建构、自我反省能力则是审视自身，发现优点和缺点，并能主动查找原因，进而扬长补短，不断否定旧我，创造新我的过程，从而促进人的精神生命的不断发展和完善。

3. 建立学习共同体

学习共同体是建立在高校德育教育者主体和受教育者主体充分发挥的基础上，即他教与自教相结合。学习共同体旨在继承主体性德育和主体间性德育的长处，而积极扬弃其缺点和不足。学习共同体是在更广阔的类主体视阈下建立，对个人而言，主体性意味着个人对权利、尊严、独立人格的维护，对自主性、能动性、自律性、进取性、选择性、实践性、创造性的执着和坚持，意味着摆脱依附性、走向独立性和自主性；摆脱被动、受动性，确立主动、能动性；超越传承、重复性，走向创造性。对于社会而言，主体性意味着社会成员为了共同的目标，团结一致、群策群力。对于人类而言，主体性意味着建立在个人全面发展和他们共同的社会生产能力成为他们的社会财富这一基础上的自由个性的生成，意味着人类由必然王国走向自由王国，获得彻底解放。

学习共同体是高校德育活动中多个主体的有机结合而形成的，它与传统意义上的集体一样，有明确的奋斗目标，健全的组织系统，严格的规章制度与纪律，正确的舆论和优良的作风与传统。不同之处在于集体具有实体化人格，集体利益绝对高于个体利益，个体利益必须无条件地服从集体利益。而在学习共同体中，主体是独立的，自身有独立的意义和价值，共同体的利益和价值就体现在一切主体的利益和价值之中，主体利益和价值的发展与实现是这种共同体的最高利益和价值。在高校德育的有限环境中,教育者和受教育者组成的学习共同体是构筑个体主体性和群体主体性甚至各类主体性协调统一的平台。

首先,学习共同体的生机和活力来自每个主体的个性的充分发挥,在一个先进的共同体里,主体的活动总是"和而不同",既有益于大局又不拘一格。因此,学习共同体是既有秩序又充满创造性的。一方面,学习共同体的各种活动中,每个主体通过自己的经历和感受,都会积累共同生活的经验,掌握丰富的道德规范和与人相处的学问与技巧,促进个体主体社会化;另一方面,每个主体都能找到适合于自己的活动、工作和角色,不断发展自己的志趣和爱好,更加个性化。

其次,学习共同体良好人际关系的建立将产生德育社会化的晕效应。"晕效应"是指在存在交往关系的两个人之间,其中一个人的思想情绪的变化会直接影响到另一个人的思想情绪的变化。要把握重点人物:一个是具有广泛交际网络的对象,辐射圈是最大的;另一个是边缘人物,由于交际关系少,"晕效应"很难辐射到他们身上。师师、生生的水平交往和师生的垂直交往搭建人格平等、大学生主动参与的交往网络,尤其是网络环境下的匿名交往,心灵的沟通是主旋律。

再次,学习共同体营造合作化的德育学习与生活环境。共同体通过人人参与、平等对话、真诚沟通、彼此信赖来发展合作精神,激发道德勇气,共享经验知识,实现主体际的休戚相关,荣辱与共,利人利己。

最后,学习共同体有助于培养主体际的自我学习能力。学习共同体作为激发创造的舞台,主体融入其中,也将不断地进行自我否定和自我创新,以期为学习共同体的发展贡献自己的力量。自我学习是为了完善今天的自己,以应对未来的挑战。

第二节　高校思想教育研究

一、思想教育的涵义

开展高等学校学生思想教育的理论研究,建立具有中国特色的社会主义大学生思想教育学，对于改善和加强高等学校学生的思想教育工作，更好地完成高等学校培养社会主义现代化建设的高级专门人才的重大任务，具有极其重要的意义。

为了明确大学生思想教育这一概念，有必要对它作如下比较分析。

（1）它是一种教育。教育和经济、技术、军事等业务工作不同，它的工作对象是有意识、有感情的活生生的人。教育是一种培养思想品德、传递知识技能的工作，属于社会意识形态的范围。教育是一种社会现象，它随同人类社会的产生而产生，随同人类社会的发展而发展。每一代人都必须培养自己的后代，把前人所积累的知识、技能、思想、意识、社会经验传授给他们。没有教育，社会就不可能延续和发展。所以教育是一切社会所共同具有的现象，是社会存在和发展的不可缺少的一个条件，是培养社会接班人的事业。大学生思想教育既然也是一种教育，那它就必然要受教育一般规律的制约。就是说，一般教育的某些原则、原理和方法，在大学生思想教育过程中，也必须加以注意和运用。

（2）它是思想教育。思想教育和文化技术教育有联系也有区别。思想教育过程同其他教育（如教学）过程比较起来，主要有如下特征：①思想教育的过程主要是正确思想认识和不正确思想认识进行斗争的过程。在社会主义社会中，主要是无产阶级思想与非无产阶级思想斗争的过程，是帮助人们用无产阶级思想战胜一切非无产阶级思想的过程。②思想教育过程主要是在实践中进行的。它是根据实践中产生的思想来进行教育的。当然，这种在实践中进行的思想教育应和系统的理论知识的教育相结合。③思想教育过程主要是在集体中进行的，是需要采取群众路线的。每个人的政治、道德方面的思想行为，都要影响集体利益，它会引起集体成员的反应；集体会对每个成员进行监督，通过集体舆论进行批评和表扬。离开集体与群众，就不可能有好的教育效果。当然集体教育还要和个别教育相结合。但个别教育，也要发动群众人人动手，人人动口，调动各方面的力量来做。④思想教育不仅要解决人们的思想认识，还要解决人们的思想情感、根本态度和政治立场问题。因此，教育过程中必须运用典型的生动事实使人们有比较亲切的体验。⑤思想教育过程是一个长期的、反复的、逐步提高的过程。因为一是社会对个人的思想觉悟的要求不断提高，个人的思想觉悟和道德品质也没有尽善尽美的境界。二是社会思想斗争是长期的、反复的，这种斗争必然反映到人们的思想中来。所以，人们的思想矛盾和斗争也是长期的、反复的，而人的思想教育也自然是长期的、反复的。三是形成一种根本态度、政治立场、道德品质和行为习惯，以及改造一种根本态度、政治立场、道德品质和行为习惯，都是比较艰巨的，都需要长期、反复和艰苦的工作。⑥思想教育是一个多方面影响的过程。人们的思想品质是在党、团组织、所在集体、家庭和社会环境的影响下形成的，这种影响是潜移默化的、长期的。

（3）它是学生的思想教育。学生的思想教育，同工人的思想教育、农民的思想教育、解放军的思想教育、干部的思想教育相比，由于各自的教育对象具有不同的特点，在教育内容、教育方法等问题上，自然也有许多的不同。

（4）它是在校大学生的思想教育，是一种与中小学生的思想教育、成人的思想教育有所不同的大学生思想教育。它既不是高等学校职工的思想教育，也不是函授、电大、职大等在职大学生的思想教育，更不是已经毕业走上工作岗位的大学生思想教育。虽然这些思想教育和在校大学生思想教育有着不同程度的联系。

（5）它是社会主义大学生的思想教育，是无产阶级对大学生的思想教育，它与剥削阶级的思想教育不同。剥削阶级的思想教育是统治压迫人民的工具，是为剥削阶级利益服务的，是反动的、虚伪的；无产阶级的思想教育是为无产阶级和广大人民的利益服务的，是进步的、革命的、科学的。剥削阶级的思想教育是压服的、强制的过程；无产阶级的思想教育是民主的、说服教育的过程。剥削阶级的思想品德具有很大的虚伪性和欺骗性，所以剥削阶级的思想教育也必然是虚伪的、欺骗的、理论脱离实际的；无产阶级是历史上最彻底、最革命的阶级，因此，无产阶级的思想教育是言行一致的，是理论和实际相统一的。

二、大学生思想教育的基本原则

（一）大学生思想教育的系统原则

什么是大学生思想教育？大学生思想教育是指根据一定的教学宗旨、目的对大学生进行道德、思想培养的过程，也就是要求大学生接受旨在达到思想教育目标的思想观念体系及其行为规范的过程。大学生思想教育包括作为教育主体的思想教育工作者与作为教育客体的广大大学生，二者之间相互影响，相辅相成。大学生思想教育需要通过思想教育工作者的传道、授业、解惑和大学生的理解、接受、内化来实现。所以，大学生思想教育从来就不是单方面的行为，教育的效果取决于教育双方。教与学的内在关系就是被放置在一种系统之中的相互依存的关系，二者的互动关系需要依据唯物辩证法的普遍联系的原则，这一原则的基本要求就是把握整体性、动态性、优化性、综合性和模型化的原则。

为什么需要这样一套系统原则？首先是由当前大学生思想教育的现状所决定的。深入分析大学生思想教育的情况，不难发现，现在的大学生思想教育普遍存在着"两张皮"现象，也就是教育理论与大学生现状脱节、教育主体之间相互脱节的现象，从而难以形成系统的大学生思想教育体系，难以达到整体优化效果。其次是由当前大学生思想现状所决定的。从总体上看，目前大学生的社会公德状况是健康向上的，但也确实存在一些问题，有些问题甚至比较严重。这些问题主要有：对社会公德规范的遵从缺乏自觉性，道德素养较差，缺乏见义勇为的精神，"旁观者冷漠"现象较多等。从当代大学生自身现实分析，对大学生进行思想教育既要重视大学生的物质利益层面上的需要，同时也要高度重视满足他们的精神文化需求和发展需求。根据美国社会学家马斯洛的观点，人的需要是分层次的，当人们的最基本的生理需要得到满足之后，就需要依次满足安全、交往和爱、自尊和自我实现的需要，所以从对大学生的满足角度来讲，物质利益层面得到满足之后，他们必然会追求精神的依托。为此，就要求教师在对大学生进行思想教育工作时，既不能单纯地依赖于物质因素，也不能单纯地依赖于精神因素。

（二）大学生思想教育的功效原则

我国的教育体制历来就十分重视大学生的思想教育，但这种教育到底有多大效果，需要仔细地研究。《现代汉语词典》对于"效果"一词的解释是：由某种力量、做法或因素产生的结果。大学生思想教育要有结果，并且是一种积极的结果，首先就要将思想教育的内容、精神内化在大学生的行为之中，让他们自觉自愿地接受并履行，而并非屈从某种强制力量来被动完成。长期以来，我国对开展大学生思想教育不可谓不重视，不可谓不积极，高校中有较为完善的思想教育体系，这一教育体系由高校党委牵头，多部门通力合作，力图形成强大的合力。在这一体系中，最基本的途径是思想理论与道德修养等相关课程的教学（一段时间以来人们简称其为"两课"，现在称为思想政治理论课）。

目前，高校思想政治理论教育的现状是：部分领导重视不够，尤其是没有在观念意识上真正把思想政治理论课摆到它应有的地位；思想政治理论课教学人才的匮乏，这里所讲的匮乏并非指绝对数量上的缺少，而是指真正安心从事思想政治理论教学的人员的匮乏；课堂上大学生对于思想政治理论课的反感、抵触等。注重实效是党中央反复强调的，大学生思想教育体系模式要进行改革，包括正在实施的新的思想政治理论课程教学方案能否成功，关键看能否有积极功效，能否依据相应的评估体系科学客观地测量出其功效。

（三）大学生思想教育的人本原则

人本主义教育思想是现代西方一种重要的教育思潮，它承袭了文艺复兴时期以来的人文教育，重视人的价值，强调受教育者的主体地位与尊严，追求人的个性、人性、潜能的发展。20世纪中叶以来，人本主义教育思潮对我国的教育思想、教育观念、教育目的、教育内容、教育方式等产生了极为深刻的影响。脱胎于人本主义心理学的人本主义教育思想，经过众多追随者的不懈努力，形成了相对成体系的教育理论，其主要观点有以下几点。

1. 目的观

人本主义教育思想强调教育的目的是促进人个性的发展，培养有个性的人。许多人本主义教育家认为，教育的根本目标是帮助发展人的个体性，帮助学生认识到他们自己是独特的，并最终帮助学生发挥其潜能。例如，法国教育家余伯尔认为，人通过教育与发展，经过若干阶段才能成为人，教育的目的是在教育活动中促进人与人的接近与合作，用情感促进人的形成和完善个性。英国教育家尼布列特认为，重视知识的考试、偏重智育的教育是不正常的；学校不能成为制造某种人格类型的工厂。马斯洛则指出，教育的本质是激发人的潜能，尤其是那种成为一个真正的人的潜能；教育要在满足人最基本的需要的基础上，强调自我实现需要的发展。由于人的经验和个人体验的不同，每个学生都是有差别的，因此，人本主义教育重视学生的差异和个人价值观。人本主义教育思想特别强调教育要发展学生的"自我"意识，促使"自我"的形成和"自我"价值的实现。人本主义者认为，教育和教学就应该使学生发展得更像他们自己。

2. 课程观

人本主义教育思想把课程的重点从教材转向个人，不再过分强调特定学科的知识结构，不过分强调知识的纯粹性和抽象性，而是将学生的学习和生活联系起来；不再把课程的重点放在智力上，而是以"人的能力的全域发展"为目的。在课程内容的选择上，人本主义者提出，课程要适合学习者的兴趣、能力及需要，要与学习者的生活经验和社会状态密切相连。哪些知识可以构成教材，并非仅仅依据这些知识的逻辑性和系统性，而必须考虑学习者的愿望和要求，看看是否有助于学习和对问题的探讨与解决。在课程结构的组织上，人本主义者认为，任何健康人都是一个完整的统一体，意识、认知、情感和运动彼此较少分离，更多的是互相协作，即为了同一目的而协同工作。因此，每个人都应该作为一个完整的人（包括感情、观念和情绪）对所有事物的整体出现反应。以往由专家精心设计，注重教材思想结构的分解课程，无视学习者的心理特征，致使知识的呈现支离破碎，让人们以整体把握。因此，人本主义教育提出课程的"统合"观：一是学习者心理发展与教材逻辑结构的吻合；二是情感领域（包括情绪、态度、价值）与认知领域（知识和能力）的整合；三是相关学科在经验指导下的综合"统合"意味着打破固定的教材界限，强调知识的广度而非深度，关心知识的内容而非形式，弥补了传统课程的不足。在课程的设置上，人本主义者极为重视人文学科。在他们看来，历史、文学、哲学、艺术等人文学科比自然科学学科更能深刻地揭示人的本性，通过这些学科的教学，人更能了解人类的苦难、痛苦、焦虑乃至死亡，从而有所准备，人们对自己的认识也就更加全面、深刻、真实。

3. 师生观

人本主义教育思想对教育过程中的师生关系做了新的审视，提出了全新的师生关系观。他们反对将学生组织化，期待学生能成为教育的中心，认为人本主义的教育是要帮助一个学生了解下列的陈述：第一，我是一个抉择的个体，在生命的过程中不能逃避抉择；第二，我是一个自由的个体，有完全的自由去设定我的生活目标；第三，我是一个负责的个体，当我抉择了我应该过何种生活时，我必须为其负责。

4. 教学观

人本主义教育思想对传统教育持批判态度，认为使学生适应学校的传统做法是错误的，这种做法在不同程度上挫败了学生在寻求自我表现和社会化方面的努力，使儿童不能健康地成长；应该反过来，使学校以学习者为中心，努力适应学生的各种需要，发挥他们的各种潜能，使他们能够愉快地、创造性地学习，以培养出心理健康的人。

大学生思想教育要吸收人本主义教育思想的精髓，使思想教育围绕大学生，围绕个性鲜明的大学生个体，使思想教育既充当手段，也作为目的，对大学生的思想教育首先立足于了解和认识大学生，认真分析他们在成长成才道路上的困惑和疑难，采取符合大学生实际的教育方法，无论是对大学生进行课堂教学还是较为广泛的"全方位思想教育"，都应该体现出以人为本的原则。

首先，坚持以人为本原则，就是要以大学生为本，为大学生服务，解决学生实际困难。要坚持一切为了大学生，一切为了大学生的发展，围绕育人目标，培养有理想、有道德、有文化、有纪律的全面发展的社会主义事业的建设者和接班人，把教育人与关心人结合起来，把塑造人与服务人结合起来，把解决大学生的思想问题与解决实际困难结合起来，多做得人心、暖人心、稳人心的工作，把好事办实，把实事办好。只有这样才能提高大学生思想教育工作的针对性、实效性，增强思想政治教育的吸引力、说服力和感染力。

其次，坚持以人为本原则，就是要围绕激发大学生学习动力开展思想教育工作。当今，世界正处在知识信息时代，高新科技迅猛发展，科技进步日新月异，只有掌握先进的科学文化知识，才能在发展经济、巩固国防、提高人民生活质量中发挥更大的作用。作为科技队伍的预备队、未来科学技术发展生力军的大学生，在大学有限的学习时间里，要努力打下坚实的理论功底，为将来投身社会做好充分的准备。社会对高学历、高素质、高技能的需求以及成功者的经历，也客观地反映了学习与未来工作的关系。因此，大学生思想教育要围绕激发大学生的学习动力，把他们从厌学或巨大心理压力中解脱出来，把大学生喜闻乐见、丰富多彩的校园生活开展起来，将青年学生的热情引导到勤奋学习、立志成才上来，让知识性、科学性、先进性融入活动中，让大学生在这些活动中既陶冶性情，又丰富知识，增长才干。

最后，坚持以人为本原则，就是要从大学生思想实际出发，以增强实效性为目标，积极探索大学生思想教育的新形式、新方法、新手段。大学生思想教育不能拘泥于已有的思想观念和手段，而应适应新形势和新需要，努力使思想观点、目标宗旨、方法与机制有所创新和突破。高校要创造条件，组织大学生参加必要的社会实践活动，加强思想道德和意志作风的培养；要通过校园文化建设，传播科学文化知识，培养科学精神，营造健康向上、积极进取的校园氛围，陶冶情操，倡导科学、文明、健康的生活方式；要采取有效措施，拓展思想教育的覆盖面，使思想教育进公寓、进社团、进网络；要积极推动在大学生中发展党员的工作，在学生党员中开展针对性强的先进性教育活动，使大学生思想教育同党的建设工作有机结合起来；要把大学生思想政治工作和教师思想政治工作以及学风、校风、教风建设结合起来，形成齐抓共管、全员育人和全过程育人的机制。

大学生思想教育要坚持以人为本，围绕中心，拓宽领域，强化功能，不断扩大思想教育的覆盖面，不断提高思想教育的针对性和实效性。

三、大学生思想教育的地位和作用

大学生的思想教育，是完成高等学校培养高级专门人才任务的根本保证，是学校教育的一个重要组成部分。只有不断地加强大学生思想教育，才能保证高等学校的社会主义方向；才能保证大学生的全面发展；才能使高等学校真正成为建设社会主义精神文明的坚强阵地。

（一）思想教育历来是学校教育的重要组成部分

教育是人类社会所特有的一种社会现象，是一种有目的、有意识、有计划地培养人的活动。自从人类进入阶级社会以后，或者说，自从专门进行教育的机构——学校产生以来，教育就肩负着两种职能：一是传授生产斗争的知识；二是传授阶级斗争的知识，带有鲜明的阶级性。

在历史上，各个社会中占统治地位的阶级都是按照本阶级的需要把学生的思想教育放在学校教育的重要地位的，所不同的只是不同阶级实行不同性质、不同内容的思想教育而已。在奴隶社会中，学校，特别是高等学校最初并非专门的教育机构，而是同官府混在一起，即政教不分；教师往往兼是官吏或所谓道德上的至善者；教育内容以政治、道德、军事为主；培养目标是具有统治能力的奴隶主阶级人才。到了封建社会，学校逐步地成为独立的、专门的教育机构，学校的思想教育成为整个社会思想教育的有机组成部分。学校的教育内容虽然扩大化、分科化，但居于首要地位的仍然是思想教育。资产阶级革命时期，宗教神学与教会成为首当其冲的攻击目标。在这个时期，资产阶级教育的基本倾向是反封建、反神权，重视人的作用及通过教育来培养新人——资产阶级的新一代。在资本主义制度建立后，资产阶级的教育家一方面采取各种新的方式强化思想教育；另一方面又极力抹杀教育的阶级性。二次世界大战以来，一些先进的资本主义国家的高等学校十分注重理工科学和人文科学的结合，而人文科学中的很大一部分是属于思想教育的内容。

通过以上简单的历史回顾，可以得出以下几点结论：

（1）在阶级社会里，教育是为一定阶级服务的。不同阶级的人们，总是根据自己的阶级利益和历史条件，对培养什么样的人，用什么培养这种人，怎样培养这种人等问题，提出自己的教育观点。这些教育观点的根本区别，就在于思想教育的内容和性质。并由此而明显地体现出不同阶级、不同社会的教育本质特征。

（2）教育是一种培养思想品德、传授知识、发展能力的工作，是一项综合性的系统工程。而思想品德的培养始终是这项工程的中枢，是培养目标的集中体现。由于科学技术的不断发展，封建社会较之奴隶社会，资本主义社会较之封建社会都更多地重视了智育在教育中的重要地位，从而逐步地突出了教育这种社会现象的特殊性。这是一种历史的进步和必然。但这并不是说，思想教育的地位随之而降低，恰恰相反，思想教育的地位和方法随着历史的进展而日益科学化。因此，考察历史上各个阶级对学生思想教育的重视状况，正是为了科学地认识社会主义的高等学校的学生思想教育的地位和作用。

（3）历史上的任何教育，都从来没有，也不可能只传授文化知识，而不传授做人的道理。即使是原始社会的简单的教育的内容，也是人们在生产劳动中积累起来的经验以及人们在共同生活的过程中形成的习惯和准则。

（二）只有加强思想教育，才能保证高等学校的社会主义方向

1. 社会主义教育的性质决定必须加强思想教育

我国的高等教育是社会主义性质的培养各种专门人才的事业，教育的目的是培养社会主义事业的建设者，为建设社会主义的物质文明和精神文明服务，为在将来由社会主义过渡到共产主义创造条件。离开马克思主义、社会主义和共产主义教育，社会主义高等教育就会变质，教育的目的和任务也就变成了空话。

社会主义高等教育的性质，从根本上说，是由社会主义制度的性质所决定的。它制约着社会主义大学的政治方向和培养目标。社会主义制度的建立，为高等学校进行大学生思想教育提供了优越的条件和可靠的保证。而高等学校所进行的强有力的、卓有成效的大学生思想教育，又必然有利于社会主义制度的巩固和发展。反过来说，任何削弱大学生思想教育的主张和做法，都是同社会主义教育的性质相违背的，是同社会主义的发展方向背道而驰的，因而是完全错误的，十分有害的。

历史上各个剥削阶级的思想教育的内容，虽然各有不同，但就其本质来说，都是为少数剥削者和剥削制度服务的，其思想体系是一脉相承的。我国的思想教育是对剥削阶级思想体系的否定，是崭新的，也是需要逐步完善的。社会主义制度是人类历史上最进步的，但同时又是从旧社会脱胎而来的。它除了要逐步地自我完善外，还要同形形色色的反社会主义的思想和势力进行斗争。这就决定了社会主义高等学校的大学生思想教育具有特殊的重要性和艰巨性。

2. 大学生的社会地位和作用决定必须加强思想教育

大学生是高级专门人才的预备队，是未来国家各个部门主要的建设者、管理者、组织者和领导者。他们的思想素质和业务素质如何，在一定意义上决定着国家未来的发展和前途。只有把他们培养成为"四有"的合格人才，才能使他们将来同全国人民一道，生机勃勃地、富有成效地从事社会主义建设事业。

大学生应该是同龄人中的佼佼者，在同龄人中，以至在整个社会中

都有着一定的影响。他们的思想觉悟如何，将直接影响着社会，也影响着人们对高等学校的评价。

大学生是高等学校的主人，他们将逐步地参与学校的部分管理工作。只有使他们不断地提高思想觉悟，增强社会主义大学主人翁的责任感，学会正确地履行社会主义民主权利和义务，才能保证学校各项工作的顺利进行，形成良好的校风和学风，才能确保高等学校的社会主义方向。

（三）只有加强思想教育，才能保证大学生的全面发展

培养德智体美全面发展又红又专的新人，是党的教育方针，它体现了我国教育的社会主义性质，指明了我国教育的目的。社会主义高等教育是德育、智育、体育、美育等诸方面教育因素的统一。社会主义大学培养的人才，应该是具有远大的理想、坚定的信念、崇高的道德、严明的纪律，具有丰富的专业知识和一定的业务能力，具有健康的体魄和高尚的审美情感的全面发展的人。思想教育不仅决定着人才培养的社会主义方向，而且也是人才全面发展的根本保证。

1. 思想教育是提高学生的思想觉悟和道德修养水平的主要手段

思想觉悟和道德修养水平是人才全面发展的诸多因素中的首要因素。学生思想觉悟和道德修养的水平主要靠思想教育来提高。这表现在以下几个方面：

（1）学生的无产阶级世界观、人生观和道德观不可能自发产生，需要通过教育和实践来建立。思想教育的任务就是要向学生传播马克思主义和社会主义、共产主义思想，引导他们运用科学的立场、观点和方法在改造客观世界的同时改造自己的主观世界。人从来都是教育的产物，代表先进阶级的正确思想，一旦被群众掌握，就会变成改造社会、改造世界的物质力量。

（2）学生的无产阶级世界观、人生观和道德观的形成过程，也是思想斗争的过程，是正确的、先进的思想战胜错误的、腐朽的思想的斗争

过程。思想教育就是要帮助学生取得这种斗争的胜利。人们称教师（包括思想教育工作者）为"灵魂的工程师"和"园丁"，就在于他们能够引导学生抵制各种非无产阶级思想的侵蚀，医治各种思想上的"疾病"，使青年学生健康成长。

（3）影响学生世界观、人生观和道德观形成的因素是多元的，除了学校教育外，还有社会教育和家庭教育；除了思想教育外，还有文学、艺术、报刊、广播等。在这些诸因素中，学校的思想教育应该居于主导地位，应该调动各方面的积极因素，协调各方面的力量，起到枢纽和指挥的作用。因为学生的绝大部分时间是在学校中度过的，学生的质量，主要是学校培养的结果。

2. 思想教育是调动大学生学习积极性和创造性的主要途径

思想教育和智育有着紧密的内在联系，处理好二者的相互关系，是学校工作中最重要、最复杂的任务之一。思想教育是搞好智育的保证，智育一刻也不应离开思想教育。

（1）思想教育可以帮助学生明确学习动机和目的。动机和目的是人们行为的出发点和预定达到的目标，是行为的内在动力。它在整个行为中始终起着导向的作用。因此，确立正确的学习动机和目的是智育的首要问题。

一个大学生有了正确的学习动机和目的，学习才有了可靠的强大的精神支柱，才能珍惜党和人民创造的学习条件，充分发挥自己的能动性和积极性，克服学习困难，攻克科学难关；也才能把自己的学习同祖国的社会主义事业紧密地联系起来，把自己的知识和能力奉献给祖国和人民。

人的行为的动机和目的与人的需要密切相关。现代心理学的研究成果表明，人的行为动机的产生和目的的制订是在需要的基础上产生的，而人的需要是多种多样的，又是多层次的。思想教育就是要引导学生把党和人民的要求、时代和事业的要求转化为个人的内在需要，并以此来确定自己的学习动机和目的；就是要教育学生把国家的、集体的需要放在第一位，把国家的、集体的需要的实现作为自己的理想和抱负，并以此来选择自己的专业和今后的方向。

（2）思想教育可以帮助学生培养优良的学风和顽强的毅力。学习是一项艰苦的劳动。人类的行为不仅具有目的性与方向性，而且具有坚持性和连续性。坚持性和连续性所依赖的，就是人的毅力和作风，它是决定行为能否实现预定的目的，使动机转化为效果的关键。

一个大学生只有具有了克服困难的思想准备和顽强的毅力，具有了实事求是的严谨学风，才能在科学的大道上，以巨大的勇气和非凡的气魄去攀登科学文化的高峰；才能在失败后不气馁，在逆境中不悲观，始终以革命的英雄主义和乐观主义对待科学上的探索，排除来自客观方面和主观方面的干扰，不断谱写拼搏向上的新篇章。

思想教育就是要给学生以勇气、力量和科学的方法。通过各种方式有意识地培养学生的优良学风和顽强的毅力，帮助学生排除干扰，克服影响学习的各种情绪，以使他们专心致志地学习，坚韧不拔地战胜艰难险阻。

（3）思想教育可以帮助学生在正确的思想路线指导下从事学习和研究，锻炼创造才能。思想教育的一个重要作用就是帮助学生掌握辩证唯物主义的立场和观点，形成科学的思想方法。辩证唯物主义和历史唯物主义是人们认识世界和改造世界的思想武器，对从事自然科学、社会研究的人都有指导意义。

大学生学习科学文化，不仅仅是获得知识，不单单是知识的积累。学习本身就包括理解知识，形成科学的世界观，发展认识能力和创造能力，并以此指导自己毕业后的工作和研究。认识能力和创造能力的培养，一方面需要有一定的知识基础和良好的心理素质。另一方面需要有科学的思维方法。这种思维方式的传播，除了有各学科业务教学中符合辩证唯物主义和历史唯物主义的论述过程外，还要通过包括政治理论课和思想教育课教学的思想教育。

（4）思想教育可以扩大学生的知识视野，让学生在知识的海洋里体验到精神生活的愉悦。思想教育是一门科学，它有着自己的理论体系和知识领域。成功的思想教育，不仅可以使学生受到灵魂上的启迪，而且可以使学生学到业务课课堂上所学不到的知识。

思想教育的一个重要内容，就是培养学生的审美意识、审美情感、审美方法和审美理想，使学生对科学文化产生浓厚的兴趣和深厚的感情；使学生不仅自觉，而且自愿地投身社会主义现代化的建设之中。

（5）思想教育可以保证正常的教学和学习秩序。正常的教学和学习秩序是提高教育质量的必不可少的条件。思想教育在这方面有着特殊的作用。首先，思想教育可以引导学生尊重教师，尊重教师的劳动，尊敬教师的劳动成果。其次，思想教育可以引导学生自觉地遵守学校的各项规章制度，正确认识民主与集中、民主与法治、自由与纪律的关系，抵制和纠正无政府主义和资产阶级自由化的倾向。再次，思想教育可以引导学生创造一个既安定团结，又生动活泼的局面，促进教学改革，有利于"教学相长"。最后，思想教育可以及时发现和正确处理学校中的不安定因素，促进师生间的团结，不断改进教学和其他工作。

3. 思想教育是激励学生刻苦锻炼，追求高尚的精神生活的主要方法

从全面发展的要求的高度来看，良好的健康状况，精神饱满和体力充沛是必不可少的因素。为了使学生自觉地、积极地参加各项体育锻炼，就必须使学生认识到：经常的体育锻炼，不仅能发展身体的美和动作的和谐，而且能形成良好的性格，锻炼意志力。因此，就应该把锻炼身体和培养良好的品质结合起来，把对学生体育成绩的评定和对学生的品质评价结合起来。

现代医学的研究成果表明，人的健康，不仅取决于身体的无疾病，而且取决于良好的心理素质和心理平衡。思想教育可以通过心理咨询等方式帮助学生克服心理障碍，解决心理矛盾，使他们愉快地、健康地度过大学生活。

大学生的生活不仅是学习，还有休息。休息有两种：一种是无所事事或追求低级趣味；另一种是健康的、高尚的、积极的活动。后一种可以使空闲的时间充满生动活泼的、激动人心的思想，充满深刻的道德的、智力的以及审美的情感。空闲时间的问题已经成为现代社会生活中一个重大的研究课题。为了使大学生把空闲时间安排得更合理、更有意义，就必须开展丰富多彩的业余活动。而这些活动应该蕴含着一定的思想内容。"寓教于乐"一直以来就是思想教育的重要原则。

我们强调思想教育在大学生全面发展中的重要作用，并不是排斥智育和体育的地位，也不是说要拿出大量的专门时间来进行思想教育。实际上，德育、智育、体育是相互联系、相互渗透和相互促进的。同时，必要的行政管理手段也是使大学生全面发展的重要因素。而思想教育是诸因素发挥作用的保证，是为培养全面发展的人才服务的。

（四）只有加强思想教育，才能使高等学校真正成为建设社会主义精神文明的坚强阵地

思想教育是建设学校的社会主义精神文明的重要手段。高等学校是培养高级建设人才，发展社会主义的意识形态和科学文化事业的重要部门，在社会主义精神文明建设中占有十分重要的地位。社会主义精神文明包括的两个方面，即思想建设和文化建设，都是高等教育的重要任务。其中思想建设决定着我们的精神文明的社会主义性质。因此，只有在努力提高教学质量和繁荣学术研究的同时，加强思想教育，才能确保高等学校的精神文明的性质和方向。

大学生处于世界观、人生观和道德观逐步趋于形成的重要时期。大学生的社会地位决定了他们有广泛地了解和研究古今中外各种学说的有利条件，能够较早较多地获得国内外的政治动向、社会舆论等各种信息。因此，他们对政治和思想领域的问题反响特别强烈和迅速。同时，他们又常常热烈地要求向社会表达自己的见解，以显示自己作为一种社会力量而引人注视。这些特点，如果引导得好，可以使他们成为建设社会主义精神文明的生力军；如果引导得不好，他们之中的一些人就完全可能成为影响社会主义精神文明建设的消极因素。

加强思想教育，就是为了充分调动大学生的积极因素，把他们的进取心、求知欲、敏感性和思考力纳入马克思主义和社会主义的轨道，帮助他们抵制各种非无产阶级思想的侵蚀，使他们同学校的教职员工一起，把高等学校办成建设社会主义精神文明的坚强阵地。

第三章　新形势下高校的立德树人

第一节　新形势下立德树人的内涵与特性

一、新形势下立德树人的时代内涵

（一）立德的要义

1. 坚持社会主义核心价值观教育为立德之基

社会主义核心价值观在继承发扬我国优秀传统文化的基础上广泛吸纳世界文明的有益成果，既是社会主义事业的本质要求，又充分体现时代精神，实现了国家、社会、公民不同层次价值要求的有机融合。之所以将社会主义核心价值观教育作为立德树人的基本要求，是因为社会主义核心价值观的培育和践行是从国家、社会发展角度出发的，对个体发展价值依据和基本标准的要求，也是保障社会主义事业发展兴旺发达、后继有人的根本旨归。核心价值观本质上就是一种"德"，体现在每个个体身上并"汇集"成为国家和社会的"大德"。因此，培育与践行社会主义核心价值观是"立德树人"的基本要求和有效路径，社会主义核心价值观的认同、内化、践行是立德树人的重要目标。

2. 明确中华优秀传统文化教育为立德之要

中华文化是中华民族生生不息的"精神基因"，体现着中华民族最深沉的精神追求，是中华民族发展壮大的精神标识。中华优秀传统文化是中华民族的"根"与"魂"，是民族凝聚力、创造力与生命力的活水源头，立德树人必须从中华传统文化中汲取精神营养。扎"根"于中华优秀传统文化中汲取养分，体现出中华民族之"魂"，这不仅是对中华文化的继承和发展，更是保障中华民族屹立于世界民族之林的关键所在。中华优秀传统文化内涵深远，以爱国主义为核心的民族精神与以改革创新为核心的时代精神相互融合，构成立德树人的精神支撑。

3. 倡导公民道德教育为立德之核

提高公民道德素养是立德树人的基本要求和重要方面。要提高人民思想觉悟、道德水准、文明素养，做好两个"忠于"（忠于祖国、忠于人民），强化三个"意识"（社会责任意识、规则意识、奉献意识），不断推进社会公德、职业道德、家庭美德、个人品德建设。总的来说，公民道德可以分为政治品德、社会公德以及个人品德：政治品德表现为政治信仰、理想信念、国家观念、集体观念等；社会公德包括爱岗敬业、遵纪守法、诚实守信、乐于奉献、文明礼貌、助人为乐、爱护公物、保护环境、奉献社会等；个人品德不仅指一个人的道德品质和道德能力，还包括理想信念、人生价值追求、法律素养等，是一个人世界观、人生观、价值观、道德观、法治观的集中体现与反映。坚持立德树人，以公民道德教育为基础，引导学生树立正确的"三观"，养成良好的社会公德、职业道德、个人品德，是立德树人的时代要求和重要任务。

（二）树人的指向

1. 以树时代新人为新时代追求

培养担当民族复兴大任的时代新人，是新时代中国特色社会主义事业发展和中华民族伟大复兴对教育培养社会主义建设者和接班人的新要求。培养能够担当民族复兴大任的时代新人，要坚持立德树人和以文化人。青年培养在实现中华民族伟大复兴中具有重要作用，青年的"兴"与"强"和国家前途和民族希望息息相关，有梦想、有本领、有担当的一代又一代青年的"接力奋斗"是实现中国梦的重要基础。在中国特色社会主义进入新时代、中国特色社会主义事业迈向新征程的新时期，能够担当民族复兴大任的时代新人应当具有坚定的理想信念、强烈的担当意识和过硬的本领能力。首先，担当民族复兴大任的时代新人，必须牢固树立共产主义远大理想和中国特色社会主义共同理想，坚定对中国特色社会主义的道路自信、理论自信、制度自信和文化自信。其次，担负民族复兴大任的时代新人，要有责任担当。担当是一种品格、更是一种勇气，也是一种社会责任感。实现中华民族伟大复兴的时代新人必须勇于担当，能够担当，以艰苦奋斗、迎难而上的身姿投身新时代中国特色社会主义发展。最后，过硬的本领能力是理想信念得以实现、担当作为得以发挥的基础和条件。能担当民族复兴大任的时代新人，必须有真才实学，也必须具备为人民服务的本领。教育工作要引导青少年下苦功夫、求真学问、练真本领，努力成为合格的社会主义建设者和接班人。

2. 以树社会主义建设者和接班人为始终坚守

立德树人教育根本任务的落实和培养德智体美劳全面发展的社会主义建设者和接班人是我国教育事业发展的核心。"德智体美劳全面发展"从坚定理想信念、厚植爱国主义情怀、加强品德修养、增长知识见识、培养奋斗精神、增强综合素质六个方面对德智体美劳全面发展提出新要求。

"社会主义建设者和接班人"是对人才培养的总体规格和价值方向的明确表述，"德智体美劳全面发展"则是对人才培养的素质结构的具体目标要求。"德智体美劳全面发展"的重要论述，与党的教育思想一脉相承，是中国特色社会主义教育理论的新发展，为落实立德树人提供了根本遵循。从"德育、智育、体育"成为我国全面发展教育的主要内容，再到将"美育"正式纳入全面发展教育，以及"五育并举"理念的正式确立，是对党的教育理论的继承弘扬与发展创新，是对我国教育改革发展实践经验的深度思考和提炼升华。值得注意的是，将劳动教育纳入全面发展教育，并赋予其时代的新内涵。新时代劳动教育的任务包括弘扬劳动精神，引导学生崇尚并尊重劳动，从内心深处认同劳动最光荣、最崇高、最伟大、最美丽，并从实践行动上辛勤、诚实、创造劳动。五育并举的实现还要求把立德树人融入并贯穿于各级各类教育的各环节、各领域，构建德智体美劳相依相促的教育体系和更高水平的人才培养体系。因此，坚持把立德树人作为中国特色社会主义教育事业的核心工作，是实现培养德智体美劳全面发展的社会主义建设者和接班人的必由之路。

（三）立德与树人的关系

"立德"一词最早出现在《左传·襄公二十四年》，"太上有立德，其次有立功，其次有立言，虽久不废，此之谓不朽"，意为个体要"身死名不朽"，需要达到的最高层次是具备高尚品德，并能在个体发展过程中实现自己的理想。今天我们所强调的"立德树人"概念，不仅包含对传统思想的传承，也随时代变迁有了新的发展。推进新时代立德树人工作，还需要深入领会立德与树人之间的逻辑关系。"才者，德之资也；德者，才之帅也"，育人和育才是相统一的，育才以育人为本，育人以立德为本，新形势下高校"人"教育立德树人的落实是检验学校教育工作的根本标准，是各级各类教育教学工作开展必须遵循的规律。

其一，立德与树人是一个有机的整体。育人与育才是辩证统一的，离开人才培养谈立德，德就成了无根之木；抛开立德谈人才培养，人就成了无源之水，二者互为依存。

其二，立德是根本，树人是核心。立德是树人的前提所在，树人是立德的最终旨归；不立德就难以树人，离开树人，立德就失去了意义；立德才能树人，立什么德决定树什么人，树什么人取决于立什么德；树人先立德，立德为树人。

其三，要把立德树人贯穿于人才培养全过程，立德树人是检验教育工作的根本标准。一切教育工作归根结底都是为了树人，只有把立德与树人、育人与育才的工作同时做好，才能实现真正意义上的人才培养。作为中国特色社会主义教育事业发展的核心工作，立德树人是培养德智体美劳全面发展的社会主义建设者和接班人的本质要求。

二、新形势下立德树人的理论特性

（一）作为理论范畴的立德树人论

1. 体现了人的社会性

历史唯物主义认为，人的本质是社会的，社会性是人的本质属性。人的"德"与"才"是与社会紧密相连的，没有超历史的纯粹抽象的

"德"与"才"。立德树人本身就是实现人的社会化进程，主要通过以下三个途径实现。

（1）文化知识社会化

文化知识社会化包括日常生活知识与文化科技知识。虽然人有着独特的大脑结构，能在后天获得知识，但人出生时没有任何知识，人的知识除了后天经验中积累的，大部分都是依靠学习得来的。青年时期是知识社会化的最基本阶段。高等教育的任务是培养具有社会责任感、创新精神和实践能力的高级专门人才，发展科学技术文化，促进社会主义现代化建设。学生通过接受高等教育比较系统地掌握本学科、专业必需的基础理论、基本知识，掌握本专业必要的基本技能、方法和相关知识，具有从事本专业实际工作和研究工作的初步能力。青年大学生在校期间，主要的任务就是学习人类实践的精神成果和各种不同的专业知识体系。因此，文化知识的社会化是青年大学生社会化的主要内容。

（2）行为规范社会化

社会规范是一定群体或社会中的成员必须履行的行为准则。行为社会化就是通过社会各种形式的教育、社会舆论以及强制性的手段，使社会规范逐渐被人们接受并内化为一种信念、习惯和传统，以约束自己行为的过程。它包括两个基本的方面：一是法律规范的社会化，即人的行为要符合法律规范、纪律、规章制度等；二是道德规范的社会化，即人的行为要符合道德规范、职业规范、风俗等。前者具有明显的强制性，而后者则往往是人们通过多方面的教育和影响而自觉起作用的。二者相互配合，共同规范着人们的行为。只要人在社会中生存，就必须养成符合社会规范的行为习惯，在社会化过程中把这些规范内化成为自身的修养，从而自觉地去履行这些规范。一个人出生以后，总会不断接受来自各方面的各种规范的训练和影响，随着年龄的增长和实践经验的丰富，个人就会懂得应该做什么，不应该做什么，并形成行为习惯，以保持自己行为与社会秩序的协调一致性。一个无知无识的个体从呱呱坠地那刻起，就开始和社会交往，然后随着他的成长，交往的范围不断扩大，人际关系越来越复杂，所要学习和实践的社会规范也越来越丰富。大学阶段属于青年初期，也是离开父母呵护独立自主生活的开始。大学不仅是学习知识的重要时期，而且也是行为规范社会化的重要时期。

（3）价值观念社会化

价值观念是人生观的核心，它对个人的社会行为起着引导、支持和调节的作用。虽然社会规范比价值观念更具约束性和强制性，但它必须首先内化为个人的价值观念，使个人自觉地按照社会规范的要求来约束自己，才能有效地发挥作用。对青年大学生来说，价值观念的内化过程就是通过学习和实践，继承、传递、保存和发展社会理想的过程。青年大学生价值观念社会化的程度与其理想信念的形成和巩固有很大关系。因此，大学时期必须教育学生树立崇高的社会理想，引导学生树立以全心全意为人民服务为核心的道德理想，提倡从我做起，从现在做起，从一点一滴做起，在平凡中努力实现自己的道德理想。学校在对学生进行职业理想教育时，要把为绝大多数人谋利益作为选择职业的根本出发点，树立正确的择业观，把社会需要与个人的职业理想结合起来，并尊重、支持学生在远大社会理想下实现自己的个人理想。人生理想是在个体社会化过程中逐渐形成的，同时，正确的理想观又极大地促进了个体社会化水平的提高。

2. 体现了人的主体性

（1）教师的主体性

欲树人，先立德；欲立德，先立师德。教育是一个使教育者和受教育者都变得更完善的事业，而且只有当教育者自觉地完善自己时，才能更有利于受教育者的完善和发展。正如古人所说的："教，上所施，下所效也。"可见教师主体性的重要。没有教师的主动发展，就很难有学生的主动发展；没有教师的教育创造，就很难有学生的创造精神。学生的发展要求教师的发展，教师在学生的发展中、在师生互动的教学过程中也发展自己。在近些年的研究和实践中，人们普遍关注到了学生的主体性问题，然而，却对教师的主体性发展不够关注。事实已经证明，主体性的缺失对教师的人格、个性、创造性的形成与发展设置了障碍，进而也影响了教育社会功能的发挥。因此，培养教师的主体性成为迫切要求。立德树人不仅是对学生提的，也是对教师提的。作为教师，要从确立正确的教育思想、树立良好的职业形象、提高教学能力及专业水平等方面，发展自身主体性，这不仅是促进学生主体性发展的关键所在，也是促进自我发展的关键所在。

（2）学生的主体性

大学教育的最高境界就是使受教育者能够增强主体意识，通过自我教育和自我修养达到自我发展。因此，我们的教育必须树立以人为本的观念，强化学生的主体意识，充分发挥学生的主体性，建立起有利于培养学生形成自我管理、自我教育能力和健康人格的教育模式，这本身就是立德树人。当代青年大学生的自主、自立意识不断增强，张扬个性成为鲜明的特征。当代青年大学生的主体意识则主要是一种外在的张扬。因此，教育要落实以学生为本，就是要正确认识当代青年大学生主体意识的变化，遵循青年大学生的身心发展规律和教育规律，正确理解、发挥其主导作用，真正落实学生的主体地位，促进学生主体性的发展、提高。

3. 体现了人的实践性

立德树人体现了马克思主义实践第一的观点和关于人的全面发展学说、教育与生产劳动相结合理论。历史证明，"德"不可能自然形成，而需要"立"；"人"不可能自发成才，而需要"树"。"立"，就是培育、修养、践行；"树"，就是培养、造就、锻炼。这本身就是一个实践的过程，是立者与被立者、树者与被树者互动实践的过程，是教育与社会主义生产劳动相结合的过程。

我们党的教育方针也始终主张教育与生产劳动相结合，主张青年知识分子与工农相结合，强调在劳动实践中进行思想锻炼和思想改造，在与工农联系中了解社会、丰富知识、增长才干。教育与生产劳动相结合既是革命及生产的需要，也是培养社会主义新人的需要。直到现在，教育与生产劳动相结合仍然是我们社会主义教育的基本理论前提，是实现立德树人这一根本任务的基本途径。

（二）作为实践范畴的立德树人论

1. 体现了建设社会主义核心价值体系的根本要求

价值是主体和客体在认识、实践中达到的一种统一，是主客体统一所具有的某种特定性质和状态。价值体系属于社会意识范畴，是社会意识的本质体现。任何社会的存在和发展都需要有一定的核心价值体系或主导价值体系的强力支撑。统治阶级的思想在每一时代都是占统治地位的思想。这就是说，一个阶级是社会上占统治地位的物质力量，同时也是社会上占统治地位的精神力量。我们是社会主义国家，人民当家作主，中国共产党是执政党，代表人民的最根本利益，所倡导和建立的是社会主义核心价值体系。要深入开展中国特色社会主义宣传教育，把全国各族人民团结和凝聚在中国特色社会主义伟大旗帜之下。要加强社会主义核心价值体系建设，积极培育和践行社会主义核心价值观，全面提高公民道德素质，培育知荣辱、讲正气、做奉献、促和谐的良好风尚。

立德树人是社会主义核心价值体系建设的应有之义。一般意义上说，人的发展是指"个人"与"类"的辩证统一的发展。个人是特定民族、特定国家、特定社会制度下的人，不同民族、不同国家、不同社会制度下的人都是不同的，价值观也不一样。"类"是把人作为人类，把不同民族、不同国家、不同社会制度下的人作为一类，人类具有基本的、根本的共同价值追求，如人道、自由、民主、平等等。二者是辩证统一的，是共性和特殊性的统一，人类可以拥有共同的价值观念，这是我们能够开展教育并能够取得效果的基础。要倡导富强、民主、文明、和谐，倡导自由、平等、公正、法治，倡导爱国、敬业、诚信、友善，积极培育和践行社会主义核心价值观。这里许多的价值观是人类文明的共同结晶，也是社会主义核心价值观的重要组成。可见，社会主义核心价值观是人类共同价值观和中国特色社会主义核心价值观的内在有机统一。社会主义核心价值观包括马克思主义指导思想、中国特色社会主义共同理想，以爱国主义为核心的民族精神和以改革创新为核心的时代精神，社会主义荣辱观等，最根本的是坚持马克思主义的指导地位，坚定不移地用马克思主义中国化的最新理论成果武装全党、教育人民，使其转化为人们的自觉追求。培育社会主义核心价值观的首要任务就是大力实施马克思主义理论研究和建设工程，使马克思主义中国化的重大理论成果成为引领中国社会不断发展进步的强大思想先导。践行社会主义核心价值观就是坚持马克思主义基本原理同中国具体实际相结合，不断推进理论创新，用发展着的、中国化的马克思主义指导新的实践。青年大学生是一个特殊的社会群体，具有文化水平高、思想活跃、对新事物接受快等特点，既是社会主义核心价值体系建设的一支重要力量，同时也是社会主义核心价值观教育的重要目标群体。把立德树人作为教育的根本任务，就是要求高校不仅要向青年大学生传授知识、培养他们的能力，而且要用马克思主义中国化的最新成果武装青年大学生的头脑，把社会主义核心价值体系融入青年大学生思想政治教育以及整个高校教育工作的全过程，引导青年大学生树立正确的世界观、人生观、价值观，促进他们德智体美劳全面发展，使他们成长为中国特色社会主义事业的建设者和接班人。

2. 体现了德育和智育的辩证统一

德育和智育是辩证统一的。德育是指教育者按照一定的社会或阶级要求，有目的、有计划、有系统地对受教育者施加思想、政治和道德等方面的影响，并通过受教育者积极的认识、体验与践行，使其形成一定社会与阶级所需要的品德的教育活动，即教育者有目的地培养受教育者品德的活动。智育是教育者有目的、有计划、有组织地向学生传授系统的文化科学知识和技能，以提升教育对象的智慧水平的教育活动。德育对智育起着指明方向与提供动力的作用；智育是德育的基础，科学知识的掌握有利于提高学生的社会主义觉悟和促进辩证唯物主义世界观的形成。德育与其他各育相比，是第一位的。一个人的智力高，表明他具备了一定的服务社会的条件。但是，他愿不愿意用这些本领服务于社会以及为谁服务、怎样服务都取决于他的觉悟，而这个问题要靠德育来解决。智育是一种知识和能力的传递教育。智育在于运用知识开启受教育者的心智，使人聪明起来，掌握本领。人们的社会存在决定人们的思想。而代表先进阶级的正确思想一旦被群众掌握，就会变成改造社会、改造世界的物质力量。这说明德育和智育统一于一切教育活动之中，统一在改造社会、改造世界的活动之中，最终就能够成为改变物质世界、人类社会和人类自己的力量。

德育与智育的辩证统一蕴含着智商与情商的辩证统一。道德的问题主要就是理性如何指导和控制感官的问题。亚里士多德所说的理性与非理性与我们所说的智商和情商大致相当。只有智商与情商的统一才能构成人的完整的认知结构和人性结构。没有智商或没有情商的人，都不是现实的和完整的人。情绪、情感是情商的重要内容，它的特点是具有自发性和冲动性，正是这些特点使人能以满腔的热情投入他所从事的活动中去，从而对于他有效地完成所从事的活动起到积极的推动作用。但情绪、情感有时也会产生消极作用，一旦出现这种消极作用而不给予正确引导、调节与控制，情绪、情感就难以驾驭，甚至走向反面。我们常说的"不要感情用事，要冷静地思考问题"，就是说要用理智来控制情感的冲动与盲目性。同时，人的信仰也是情商因素的一种，人总是有信仰的，信仰是人生的精神支柱。人们正是以信仰为动力去从事各种活动，不仅如此，信仰还给人提供了理想的人生境界与奋斗目标。这就表明，信仰在人的一生中起着十分重要的作用。但是，信仰也有盲目性和自发性的特点，这就需要用理智来调节与引导，以保证信仰的科学性，从而为人的活动服务。由此可见，没有智商的情商是盲目的。与此同时，智商也需要情商来调节与补充，否则就是空洞的和僵死的，因为情商具有启动、维护、调节、定向系统功能，可以提高智商的效能。情商系统主要由内驱力、情感动力、兴趣与意志力构成，其中情感的功能最重要。马克思曾说过："激情、热情是人类强烈追求自己的对象的本质力量。情感是人的活动不可缺少的润滑剂，没有它，人类的一切活动就难以发动和正常进行。"可以说人的情感在很大程度上决定着实践活动的能量强弱，影响并调节着实践活动的速度和持续时间的长短。积极的、健康的情感是人们进行实践活动不可或缺的因素；反之，则会干扰和阻碍实践活动的正常进行。做实际工作情商很重要，更多需要的是做群众工作和解决问题的能力，也就是适应社会的能力。所以，凡是现实的人类活动都是智、情、意的结合，智商的导向、控制作用与情商的推动、调节作用，是保证一个人行为过程的完整与实现人的幸福、自由、全面发展不可缺少的因素。

立德树人从根本上强调人的全面发展，目标就是把人培养成一个现实的人、完整的人，这体现了德育与智育、智商与情商的辩证统一，体现了德智体美劳的辩证统一。立德树人不仅要培养学生的思想品德，还要培养人在情绪、情感、意志、耐受挫折等方面的品质，使人始终保持健康的生活情趣，始终坚定自己的信仰和追求，始终在攻坚克难时百折不回、决不轻言放弃；立德树人不仅要使人成人，还要使人具备厚实的科学文化知识和做好工作所需要的素质能力，还要使人在学好科学理论知识的同时，注重实践锻炼、增强工作本领。所以，培养全面发展的人，必定是德育和智育、智商与情商平衡发展的人，必定是德智体美劳全面发展的人，丢掉任何一个方面，都会使立德树人这一根本任务变得残缺不全。

第二节　新形势下立德树人的总体要求和主要任务

一、新形势下立德树人的总体要求

我们党针对立德树人提出了一系列重大方针政策，并有明确具体的总体要求：①高举中国特色社会主义伟大旗帜，马克思主义是我们党的指导思想，是建设中国特色社会主义的根本指针，也是立德树人必须始终高举的"旗帜"和坚持的"方向"；②紧密联系全面建成小康社会和社会主义现代化建设的实际，紧密联系青年大学生思想和成长实际。立足实际、联系实际，是中国共产党人特有的作风，是中国革命、建设和改革获胜的法宝，也是立德树人必须坚持的作风和法宝；③大力推进社会主义核心价值体系建设，培育和践行社会主义核心价值观。社会主义核心价值体系是兴国之魂，社会主义核心价值观是社会主义核心价值体系的内核，这两个方面是立德树人的灵魂和本质要求；④坚持以人为本，遵循青年大学生素质生成规律，遵循青年大学生思想道德教育规律，遵循教育教学规律。讲规律，按规律办事，是中国共产党人求真务实的科学态度，也是立德树人必须持有的科学态度；⑤坚持改革创新。改革是一场新的伟大革命，创新是一个民族的灵魂，改革和创新也是推进立德树人的强大动力。新形势下立德树人要提高针对性、实效性和吸引力、感染力，比以往任何时候都更加需要改革创新；⑥努力培育面向现代化、面向世界、面向未来，有理想、有道德、有文化、有纪律，德、智、体、美全面发展的中国特色社会主义事业建设者和接班人。这是事关党和国家长治久安，事关中华民族前途命运的重大问题，也是立德树人必须解决好的根本问题。

二、新形势下立德树人的主要任务

（一）从确立远大志向做起，引导青年大学生坚定理想信念

理想指引人生方向，信念决定事业成败。青年大学生时代是激情满怀、富有朝气的时代，是放飞理想、人生出彩的时代。青年大学生一代有理想、有担当，国家就有前途，民族就有希望，实现我们的发展目标就有源源不断的强大力量。广大青年大学生要树立正确的世界观、人生观、价值观，掌握了这把总钥匙，再来看看社会万象、人生历程，一切是非、正误、主次，一切真假、善恶、美丑，自然就洞若观火、清澈明了，自然就能做出正确判断、做出正确选择。当今时代，中国青年大学生应该牢固树立什么样的理想信念呢？中国梦是全国各族人民的共同理想，也是青年应该牢固树立的远大理想。中国特色社会主义是我们党带领人民历经千辛万苦找到的实现中国梦的正确道路，也是青年应该牢固确立的人生信念。如何让理想信念在心中扎根？要把理想信念建立在对

科学理论的理性认同上，建立在对历史规律的正确认识上，建立在对基本国情的准确把握上。坚定理想信念，不能空喊口号，一定要同实际相结合。如何结合实际？要围绕党的目标任务，激发广大青年的历史责任感和奋斗精神，动员广大青年在全面建设社会主义现代化国家新征程中建功立业。这些重要论述，深刻回答了青年大学生为什么要树立理想、应该树立什么样的理想、怎样树立理想的重大问题，这也是立德树人必须解决好的重大问题。

引导青年大学生坚定理想信念，要着力让理想信念在青年大学生心中扎根，用中国特色社会主义理论体系武装青年大学生头脑，用历史的眼光启示青年大学生，用伟大的目标感召青年大学生，用光明的未来激励青年大学生，凝聚起坚持和发展中国特色社会主义、实现中华民族伟大复兴中国梦的广泛思想共识，为青年大学生坚定理想信念提供正确理论指导和强大精神支柱。要着力在实践中坚定青年大学生的理想信念，引导青年大学生培养坚韧不拔、百折不挠的精神，始终将国家富强、民族振兴、人民幸福作为努力方向，自觉将个人梦与中国梦紧密联系在一起，把满腔报国之志转化为学习的动力、工作的业绩，把积极奉献精神转化为服务人民的实际行动，用"青春梦"托起"中国梦"。

（二）从勤奋学习做起，引导青年大学生自觉践行社会主义核心价值观

青年大学生的价值取向决定了未来整个社会的价值取向，而青年大学生又处在价值观形成和确立的时期，抓好这一时期的价值观养成十分重要。知识是树立核心价值观的重要基础。青年大学生正处于学习的黄金时期，应该"把学习作为首要任务，作为一种责任、一种精神追求、一种生活方式""为学之要贵在勤奋、贵在钻研、贵在有恒"。青年大学生要"既读有字之书，也读无字之书"；既要专攻博览，也要关注社会；既要善于向书本学习，也要善于向实践学习，在理论与实践的互动过程中，增长能干事、干成事的本领。这些重要论述深刻揭示了学习的本质和目的，阐释了勤奋学习对于树立和培养社会主义核心价值观的重要

性，也要求立德树人着力引导青年大学生勤奋学习。

引导青年大学生树立和培养社会主义核心价值观，要求青年大学生勤于学习、敏于求知，注重把所学知识内化于心，形成自己的见解，既要钻研业务，又要关心国家、关心人民、关心世界，学会担当社会责任。要着力让学习成为青年大学生成长进步的阶梯，教育青年大学生努力扩大知识半径，刻苦学习，把握人生道理，领悟人生真谛，体会人生价值，实践人生追求。要引导青年大学生学会思考、善于分析、正确抉择，做到稳重自持、从容自信、坚定自励。要引导青年大学生迈稳步子、夯实基础、久久为功，扎扎实实干事，踏踏实实做人。核心价值观的养成绝非一日之功，要坚持由易到难、由近及远，努力把核心价值观的要求变成青年大学生日常的行为准则，进而形成其自觉奉行的信念理念，引导青年大学生在时代大潮中建功立业，成就自己的宝贵人生。

（三）从培养创新精神做起，引导青年大学生勇于创新创造

综合国力的竞争，说到底就是创新能力的竞争。在创新方面，谁动作快，谁就会抢占先机，掌握制高点和主动权；谁动作慢，谁就会丢失机会，被别人甩在后边。"唯创新者进，唯创新者强，唯创新者胜"。青年是社会上最富活力、最具创造性的群体，理应走在创新创造前列。青年大学生要充分发挥敢想、敢闯、敢为天下先的特点，把创新创造的理念融入自己的学习生活中，着力在提高丰富的想象力、敏锐的观察力上下功夫，在挖掘创新潜能、提高创新能力上下功夫，以一往无前的进取精神投身创新实践中。要培养敢为人先、开拓进取的锐气，树立在继承前人的基础上超越前人的雄心壮志；培养逢山开路、遇水搭桥的意志，为了创新而百折不挠、勇往直前；培养探索真知、求真务实的态度，在创新中不断积累经验、取得成果。要脚踏祖国大地，胸怀人民期盼，找准专业优势和社会发展的结合点，找准先进知识和我国实际的结合点，力争有所突破、有所发展、有所建树，真正使创新创造落地生根、开花结果。这些重要论述，反映了我们党的深谋远虑，指明了青年大学生创新的方向，也要求立德树人要着力培养青年大学生的创新精神。

引导青年大学生勇于创新创造，要着力培养创新人才，全面深化教育改革，更加重视教育理念创新、教育模式创新、教育方法创新，更加重视打牢创新基础、倡导创新精神、激发创新活力，更加重视发展创新文化、完善创新机制、营造创新氛围，大幅提高教育培养创新人才的能力和水平。要着力搭建创新平台，积极打造创新载体，组织青年大学生结合学习活动、本职工作开展创新活动，挖掘青年大学生创新潜能，激发青年大学生创新活力，促进创新链、产业链、市场链环环相扣、有机衔接，为青年大学生创新提供更多的机会、更好的平台、更大的空间。

（四）从培育优良作风做起，引导青年大学生矢志艰苦奋斗

人类的美好理想都不可能唾手可得，都离不开筚路蓝缕、手胼足胝的艰苦奋斗。没有艰苦奋斗精神的国家难以发展进步，没有艰苦奋斗精神的民族难以自立自强，没有艰苦奋斗精神的青年大学生难以担当重任。现在，我们比历史上任何时期都更接近实现中华民族伟大复兴的目标，比历史上任何时期都更有信心、更有能力实现这个目标。距离实现中华民族伟大复兴的目标越近，我们越不能懈怠，越要加倍努力，越要动员广大青年大学生为之奋斗。广大青年要牢记"空谈误国、实干兴邦"，立足本职、埋头苦干，从自身做起，从点滴做起，用勤劳的双手、一流的业绩成就属于自己的人生精彩。要把艰苦环境作为磨炼自己的机遇，不怕困难，攻坚克难，一步一个脚印往前走，勇于到条件艰苦的基层、国家建设的一线、项目攻关的前沿，经受锻炼，增长才干。要勇于创业、敢闯敢干，努力在改革开放中闯新路、创新业，让"中华民族伟大复兴终将在广大青年的接力奋斗中变为现实"。这些重要论述，深刻阐明了艰苦奋斗的时代意义，明确提出了青年大学生艰苦奋斗的根本要求，也要求立德树人要着力培养青年大学生的艰苦奋斗精神。

引导青年大学生矢志艰苦奋斗，要着力教育青年大学生把艰苦奋斗作为一种政治本色来坚守，在任何时候，在任何情况、任何条件下，守牢作风底线、守好精神家园，把艰苦奋斗这个传家宝一代一代传下去，做到永远奋斗、永不褪色；把艰苦奋斗作为一种价值来追求，时刻绷紧

艰苦奋斗这根弦，在市场经济大潮中始终不为名利所扰、不为诱惑所困，在学习、工作和生活中勤俭办一切事情；把艰苦奋斗作为一种行为方式来践行，自觉做艰苦奋斗精神的传播者和践行者，用艰苦奋斗的正能量推动实现中华民族伟大复兴的中国梦。

（五）从加强道德修养、注重道德实践做起，引导青年大学生锤炼高尚品格

道德之于个人、之于社会，都具有基础性意义，做人做事第一位的是崇德修身。德是首要，是方向，一个人只有明大德、守公德、严私德，其才方能用得其所。修德，既要立意高远，又要立足平实。要立志报效祖国、服务人民，这是大德，养大德者方可成大业。同时，还得从做好小事、管好小节开始起步，踏踏实实修好公德、私德，学会劳动、学会勤俭、学会感恩、学会助人、学会谦让、学会宽容、学会自省、学会自律。这些重要论述在社会上耸立起道德标杆，为青年大学生立德做人指明了途径。

引导青年大学生锤炼高尚品格，要着力引导青年大学生形成正确的道德认知，牢记"从善如流、从恶如崩"的道理，继承发扬中华民族传统美德，始终保持积极的人生态度、良好的道德品质、健康的生活情趣，努力做到慎始、慎独、慎微，守得住做人、处事、用权、交友的底线。要着力引导青年大学生形成自觉的道德养成，带头倡导良好的社会风气；自觉加强思想道德修养，弘扬爱国主义、集体主义、社会主义思想；自觉倡导社会公德、职业道德、家庭美德；自觉培养团结互助、诚实守信、遵纪守法、艰苦奋斗的良好品质。要着力引导青年大学生参加积极的道德实践，大力开展学雷锋、学道德模范等道德活动，大力实践奉献、友爱、互助、进步的志愿精神，大力弘扬中华民族的优秀品德，大力开展守信光荣、失信可耻教育，把追求真、善、美作为人生目标，以自己全部的情感、意志、信念去践行理想、创造价值，实现高尚人生目标和创造有价值人生的有机统一。

第三节　新形势下立德树人的基本经验和基本原则

一、新形势下立德树人的基本经验

（一）坚持把马克思主义作为根本指针，始终保持立德树人的正确方向

科学的理论是立德树人的行动指南。必须坚持用马克思主义指导立德树人工作，使之始终沿着正确的政治方向前进。要坚持用中国特色社会主义理论体系武装人，根据青年大学生的特点，由浅入深、循序渐进地进行辩证唯物主义和历史唯物主义基本观点的教育，引导他们逐步认识社会发展规律，全面认识国情，增强对中国特色社会主义事业的理解和认同，打牢提高思想道德素质的理论基础。

（二）坚持把培养有理想、有道德、有文化、有纪律的公民作为根本目标，不断培育社会主义事业的合格建设者和可靠接班人

立德树人必须注重引导青年大学生树立为祖国、为人民贡献智慧和力量的正确理想，坚定走社会主义道路和建设社会主义的信念，形成爱国守法、明礼诚信、团结友善、勤俭自强、敬业奉献的基本道德，掌握为祖国、为人民服务所需要的科学文化知识和本领，养成遵守法律、社会公德和社会生活基本规范的良好习惯，实现德、智、体、美全面发展，努力成为社会主义事业的合格建设者和可靠接班人。

（三）坚持把树立正确的世界观、人生观、价值观作为根本任务，不断促进青年大学生形成正确的思想道德观念

树立正确的世界观、人生观、价值观是青年大学生成长中的根本问题，也是决定立德树人工作成败的根本问题。必须在青年大学生中培育和弘扬社会主义核心价值观，积极主动、切实有效、持之以恒地开展思想道德教育，加强爱国主义、集体主义、社会主义教育，引导他们增强

辨别是非、善恶、美丑的能力，增强抵制错误思潮和腐朽思想侵蚀的能力，使他们能够正确认识世界、正确对待人生、正确选择生活道路、正确把握生活准则。

（四）坚持把理论教育与社会实践相结合作为根本途径，不断提高立德树人的成效

立德树人必须坚持理论教育与社会实践相结合，既重视课堂教育又重视社会实践，既进行认知教育又开展实践教育，使青年大学生在社会实践中向人民学习，了解社会，磨炼意志，培养创新精神和实践能力，努力做到知与行的统一，成为既有崇高理想又能脚踏实地为祖国、为人民服务的人才。

（五）坚持把开拓创新作为根本动力，推动立德树人与时俱进

贴近实际、贴近生活、贴近青年大学生，创新观念、方法、途径，积极探索有利于破解工作难题的新举措、新办法，把解决思想问题与解决实际问题相结合，不断提高工作的针对性、实效性和吸引力、感染力，使立德树人更好地体现时代性、把握规律性、富于创造性。

（六）坚持把全党重视、全社会共同参与作为根本举措，不断增强立德树人的合力

立德树人是一项系统工程，需要全党重视、全社会共同参与。必须坚持把青年大学生思想道德建设摆在党和国家工作的重要位置，大力倡导关心青年大学生思想道德建设的社会主义新风尚，充分调动社会各方面的积极性，有效整合社会资源，形成促进青年大学生健康成长的强大合力。

这些经验体现了立德树人的本质性，是立德树人的重要基础，对于我们进一步推进立德树人工作具有重要指导意义，必须长期坚持。同时，要根据时代发展的要求，坚持与时俱进、开拓创新，在实践中不断开创立德树人工作的新局面。

二、新形势下立德树人的基本原则

（一）坚持教书与育人相结合

教书与育人相结合是我国教育事业必须为社会主义现代化服务和培养德智体美劳全面发展的社会主义建设者和接班人的基本要求。教书与育人密不可分，是一个整体的两个方面。教书是育人的基础，育人是教书的目的。离开育人，教书便从根本上失去了意义。学校是培养人才的重要基地，无论是传授知识还是进行思想教育，都是为了育人。必须把立德树人作为教育的根本任务。办好学校，首先要解决好培养什么人、怎样培养人这个根本问题。我国学校办得怎么样？我国教育事业发展得怎么样？首先要看培养出来的学生是否合格，特别是他们的思想政治素质是否合格。

坚持教书和育人结合，学校要始终不渝地全面贯彻党的教育方针，坚持"学校教育，育人为本；德智体美，德育为先"。全面深化教育改革，把社会主义核心价值体系融入国民教育全过程，深入推动中国特色社会主义理论体系进教材、进课堂、进头脑，培育和弘扬社会主义核心价值观，引导学生形成正确的世界观、人生观、价值观，培养学生团结互助、诚实守信、遵纪守法、艰苦奋斗的良好品质，着力提高学生服务国家服务人民的社会责任感、勇于探索的创新精神、善于解决问题的实践能力；强化体育课和课外锻炼，促进青年大学生身心健康、体魄强健；改进美育教学，提高学生审美和人文素养；弘扬劳动精神，教育引导学生崇尚劳动、尊重劳动。全方位推进立德树人，多方面促进学生全面发展，源源不断地培养造就社会主义事业的建设者和接班人。

（二）坚持教育与自我教育相结合

教育与自我教育相结合，既体现了对教育者的重视，又体现了对受教育者的尊重，是外部教育和内在教育的统一，是"以人为本"理念在立德树人中的体现。

坚持教育与自我教育相结合，既要充分发挥学校教师、党团组织的教育引导作用，又要充分调动学生的积极性和主动性，引导他们自我教育、自我管理、自我服务。既要加大教育引导的力度，又要激发受教育者的内在动力。要切实加强学校党政干部和共青团干部、思想政治理论课和哲学社会科学课教师、辅导员和班主任这三支队伍的建设，特别是要采取有力措施，按照政治强、业务精、纪律严、作风正的要求，着力建设一支高水平的辅导员和班主任队伍，使他们在立德树人工作中发挥更大作用。要发挥党的政治优势和组织优势，把符合条件的优秀学生吸收到党内来，把党支部建在大学班级上，使学生党员发挥先锋模范作用，使学生党支部成为立德树人的坚强堡垒。要充分发挥团组织在教育、团结和联系学生方面的优势，把广大青年学生紧密团结在党的周围，竭诚为学生成长成才服务。要发挥学生会、研究生会的桥梁和纽带作用，开展生动有效的立德树人活动。要积极调动学生自我教育、自我管理、自我服务的积极性和主动性，着力加强班集体建设，组织开展丰富多彩的活动，发挥团结学生、组织学生、教育学生的作用。要加强对学生社团的领导和管理，高度重视学生生活社区、网络虚拟群体等新型学生组织的思想政治教育工作。

（三）坚持政治理论教育与社会实践相结合

政治理论教育与社会实践相结合是人才成长规律和教育规律的内在统一。立德树人首先要解决好理想信念问题。理想信念是做人的根本，只有树立崇高理想和远大志向，从小打牢思想道德基础，学习才有动力，前进才有方向，成才才有保障。如何坚定理想信念？要让理想信念在心中扎根，"把理想信念建立在对科学理论的理性认同上，建立在对历史规律的正确认识上，建立在对基本国情的准确把握上"。坚定理想信念不能空喊口号，要同实际相结合，"在实现中国梦的生动实践中放飞青春梦想"。

坚持政治理论教育与社会实践相结合，要充分发挥课堂教育教学的主导作用和思想政治理论课的主渠道作用，理直气壮地讲授马克思主义、宣传社会主义核心价值体系，不断增强道路自信、理论自信、制度自信、文化自信。全面加强大学思想政治理论课学科建设、课程体系建设和教师队伍建设，切实改革教学内容、改进教学手段，努力增强思想政治理论课的吸引力和感染力。要发挥哲学社会科学学科课程在立德树人中的重要作用，精心组织编写哲学社会科学重点学科教材，努力形成以当代马克思主义为指导的具有中国特色、中国风格、中国气派的哲学社会科学学科体系和教材体系。要发挥各门课程的育人功能，深入发掘其立德树人资源，把立德树人融入学生学习的各个环节。要大力建设体现社会主义特点、时代特征和学校特色的校园文化，广泛开展丰富多彩、积极向上的学术、科技、体育、艺术和娱乐活动，把德育与智育、体育、美育有机结合起来，寓教育于文化活动之中。要引导学生深入开展社会实践活动，拓展立德树人的有效途径，引导学生走入社会这个大课堂，探索和建立与专业学习、服务社会、勤工助学、择业就业、创新创业相结合的社会实践新机制，到基层去，到工农群众中去，在自觉广泛的社会实践中熏陶思想感情、充实精神生活、提高道德境界、增长知识才干。

（四）坚持解决思想问题与解决实际问题相结合

解决思想问题与解决实际问题相结合是提高立德树人实效的重要方法。青年大学生处在成长阶段，他们的思想不仅容易受到社会环境中各种因素的影响，也容易受到个人遇到的具体困难和问题的影响。因此，他们的一些具体思想问题，有些需要通过提高思想认识来解决，有些则需要通过解决他们所遇到的一些具体困难和问题来解决，也就是说，既要教育、引导他们，又要关心、帮助他们。立德树人首先是要解决人的思想问题，而思想问题在很多情况下又是由实际问题引起的，这就要求我们必须把帮助青年大学生解决思想问题和实际问题有机结合起来，把工作的着力点放在解决学生实际生活中遇到的问题上来。

坚持解决思想问题与解决实际问题相结合，既要摆事实、讲道理，以理服人，耐心细致，循循善诱，进行疏导、开导、引导，不断提高青年大学生的思想认识和精神境界；又要关心人、办实事，以情感人，春风化雨，润物无声，帮助青年大学生处理好成长过程中学习成才、择业交友、健康生活等方面的具体问题。要深入了解学生、服务学生，为学生办实事、做好事、解难事，改善学习条件，加强就业服务指导，完善困难学生资助机制，帮助家庭贫困的学生完成学业。要针对当代青年大学生的特点，抓好心理健康咨询和教育工作，促使青年大学生形成和保持健康的心理素质。

（五）坚持教育与管理相结合

坚持教育与管理相结合是立德树人的内在要求。立德树人要取得成效，不仅本身要加大力度、改进方法，还要充分发挥管理的作用，依照法律和规章制度加强和改进学校管理。只教不管或单纯依靠行政管理都不能达到预期的目的。只有在教育中结合管理，在管理中渗透教育，才能取得最佳的教育效果。管理能保证德育的有效实施，德育又能提高学生服从管理、遵守纪律的自觉性，两者相得益彰。

坚持教育与管理相结合，要努力构建立德树人的长效机制，紧紧抓住制度建设这个更具根本性、全局性、稳定性、长期性的重要环节，建立起既能立足当前，有效解决突出问题，又能着眼长远，保证工作不断推进的工作制度。要着重建立和完善立德树人的领导体制。在地方要建立和完善党委统一领导、党政群齐抓共管、有关部门各负其责、全社会大力支持的领导体制，形成全党全社会全力支持的强大合力；在学校要建立和完善党委统一领导、党政齐抓共管、专兼职队伍相结合、全校紧密配合、学生自我教育的工作体制，把德育融入教学、科研、管理、服务之中，形成全校上下共同推进的强大合力。要着力建立六种长效工作机制。一是发挥课堂主导作用的长效工作机制，确保所有教师都履行育人职责，所有课程都发挥育人功能；二是深入推行社会实践的长效工作机制，引导青年大学生深入社会、了解社会、服务社会；三是大力推进校园文化建设的长效工作机制，为青年大学生提高素质和健康成长提供强大的精神动力；四是实施为青年大学生办实事好事的长效工作机制，在关心人、帮助人中教育人、引导人；五是加强德育队伍建设的长效工作机制，为立德树人提供组织保证；六是营造良好社会环境的长效工作机制，努力营造良好的舆论、文化和校园周边环境。

要严格照章办事，通过规范青年大学生的学习、生活和行为，促使他们自觉遵守各项规章制度和社会公德，逐步养成良好的行为习惯。要充分发挥青年大学生的内在潜能，激发青年大学生的自律意识，使自律与他律相辅相成。

（六）坚持继承优良传统与改进创新相结合

坚持继承优良传统与改进创新相结合，是推进立德树人的根本动力。继承和创新的关系是一脉相承而又与时俱进的关系。我们党在长期的革命、建设和改革开放中，形成了较为系统的立德树人优良传统，积累了丰富的立德树人工作经验，这些经验体现了立德树人的本质属性，是当前开展立德树人工作的重要基础。但时代在发展，情况在变化，立德树人也必须依据时代的发展、情况的变化而改进和创新。当代青年大学生接触新事物多，信息面广，思维敏捷，这些特点也要求我们在继承党的立德树人优良传统的基础上，积极探索新形势下立德树人的新途径、新办法，努力体现时代性，把握规律性，富于创造性，增强实效性。

坚持继承优良传统与改进创新，要坚持与培育"四有"新人的目标相一致、与社会主义市场经济相适应、与社会主义法律规范相协调、与中华民族传统美德相承接，既要体现优良传统，又要反映时代特点，始终保持生机与活力。要坚持从实际出发，研究青年大学生的行为特点，探索青年大学生思想认识与环境变化的内在联系，把握青年大学生思想成长的规律，认真研究立德树人的新情况、新问题，认真解决立德树人存在的突出问题，紧紧抓住影响立德树人观念形成和发展的关键环节，确定立德树人的重点内容，创新教育方法和手段，确定合适的内容，选择恰当的方式，开展有针对性的教育和引导活动，因势利导，因材施教，因人施教，做到入耳、入脑、入心。要坚持贴近实际、贴近生活、贴近青年大学生，既要遵循思想道德建设的普遍规律，又要适应青年大学生身心成长的特点和接受能力，从他们的思想实际和生活实际出发，深入浅出，寓教于乐，循序渐进。多用鲜活通俗的语言，多用生动典型的事例，多用喜闻乐见的形式，多用疏导的方法、参与的方法、讨论的方法，进一步增强工作的针对性和实效性，增强吸引力和感染力。要坚持知与行相统一，既要重视课堂教育，更要注重实践教育、体验教育、养成教育，注重自觉实践、自主参与，引导青年大学生在学习道德知识的同时，自觉遵循道德规范。要根据青年大学生接收信息途径发生的新变化，全面加强校园网络建设，善于运用互联网等现代技术，把立德树人的内容有机融入其中，开展生动活泼的网络立德树人活动，增强网络立德树人的吸引力和感染力，形成网络立德树人工作体系，牢牢把握网络立德树人的主动权。

第四节　新形势下立德树人的时代价值和现实要求

一、新形势下立德树人的时代价值

（一）立德树人是实现中国梦的必然要求

实现国家富强、民族振兴、人民幸福和中华民族伟大复兴的中国梦，是艰巨而长期的事业，需要一代又一代中华儿女为之不懈奋斗。青年大学生是党和国家的希望，是中华民族的希望。中华民族伟大复兴的事业要靠今天的青年大学生去继承，国家富强、民族振兴、人民幸福的未来要靠今天的青年大学生去开创。只有立德树人，培养造就千千万万具有高尚思想品质和良好道德修养、掌握现代化建设所需要的丰富知识和扎实本领的建设者和接班人，才能建成富强、民主、文明、和谐的社会主义现代化国家。

立德树人是中国梦的应有之义。我们的人民热爱生活,期盼有更好的教育、更稳定的工作、更满意的收入、更可靠的社会保障、更高水平的医疗卫生服务、更舒适的居住条件、更优美的环境,期盼着孩子们能成长得更好、工作得更好、生活得更好。"十个期盼"中,"更好的教育"列首位,其他各项"期盼"都与教育密切相关。"更好的教育"本身就包含立德树人。这充分说明立德树人既是中国梦的基本内涵,也是实现中国梦的重要载体。

(二) 立德树人是坚持中国道路、弘扬中国精神、凝聚中国力量的必然要求

中国特色社会主义道路来之不易,它是在改革开放的伟大实践中走出来的,是在中华人民共和国成立后的持续探索中走出来的,是在对近代以来中华民族发展历程的深刻总结中走出来的,是在对中华民族五千多年悠久文明的传承中走出来的,具有深厚的历史渊源和广泛的现实基础,必须继续拓展和走好。只有坚持立德树人,才能教育引导好青年大学生增强对中国特色社会主义的道路自信、理论自信、制度自信、文化自信,坚定不移地沿着正确的中国道路奋勇前进。

中国精神是以爱国主义为核心的民族精神,是以改革创新为核心的时代精神。这种精神是凝心聚力的兴国之魂、强国之魂。爱国主义始终是把中华民族紧紧团结在一起的精神力量,改革创新始终是激励我们在改革开放中与时俱进的精神力量。只有坚持立德树人,才能教育引导好青年大学生弘扬伟大的民族精神和时代精神,不断增强团结一心的精神纽带、自强不息的精神动力,永远朝气蓬勃地迈向未来。

中国力量是中国各族人民大团结的力量。这种力量是人生出彩、梦想成真的力量,是同祖国和时代一起成长与进步的力量,是创造一切美好事物的力量。紧密团结,万众一心,为实现共同梦想而奋斗,实现梦想的力量就会无比强大。只有坚持立德树人,才能教育引导好青年大学生牢记使命,心往一处想,劲往一处使,用每个人的智慧和力量汇集起不可战胜的磅礴力量。

（三）立德树人是提高全民族素质、促进人的全面发展的必然要求

提高全民族素质、促进人的全面发展，是中国特色社会主义现代化的重要内容。青年大学生的素质不仅直接关系现阶段中华民族的素质，而且直接关系未来中华民族的素质。提高青年大学生的素质，是提高全民族素质、促进人的全面发展的基础性工作。青年大学生时期既是长身体、学知识的最佳时期，也是世界观、人生观、价值观形成的关键时期。在这个时期形成的素质对他们的一生影响很大。提高全民族的素质就要提高青年大学生的素质，促进人的全面发展也要促进青年大学生的全面发展。只有坚持立德树人，才能把我国青年大学生培养成有志向、有梦想、爱学习、爱劳动、爱祖国，"珍惜美好时光，砥砺品德，陶冶情操，刻苦学习，全面发展，掌握真才实学"的人，进而为提高全民族素质、促进人的全面发展提供坚实的基础。

（四）立德树人是把握好教育本质属性要求的必然要求

教育是人类社会特有的实践活动，它随着人类社会的产生而产生，随着人类社会的发展而发展。教育是人类传承文明和知识、培养年轻一代、创造美好生活的根本途径。

传承文明和知识是教育的本质特征。教育具有永恒性，社会的存在和延续离不开教育。在任何社会，教育都承担传承和弘扬文化的任务，承担传授生产知识、技能和经验的任务，承担传授社会意识、风俗习惯和行为规范的任务。一个国家、一个民族的强盛，总是以文化兴盛为支撑的，中华民族伟大复兴需要以中华文化发展繁荣为条件。教育在文化繁荣发展中具有基础性和不可或缺的重要作用。离开教育，文明就会断层，文化发展就会止步。传承文明和知识是教育的本质特征，必须把立德树人作为教育的价值追求。

培养年轻一代是教育的根本任务。教育具有历史性，在不同的社会或不同的历史时期，教育的性质、目的、内容等都不尽相同。培养什么人，是教育的首要问题。当今社会，党和国家必须把自己的利益、愿

望、要求反映到教育上，使受教育者尤其是年轻一代适应现存生产力和生产关系的需要。要紧紧围绕培养中国特色社会主义事业合格建设者和可靠接班人这个根本任务，全面贯彻党的教育方针，把握立德树人的根本任务，抓住社会主义核心价值体系、中华优秀传统文化两个教育重点，形成爱学习、爱劳动、爱祖国的有效形式和长效机制，增强学生的社会责任感、创新精神和实践能力。尤其要强化体育课和体育锻炼，促进青年大学生身心健康、体魄强健；改革美育教学，提高学生审美和人文素养。培养年轻一代是教育的重要使命，必须把立德树人作为教育的根本任务。

创造美好生活是教育的最终目的。教育具有工具性，人们之所以重视教育，一个重要原因是为了让自己、让后代过上美好的生活。"孩子们成长得更好，是我们最大的心愿""下一代要过上好生活，首先要有文化，这样将来他们的发展就完全不同""要努力让每个孩子享有受教育的机会""获得发展自身、奉献社会、造福人民的能力"。教育是为了创造美好生活，必须把立德树人作为教育的最终目的。

（五）立德树人是增强我国发展后劲和国际竞争力的必然要求

要增强我国发展后劲和国际竞争能力，必须提高人才素质、培养创新人才。

提高人才素质要从立德树人抓起。无论现在还是未来，综合国力竞争的实质是人才竞争，而人才竞争归根结底是人的素质的竞争，人才是衡量一个国家综合国力的重要指标。没有一支宏大的高素质人才队伍，全面建成小康社会的奋斗目标和中华民族伟大复兴的中国梦就难以顺利实现。中华民族要始终屹立于世界先进民族之林，就必须培养一代又一代的高素质人才。未来我国的人才大军，必须以现在的青年大学生为主体。要使青年大学生成为对祖国、对人民的有用之才，就必须立德树人，使他们从小就树立起热爱祖国、决心为祖国的繁荣富强贡献自己全部力量的坚定信念，树立起自强不息、不怕任何艰难险阻、勇往直前的奋斗精神，树立起与时俱进、昂扬向上、勇于创新的开拓意识，努力成为祖国现代化事业发展的强大后备军。

培养创新人才要从立德树人抓起。综合国力的竞争，说到底就是创新能力的竞争。谁能在创新上下先手棋，谁就能掌握主动。国际竞争历来就是时间和速度的竞争，谁动作快，谁就能抢占先机，掌握制高点和主动权；谁动作慢，谁就会丢失机会，被别人甩在后边。当前，我国发展进入新阶段，面临许多新问题。要突破自身发展的瓶颈、解决深层次矛盾和问题，根本出路就在于创新。在日趋激烈的全球综合国力竞争中，必须坚持走中国特色自主创新道路，敢于走别人没有走过的路，不断在攻坚克难中追求卓越，加快向创新驱动发展转变。同时，我国要走创新发展之路，必须高度重视创新人才的聚集，择天下之英才而育之。人是一个整体，包括思想道德、科学文化、身体、心理等诸多方面的素质，思想道德是其中最重要的组成部分，是核心，是灵魂，关系到一个人生活和创新的目的、方向和动力。忽视思想道德教育，我们就不可能培养高端创新人才。只有坚持立德树人，才能培养出高端创新人才。

（六）立德树人是实现党和国家长治久安的必然要求

青年大学生的成长，牵动亿万家长的心，涉及亿万家庭的幸福，关乎最广大人民的根本利益。关心青年大学生的成长，为他们的身心健康发展创造良好的条件和社会环境，是党和国家义不容辞的职责，也是实现好、维护好、发展好最广大人民根本利益的重要方面。立德树人，关心爱护青年大学生，既是开创国家和民族更加美好的未来的战略工程，也是实现亿万家庭最大希望和切身利益的民心工程。

二、新形势下立德树人的现实要求

（一）全员育人

全员育人指学校、家庭、社会和个人都是育人主体，在立德树人工作中发挥各自的教育作用。人才培养目标的实现，需要学校教育、家庭教育、社会教育、自我教育的协同作用。其中学校教育是有组织、有计划地按照党的教育方针，促进立德树人工作推进的主要阵地；家庭教育是父母及其他家庭成员作为教育者，以身作则发挥示范作用，在"润物细无声"中增强立德树人工作实效的重要组成；社会教育主要是依靠社会各方通过各种途径，包括社会舆论、社会实践和社会环境等作为落实立德树人工作的重要力量；自我教育是个体作为道德养成的主体，通过外引内发的方式实现主体价值建构，目的在于促进道德品质的形成和完整人格的养成。因此立德树人工作的推进，要在党和政府的坚强领导下，把学校育人、家庭育人、社会育人和自我教育结合起来，在全员育人教育理念的引领下，创设全员育人的有效路径，完善全员育人的制度保障，加强各主体间的有效沟通和互动以形成教育合力，从而实现立德树人教育效应的最大化。

（二）全过程育人

立德树人工作不是一蹴而就完成的，也不是单一学段的教育任务或只通过课堂教学就能实现的，而是一项系统工程。对于各级各类教育来说，学科体系、教材体系、教学体系、评价体系、管理体系以及教师的"教"和学生的"学"都要围绕立德树人来进行。因此，全过程育人不仅要求立德树人要贯穿学生成长的全过程，也要求课程体系、教学体系、教材体系、评价体系、管理体系协同发挥育人作用。教材是课程内容的主要载体，课程是实现育人目标的重要基础，教学是实现育人目标的重要手段，评价是实现育人目标的重要导向，管理是实现育人目标的重要保障。立德树人要渗透到各级各类教育教学工作的各方面和全过程，构建具有中国特色的人才培养体系，完善综合协调的体制机制，全面深化课程改革，推进育人方式变革，营造体现时代特征的立德树人新格局，这既是对教育教学规律和学生成长规律的遵循，也是新时代推进立德树人工作的重要途径。

（三）全方位育人

课程、文化、实践、管理、网络及自我等都是立德树人的有效路径，只有将其有机结合，才能增强立德树人的整体效应。具体来说，课程育人是立德树人的重要途径，是学校教育教学活动的基础，直接影响人才培养的质量。文化育人在立德树人工作中表现出非显性、渗透性的特点，但对学生思想观念的形成和行为方式的养成具有显著的影响，对增强立德树人的实效性具有重要作用。实践育人是立德树人的基本途径，立德树人既要有严谨的课堂理论教育，又要有生动活泼的社会实践，社会实践承担重要的育人育德功能，不仅可以促进知识的学习和掌握，也有利于学生的全面发展。同时，立德树人需要相应的管理措施来配合和保障，学校管理的最终目的还是育人，构建各级各类教育一体化育人管理新格局，推动不同学段德育工作管理方式的协同，加强德育环境构建与管理，能为立德树人提供更多的支持和保障。此外，新时代以互联网络和移动智能终端为主体的虚拟空间已成为青少年生活学习的重要组成部分，因此建立健康的网络空间，培育安全健康有序的网络文化，构筑"网络育人长城"，是新时期立德树人工作的新要求。最后，立德树人工作的实效性需要学生变"要我立德成才"为"我要立德成才"，自我育人的发挥是立德树人工作成败的重要条件，充分调动和尊重学生自我教育的积极性，有助于学生成长成才。

时代发展要求立德树人工作必须适应新形势的要求。立德树人是一项系统工程，是学校、家庭、社会和个人共同承担的重大任务，需要凝聚各种教育力量形成强大的教育合力；建立德智体美劳全面培养的教育体系，把立德树人融入教育教学的全过程，促使课程、教材、教学、管理、文化等一切育人途径有机结合，全面营造立德树人新格局。立德树人的"三全"统筹模式中的各要素相互作用，形成多维立体的关系，相互影响、彼此贯通，构成立德树人工作推进的现实要求。

第四章　立德树人视阈下的高校德育工作

第一节　立德树人视阈下高校德育工作及其量化

一、立德树人与高校德育工作之间的关系

首先，立德是高校德育的根本。在古代，人们倡导的是仁、义、礼、智、信，到了现代，人们倡导社会主义核心价值观，这些都体现了立德的重要性。

高校应该注重德育教育，即用社会主义核心价值观对高校学生进行思想政治教育，让学生了解其意义和价值，树立正确的价值观，加强自己的道德修养，提高政治觉悟，这是高校德育工作的根本。

其次，树人是高校德育的核心。教育者要始终把德育和树人作为教学的根本任务，促进学生全面发展，提升学生的思想道德素质，让学生成为具有综合素质的人才；让学生具有正确的价值观，有自己的独立意识，让学生树立正确的价值观，成为对社会有用的人。

二、我国高校德育教育的改革措施

（一）坚持"以学生为中心"

高校要进行德育教育，首先，应明确德育教育在教育工作中的重要地位。在进行德育教育的过程中，要针对不同的学生制订不同的教学方法，不能仅以一种教学方法进行德育教育。要坚持"以学生为中心"，培养学生的自主性。其次，高校应确定统一的德育教育目标，并根据不同的学生设置不同的路线，最终实现德育效果，使学生不论在德育方面

还是文化方面，都可以很好地适应社会，并且实现个人价值。

（二）与时代齐头并进

社会在进步，高校的教育也要随之进步，不管哪个领域，都要不断创新才能有坚持下去的动力。教育一定要有前瞻性，能够服务于学生，并且能为社会培养优质的人才。同时，要有专业和高素质的教师，要大力培养教育界人才，有更为严格的选择标准，才能推动教育事业的发展。

（三）建设一支德育师资力量强大的团队

想要实现高校德育工作的优化和改革，教师作为主要引导者，必须肩负起相应的责任和义务，为学生的思想道德、价值观念的形成等进行正确、积极的引导。首先，高校要注重对教师团队的定时培训，提升教师的专业能力和综合素养，比如，定期组织培训会和教师交流会等，将一些先进的教学理念渗透给教师，促使教师的思维跟上时代的发展变化。其次，教师自身也要加强学习，通过各种途径来提升自身的文化素养，审视自己在德育教育方面的不足，根据现实情况不断创新教学模式，提高德育教育的质量，促进学生道德素养的提升。最后，教师要多了解学生，坚持"立德树人"的教学理念，与学生建立亦师亦友的新型师生关系，倾听学生的心声，帮助学生解决问题。

三、立德树人视阈下高校德育工作的量化

（一）提高高校德育工作者的素质和能力

1. 努力提高个人德育素养

高校德育工作者作为立德树人的执行者，应该加强德育理念的学习和研究，坚定德育为先的工作思路。德育工作的量化标准需要德育工作者在深入了解德育内涵的基础上制定与执行，量化的最根本目的就是通过考核督促大学生了解德育的内容并付诸行动，进而形成内在德育意识。高校德育工作者应该积极引导大学生在专业学习、校园文化、社会

实践、自我管理等方面与社会主义核心价值观相结合，把实现中华民族伟大复兴的中国梦作为奋斗目标，坚定为社会主义事业贡献力量的决心。

2. 树立正确的德育观

高校德育工作者要树立"立德树人"的理念，以"四个引路人"思想为指引，锤炼学生品格、教授学生知识、创新学生思维、教导学生奉献国家。认真做到德育与智育相结合，关注学生的切身利益和思想动态，从我做起、从小事做起、从现在做起。努力实现国家中长期教育改革和发展规划纲要的要求，坚持全面发展，全面加强和改进德育、智育、体育、美育，坚持文化知识学习与思想品德修养的统一、理论学习与社会实践的统一、全面发展与个性发展的统一。

（二）德育工作量化要以人为本，共性与个性相统一

1. 坚持以人为本，从学生的实际出发

大学生作为独立的个体在生理上趋向成熟，但在心理方面仍不完善，高校德育工作要充分尊重学生的主体地位和需求，引导学生提高德育认知能力，坚持德育、智育、体育、美育、劳育"五育"结合，培养具备综合素质的新时代大学生。

2. 注重个性化引导

由于性格、价值观、家庭环境、成长环境等的不同，大学生之间存在差异，德育工作的开展应该在充分了解个体差异的基础上进行，需要深入关注个体的学习、生活、思想特点，采取有针对性的考核手段，以满足学生的个性化需求。同时将社会教育资源与教学资源相结合，让学生在社会实践中增强道德意识和实践能力，做到知行合一。

3. 加强沟通反馈

高校要改变传统的强迫学生学习的思想，形成集讲座、社会实践、志愿活动、各类竞赛等于一体的考核方案，引导学生主动学习和思考，激发学生的学习兴趣和探索、创新精神。让学生在参与活动和沟通交流中产生危机意识和竞争意识，校内校外相结合，增强学生的历史使命感和责任感。

第二节　立德树人视阈下高校德育教育体系的构建

高校德育工作应该以立德树人为指导思想，遵循教育规律，结合当代大学生的发展特点，重新构建德育课程体系，培养全面发展的社会主义建设者和接班人。当前，我国高校德育课程体系存在一些问题，针对这些问题构建新的、合理的德育课程体系对提高德育工作的实效性和落实立德树人根本任务具有重要意义。

一、基于立德树人的高校德育课程体系建构

立德，即立社会主义之德，引导当代大学生认真践行社会主义核心价值观。要想落实立德树人这一根本任务，必须大力改革高校德育课程，构建合理的德育课程体系。当前，各高校普遍存在着忽视隐性德育课程和活动性德育课程的现象，缺少隐性德育课程和活动性德育课程的补充，学科性德育课程的效果也不理想。因此，大力开发利用高校隐性德育课程资源与活动性德育课程资源，构建三种德育课程有机结合的高校德育课程体系，成为切实提高大学生整体道德素质的关键。

（一）积极推进学科性德育课程改革

学科性德育课程是一种传统的德育课程形式，是系统地向学生传授德育知识、道德观念，进行道德规范教育的主要途径。教师根据学科教学纲领，带领学生掌握思想、政治以及道德的系统知识，着力培养学生的价值观、人生观和道德品质。针对当前高校学科性德育课程实效性不强的情况，必须采取有力措施，改革学科性德育课程。

一方面，高校要改革学科性德育课程内容，加强与学生实际的联系。学科性德育课程内容改革要面向两个实际：一是要面向现实社会生活实际，让当代大学生客观了解现实社会生活状况，这是德育理论课程的现实基础；二是要面向当代大学生的思想实际，大学生是德育课程的授课对象，他们的主流思想状况是健康向上、积极进取的，但由于受到一些负面影响，一些大学生存在政治信仰迷茫、价值取向扭曲、社会责

任感缺乏、艰苦奋斗精神淡化等问题。德育理论课程改革必须以教育规律和大学生的身心发展特点为依据，通过各种教学方法，引导学生提高自己的思想道德素质，增强自身社会责任感，培养吃苦耐劳的品质。同时，德育理论应与各专业实践更好地联系起来，各专业开设的学科性德育课程应该体现出专业特色。

另一方面，高校要创新德育方法，提高德育工作的实效性。德育方法不当，可能会严重阻碍了德育内容的展现和学生道德素质的内化，导致德育效果欠佳。新时代的高校德育必须采取创新、多元的德育方法，提高德育工作的实效性。

现代科技的迅猛发展给高校德育工作带来新的挑战：一方面，现代通信设备的广泛使用，使教育者和教育对象之间就获取信息而言已不存在数量和时间的差异。这就要求德育工作不能把教育对象当作消极接受的客体，而应该将其看作一个能动的主体；另一方面，科技的发展为创新高校德育工作方法提供了物质条件和基础。高校应通过创新德育方法，改善当代大学生的理想信仰的缺失等诸多问题。

（二）大力开发和利用隐性德育课程资源

隐性课程又称"潜在课程"，它是蕴藏在学校内部环境（如建筑景观、师德校风、人文环境等）之中的教育因素，是教育者为了实现德育目标，有组织、有计划地在学校范围内以各种方式使受教育者获得道德情感方面经验的课程。隐性德育课程可以通过调节学生的心理活动，潜移默化地培养学生的道德品质。因此，要想提高德育工作的实效性，除了改革学科性德育课程外，还要着力开发隐性德育课程。

1. 提高教师自身的道德水平

和谐的人际关系是隐性德育课程的关键。和谐的师生关系有助于教师更好地感染学生，帮助学生形成良好的道德品质。教师群体是学校里的主导群体，育人的前提是做人，教师在学生面前起着道德榜样与"活教材"的作用，教师自身的一言一行都会无意识地影响着学生。因此，教师必须以身作则，对自己坚持高标准、严要求，成为学生的良好道德榜样。

2．加强校园精神文化和规章制度的建设

以校园精神文化内容为主要特征的隐性德育资源，主要是指校风、学风、教风、班级氛围等。校园的精神文化既富有知识性，又具有思想性；既可以丰富师生的精神文化世界，又是高校建设隐性德育课程的重要载体。因此，高校要切实加强校园的精神文化建设。

以校园规章制度形态为主要内容的隐性德育资源，主要指的是学校各种组织的各项规章制度，它会以有意或无意的方式对学生产生德育影响，严格而又合理的规章制度是学生养成良好行为习惯的重要条件。学校领导应该不断完善各项规章制度，争取以合理的规章制度引导学生养成良好的道德行为习惯。

（三）开展活动性德育课程

活动课程又称"经验课程"，实施活动性德育课程是以开展各种具有教育意义的活动为主，来达到促使学生进行道德实践的目的。这种德育课程最大的特点是实践性，它的功能在于让学生进行道德实践，亲身积累道德经验，培养学生的道德品行，达到道德、行为、观念知行合一。道德教育的最终目的不只是让学生掌握有关的道德知识，还包括形成相应的道德认知并认真践行道德规范。只有理论与实践相结合，才能增强高校德育工作的实效性，提升学生的道德素质。

1．活动性德育课程应当遵循主体性原则

主体性原则是指在活动实施前、活动实施中都由参与者自主自愿参与，在活动中能切身体会活动所要表达的意义和经验。在学校开设活动性德育课程时，德育效果取决于学生主体性的发挥程度，因此，开设的活动性德育课程应该满足学生的实际需要和兴趣，让学生发挥自己的主体作用，积极对待和参与此类具有教育意义的活动课程并能有所体会，这样才能真正影响到学生的道德认识与道德实践。

2．活动性德育课程应与其他课程相配合

活动性德育课程的开展，一是要与学科性德育课程、隐性德育课程相结合，三门德育课程在德育过程中各有所长，要想取得更好的德育效果，就必须使活动性德育课程与另外两种德育课程相互配合，形成相互

支持的互补关系；二是要与其他各学科的课程相互配合，更好地挖掘学科的德育内涵，体现学科教学的育人价值。

二、构建立德树人理念下高校德育体系的实现途径

（一）把立德树人理念放在高校德育工作的中心环节

1. 坚持"教育为本，德育为先"的理念

首先高校在思想观念上要重视德育。现在的高校大学生之所以对思想政治课不重视，除了自身人生观、价值观并不成熟之外，有些高校对德育本身也不够重视，因此，坚持"教育为本，德育为先"的理念是十分必要的。

高校可以创新一些德育的形式，丰富其内容，增加和学生的互动，如在辅导员的帮助下开展情景式道德小品比赛、青年学生思想道德知识竞赛、社会热点事件辩论赛等，通过丰富德育的形式，更好地发挥立德树人理念在高校德育工作中的作用，培养具有社会责任感、创新精神和实践能力的新一代青年，为落实立德树人的根本任务打下坚实的基础。

2. 坚持"全面育人"的理念

在高校德育体系的构建中我们要坚持整体性原则，高校德育体系的构建是一个复杂的过程，要实现立德树人的根本任务，仅仅依靠高校育人是远远不够的。因此，结合整体性原则，同时发扬"全面育人"原则，也就是将影响大学生德行形成的相关的社会环境、家庭环境、个人因素等纳入高校德育体系中，只有以全局化的高度和眼光去把握，才能真正实现高校德育体系构建的长效性。

思想政治教师应该进行分层管理、分层教学。高校德育建设只有在"全面育人"理念的指导下进行，才能使德育建设在计划、监督、协调各个方面发挥最大优势，为高校德育体系构建创造多层次、更细化的教育环境。

（二）促进高校德育体系多元化路径发展

1. 高校德育应建立健全保障机制

在高校德育体系的构建中，学生虽然是德育的主体，但是实施者即高校德育的中坚力量，如思想政治教师、心理健康教师、辅导员、学工处行政人员等也在高校德育体系构建中发挥着十分重要的作用。近年来，高校工资福利待遇偏低、科研经费不足、思想政治体系不受重视等现象存在，对高校德育的实施者有着很大的冲击，也影响着整个高校德育体系的构建及思想政治教育团队的凝聚力。因此，为他们建立更为健全的保障机制是十分重要的，增加思想政治教师的科研机会，提高其福利待遇，也可以提高高校德育体系的稳定性。

2. 高校德育应建立科学的考评机制

在高校德育体系的考评机制建设中，可以把激励机制和纠错机制相结合，细化和丰富考核方式，以提高高校德育工作者的积极性为出发点，使高校德育工作者和学生之间实现良性互动和良性循环。科学的考评机制包括对德育工作者本职工作的考核，也包括对德育工作者自身的道德水平的考核；可以采取奖励机制，也可以采取纠错惩罚机制。

在新媒体时代，高校应完善德育相关网站，利用数字媒体与学生互动，拉近德育与学生之间的心理距离，引导学生去学习和接受德育知识。教师也可以在课后举办一些与思想道德有关的热点事件的辩论赛，让学生自己表达观点后再进行德育教育，丰富德育的形式；教师也可以定期组织学生举办一些心理健康小品观赏或道德教育情景剧表演，让学生在准备、表演、互动中真正感悟社会正能量，践行社会主义核心价值观。

三、构建德智体美劳全面培养教育体系

（一）思想政治课获得感

1. 思政理论课获得感的理论探究

获得感表示获取某种利益之后所产生的满足感和幸福感。思想政治教育中的获得感大概就是通过获取知识后得到的满足感或者通过教授别人知识获得的成就感的总称。大学生在思想政治理论课上的学习，不仅可以使学生形成正确的思想行为，还可以使学生在参与教育活动中感受到思考后的轻松愉悦、收获到精神思想层面的满足感、增强价值观念的获得感。因此，大学生的思想政治教育获得感要求教育工作者要与时俱进，创造性地展开工作，通过教育者的辛勤工作从而达到学生由被动听讲变为学生主动听讲，使学生真正学习到思想政治课的精神内涵，把学习变成一种追求乐趣的过程。由此可见，增强大学生思想政治课的获得感，具有提升学生发展自信心，增强学习主动性，完善思想政治教育的功能。

2. 思想政治课获得感的时代要求

增强大学生思想政治课的获得感，是提高人才培养质量的必然要求，也是一个各有关方面合力推进的过程；是贯彻落实思想政治工作"培养什么样的人""如何培养人"以及"为谁培养人"这个根本问题的必然要求；更是提升大学生主流价值观认可度的重要手段。

(二) 获得感在高校思想政治教育中的重要作用

1. 体现"立德树人"的中心环节

理想信念是广大学生立德树人、树立远大共产主义理想和社会主义信念根本任务的关键环节。坚持"立德树人"，有助于坚定大学生的"政治灵魂"，补足大学生的"精神之钙"。把增强大学生思想政治课"获得感"作为自身的价值追求和评价标准，有助于将思想政治课打造成为大学生真心喜爱的课程。

2. 完善思想政治理论课的课程内容

思想政治课的课程设置对学生从思想政治课中得到的获得感有直接影响。学生在每个时期的生活习惯、身心特征和行为模式都有其不同时段的特点。这就要求我们教育工作者要能做到对不同年龄段的不同学生思想上动态进程具体问题具体分析，切实了解学生的需求和想法，采取有针对性、有计划地设置教学内容，做到因材施教。并且要根据学生的思想实际对教材进行深入的分析研究，以增补或变换教育内容，增强教育的针对性和实效性。

（三）"德、智、体、美、劳"五育并举，提高大学生思想政治课获得感

在"德、智、体、美、劳"五育教育中提升学生思想政治课获得感。德、智、体、美、劳，五者之间相互渗透、相辅相成，是统一的有机整体。为此，加强对思想政治教育获得感培育中，要多维度把握，全方位参与，多层次推进。

1. 突出德育实效，力求知行合一

育人之本，在于立德铸魂。德育是培养学生形成正确的人生观、价值观，培养学生具有良好的道德品质和正确的政治观念，培养学生形成正确的思想方法的教育。加强新时代大学生德育建设是一项长期而紧迫、艰巨而复杂的任务，德育建设需要有"德"的人推进，理想信念的筑牢需要"让有信仰的人来讲信仰"。新时代大学生德育建设归根结底还是怎样培养人的问题，是怎样筑牢理想信念的问题。

（1）道德

加强学生道德教育，培育学生道德认知。大学生要广泛学习宣传道德模范的先进事迹，弘扬道德模范的高尚情操；教育者应鼓励和引导大学生积极参与道德实践活动，诸如："学雷锋活动""做一个有道德的人"等，促进大学生道德水平的提高。

（2）品德

开展家国情怀教育，提升学生品德修养。大学生要把个人追求与社会目标统一起来，把个人命运与国家命运联系在一起，才能有胸怀祖国，报效人民的情怀，才能有努力学习的主动性和积极性。作为教师，在思想政治教育中，应采用正能量的典型事例和新颖的教育方式对大学生加强品德建设，不断拓宽品德教育的途径和方法，全面提高大学生的品德修养。

（3）美德

弘扬中华传统美德，厉行勤俭节约之风。中华民族传统美德，是我们民族的精神支柱和精神纽带。大学生作为实现中华民族伟大复兴中国梦的主力军，对其进行美德教育是极其必要的。

高校应丰富校园文化，营造良好的美德教育氛围。通过在学校宣传栏设立"弘扬传统美德"专栏、张贴"践行中华美德"的标语、举办"讲美德故事"的系列活动等，让学生在校园的每个角落都能感受到美德教育；高校的思想政治理论课是当代大学生培育中华传统美德的主阵地，课堂施教是进行美德培育的有效方式之一。

2．突出智育理念，力求提升能力

智育，就是对人思考问题的培养，通过学习知识，使人具有独立思考问题和解决问题的能力。真正意义上的智育会有效指引大学生去认识社会的复杂性和丰富性。在学生的全面发展中，智育占有十分重要的地位，学好专业知识是学生的一个重要目的，也是学好思想政治理论的一个条件。如果没有正确的政治方向，缺乏明确的社会责任感，就不会有正确的学习动机和动力。

（1）思想政治课教学中学生自主学习能力的培养

"知识就是力量"。学习能力是指学生学习的技巧，能体现学生的整体素质，也是激发教师创新能力的关键，更是提高沟通协调能力的内在要求。新时代，我们唯有不断学习理论、政策和各种业务知识，不断更新知识结构，才能与时俱进，跟上时代的步伐。

在思想政治课教学中，教师不能成为课本的奴隶。教师要打破传统"书本中心"的封闭性教学模式，要从学生的兴趣出发去设计教学过程，引导学生积极主动地参与到学习过程中去进行自主学习活动；在思想政治课教学中，教师不能成为学生的敌人，要成为学生的朋友。教育名著《学记》中讲到"亲其师才能信其道，信其道才愿受其教"。所以，教师要和学生建立和谐融洽的师生关系，真正做到尊重学生、爱护学生，才能更好地培育学生的自主学习能力。

（2）思想政治课教学中学生沟通交流能力的培养

即使有丰富的专业知识储备，但是在教学工作中无法与同学们进行准确、及时的传授，也难以达到预期工作效果。作为思想政治课教师，要把培养教育者与学生交往意识作为一项重要工作来抓，并贯穿于思想政治课始终，才能提高学生的学习知识的能力。

第一，让学生学会"说"。以"学生为中心"的教育理念得到了越来越多的重视，只有让学生真正参与到教学过程中，让学生自己去感知，才能内化为自己的认知。沟通两字看似简单，实则一门学问。学生在交流信息之前，必须经过自己理解，将这些零乱的信息经过大脑的有序重组后，把收集和整理好的信息准确地说出，这样才能更好地拥有思想政治课"获得感"。第二，让学生学会"听"。教师不仅要让学生做到心静，更要使学生能听得进、记得清、领悟透。思想政治课教学中，教师可以采取以"评"促"听"的方式，使学生养成倾听的习惯。当然，在教学过程中，学生之间的评价也能达到提高大学生思想政治课"获得感"的效果。

（3）思想政治课教学中学生自我调压能力的培养

很多人会因为在生活中受到打击而放弃自己，所以大学生在学校学习时压力很小，但毕业或当面对生活工作，可能压力很大，这个时候就需要学生具有很好的自我调节能力。在思想政治课中，教师不仅要关注学生的学习状况，更要关注学生情感、态度和行为方式，及时与之交流和讨论，帮助学生学习自我调节或自我减压的方式，从学生不同层面进行分析，不断提高学生自我调节的能力和水平。

3. 突出体育锻炼，增强身体素质

体育是发展学生的体力，增强学生的体质，培养学生的意志力的教育。在新形势背景下，要将"课程思政"理念融入体育课程，进而进行体育教学活动。一堂好的体育课可以提高学生身体素质和人体基本活动能力，使大学生掌握体育的基本知识、技术和技能，还能提高自我锻炼的能力，养成锻炼身体的习惯。

体育课具有一定的心理素质教育功能，具体表现为体育课能促进学生自信心和抗挫能力的提高，相互帮助和合作意识的增强等。例如，打太极拳可以令人顿感轻快、压力尽消、情绪稳定。太极拳的学习可以让大学生明白遇事不能着急，要学会放松内心，用冷静的心态和思维去解决生活中遇到的困难和挑战；篮球课能让学生们身体内充满能量和活力，把学习生活中积累的负面情绪发泄出来，还能把他们培养成有组织、有纪律、勇敢顽强的时代新人。在强化大学生体育工作过程中，要发挥课堂教学的主体作用，把思想政治教育渗透融合到体育课堂中，更好地满足当代大学生的需求，从而增强获得感。

4. 力求美育熏陶，创新美育教育形式

美育是美学教育，又称审美教育。美育是提升学生的审美观，增强学生欣赏美、创造美的能力，培养学生高尚情操和文明素质的情感教育。美育对于人的健康成长和全面发展具有重要意义。我们要将艺术教育作为大学生素质教育的重要组成部分，坚持"以学生为中心"，科学素养和艺术情怀相结合，培养高素质拔尖创新人才，形成艺术教育第一课堂和第二课堂有机结合，增强大学生思想政治课获得感。创新美育教育形式，一是充分用好校园环境，从视觉形象入手，打造具有艺术文化味道的校园环境助力美育教育在潜移默化中推行。二是通过美育主要课程，培养学生的审美能力、道德意识和审美情趣。以包括音乐、美术等传统文化教育学科，引导学生通过欣赏美术作品去理解艺术的价值，以旋律、节奏、和声等音乐要素去塑造美的形象，体会艺术文化的精髓。三是借助其他学科加强渗透，实现深度的融合。我们也可以语文、哲学等学科渗透文化艺术，通过文化艺术渗透到美育教育当中，为培养其完美人格和高尚情操打下坚实的基础。

5. 力求劳动教育，提升实际操作能力

思想政治课教师要紧紧围绕学生、服务学生，聚焦其所思、所想、

所盼、所求，采取多种教育形式，不断提高大学生的实际操作能力，使他们在实际操作劳动中最大限度地增强学生的获得感。

思想政治课教师要深入学习和研究劳育思政，坚持劳育思政和劳动教育协同育人。在课程内容上，思想政治课教师要将课程内容与劳动教育有机结合起来，增强劳育思政的感染力。在生活中，教师要言传身教，为学生做好表率，成为塑造学生劳动品质的"引路人"；积极号召大学生投身劳动周的实践活动，可以帮助学生们树立劳动观念，更能增强他们的劳动意识和团结协作精神。

第三节　立德树人视阈下高校德育功能的拓展

一、立德树人视阈下高校思想政治理论课的德育功能

高校思想政治理论课是促进学生树立正确世界观、人生观和价值观的基础课程，它关乎社会主义人才培养的质量，关乎党和国家事业的未来发展，因此，高校中实现思想政治理论课教学与德育工作融为一体是至关重要的。

（一）立德树人在高校思想政治理论课中的地位

首先，立德树人是高校思想政治理论课教学的根本任务，这既是对优秀教育思想的传承，又是对党的教育理念的升华。其次，立德树人是以人为本理念在高校思想政治理论课中的充分体现。高校思想政治理论课的德育功能日益显著，有助于高校学生展现出自信、自强的良好品格。最后，立德树人是高校思想政治理论课的根本要求。《中华人民共和国教育法》规定："教育应当坚持立德树人，对受教育者加强社会主义核心价值观教育，增强受教育者的社会责任感、创新精神和实践能力。"可见，立德树人是教育的根本要求，是学生形成社会主义核心价值观的基础。

（二）提升我国高校思想政治理论课德育功能的对策

思想政治理论课教学与德育教育应该是融为一体的。立德树人是高校立身之本，高校思想政治理论课应树立育人为本、德育为先的教育理念。具体对策如下：

第一，高校思想政治理论课教师是高校德育工作的一线指导者，思想政治理论课教师应将德育放在培养人才的第一位。践行立德树人需要高校思想政治理论课教师与时俱进，树立"德"的标杆，确立"德"的根基，切实提高内在品质，以身作则、身体力行，把学科知识和德育教育有机结合，使德育贯穿整个思想政治理论课教学过程。

第二，教师要不断充实思想政治理论课教学内容，努力改进教学方法，突出与时俱进这一特点，将课堂教学与实践环节融合到一起。例如，教师可以充分利用我国改革开放取得的伟大成就活动材料引导学生，加强德育在思想政治理论课中的作用，体现高校思想政治理论课的创新性和时代性。

第三，高校思想政治理论课要坚持改进和加强。全国高校思想政治工作会议提出了思想政治理论课的建设原则和方向，其原则是改进，目的是加强，并以实现立德树人为根本任务。

二、立德树人视阈下高校资助育人体系的德育功能

近些年，高校资助育人成了教育界的热点话题。在高校扩招的背景下，大学生数量不断增加，困难学生人数也随之增多，他们是高校中不可忽视的群体。高校要顺应"立德树人、科教兴国"的理念和方针，就应该全面深入开展高校资助育人工作，发挥德育的功能。

（一）当前高校资助育人的概况

在高校学生管理中，学生资助工作始终是管理的重点，不但能够帮助困难学生完成学业，而且可以培养出业务水平高、专业能力强的优质毕业生。在具体开展高校资助育人工作中，需要准时发放资助金、精准

评定资助的对象，对学校各方面的育人主体都要有所涉及。高校资助育人要在立德树人的基础上发挥出应有的德育功能。

（二）基于立德树人的高校资助育人的德育功能

1. 高校资助育人的德育功能

（1）调控功能

在高校资助育人这一工作体系中，德育的调控功能指的是德育价值取向会影响资助工作的总体目标，体现在具体资助工作中就是德育工作和高校资助育人的充分结合。高校需要改变原有的纯粹资助思想，不可以将资助学生的工作当成一项事务性工作，借助高校资助育人所具备的调控功能，可以增强德育形式和德育内容的针对性，提升高校资助育人的效果，从而使立德树人目标最大化、最优化实现。

（2）激励功能

德育的激励功能指的是给予困难学生精神上的鼓励。如果学生具有良好的精神状态，乐观、积极地学习和生活，就会勇于面对各种生活中的挫折和苦难，对生活充满信心；相反的，如果没有良好的精神状态，学生遇到挫折和困难以后便会产生消极认知。从实际情况看，高校资助育人既要在物质上给予学生帮助，又要组织开展心理援助、精神关注等一系列实践活动，从而利用优质的教育资源进行高质量育人工作，促进大学生全面发展与健康成长，促进教育公平。制定高校资助育人的工作体系、政策、制度时，必须对困难学生的内在需求进行全面考虑，充分关注学生的内心世界，将学生内在的积极动力有效激发出来，让学生敢于面对生活、学习中的各种问题和挫折，对未来有所期待。

（3）评价功能

德育的评价功能指的是我国的资助监督管理部门在考核高校资助育人工作时，需要把德育效果、立德树人成果当成该工作成效评价的重要标准，要求高校不但要始终遵循与贯彻我国制定的每一项资助学生的政策，让困难学生顺利完成学业得到保障，而且需要对接受资助的学生的心理状况、思想品德有动态、实时的关注。如果学生在接受国家的资助以后，表现出积极、乐观、向上的精神状态和面貌，那么高校资助育人的效果为良好；如果学生出现消极的反应，那么高校资助育人工作可能仍存在不足，可能偏离了该工作的出发点。

2. 提升高校资助育人德育功能的有效途径

（1）资助育人方法融合立德树人理念

目前，高校资助育人这项工作一般是辅导员、学生干部来进行的，采用的资助育人方法决定着立德树人的最终效果，必须根据困难学生自身特点与资助育人内在规律有序开展，对原有资助育人方法加以优化和改善。为此，教育困难学生的过程中，不但要向困难学生传递来自学校、社会、国家的帮助与关心，而且要给予困难学生心理上的安慰，减少他们的心理落差，将困难学生的上进心和感恩心理有效激发出来。

同时，高校资助育人中为了实现立德树人的渗透，需要充分结合典型事例，将榜样具有的正能量发挥出来，挖掘育人工作中的模范典型，从积极努力、无私奉献、感恩回报、真诚待人等不同角度树立和挖掘困难学生的学习、生活榜样。高校应该在立德树人的基础上对资助育人方法进行创新，充分利用信息时代的各种网络平台，使高校资助育人工作更加贴近困难学生的生活。

（2）资助管理机制渗透立德树人理念

进行高校资助育人工作时，要贯彻和落实立德树人这一根本任务，建立高校资助育人的制度。

首先，应该以服务为导向建立资助育人评审制度。评审工作是对困难学生开展资助管理的重要工作内容，高校应该综合学生的基本诉求，对原有制度进行健全，做好心理指导、建议征求、申报辅导等高校资助育人的配套工作。

其次，应该将问题当作导向，建立推广教育制度。对现阶段高校资助育人中出现的缺陷与不足，可借助评审申报流程的规范加以解决，针对学生人际关系不好、政策了解不深入、思想觉悟低等问题，应借助广泛的宣传、推广教育来解决。在高校资助育人工作中，要完善推广教育制度，大力宣传资助育人政策，进行正向的引导。

最后，应该把效果当作导向，建立评价考核制度。进行高校资助育人的各项工作时，要想把立德树人应有的作用全面发挥出来，就要健全原有的评价工作制度，有效建立起与资助育人制度、资助管理制度相结合的评价制度。由此能够看出，规范高校资助育人管理能够保证工作的正确实施，并且高校资助育人水平的提升也是提高管理工作质量的重要前提，必须通过行之有效的评价考核机制将二者有机结合。

（3）资助育人体系保障立德树人渗透

高校资助育人工作必须与立德树人理念有机结合，提供多种服务保障与管理保障。只有提供全方位资助服务，高效完成困难学生的资助办理工作，才可以使困难学生真正受益，从而贯彻和落实立德树人理念。从资助育人的保障制度角度来看，可以发现这项管理工作具有一定的政策性、系统性与复杂性，而且持续时间长、覆盖面广；而原有的资助育人形式逐渐不能符合现阶段高校资助育人的需求。因此，需要进一步完善高校资助育人的保障机制，与资助育人作用相结合，使具体工作流程得到简化，交叉工作的强度降低，这样一来，既能提高困难学生的满意度，也可以减轻工作人员的资助管理负担，将更多时间和精力投入立德树人工作。

相关人员应该对当前高校资助育人的概况有一个全面了解，认识到高校资助育人具有的调控、激励、导向、评价等德育功能，通过资助育人方法融合立德树人理念、资助管理机制渗透立德树人理念、资助育人体系保障立德树人渗透等途径提升高校资助育人的德育功能，从而在立德树人的背景下促进困难学生的综合、全面发展。

三、立德树人视阈下高校社团的德育功能

（一）高校社团的德育功能

社团在大学生活中不可或缺，作为承载德育功能的一个有效载体，高校社团能够吸引大学生广泛参与。高校应该重视发挥社团的德育功

能，坚持围绕"育人为本、以德为先"的理念开展社团活动，有效地提高大学生的道德修养，改善高校德育工作的效果。

1. 培育和践行社会主义核心价值观

大学生的价值观还没有完全成型，"拜金主义"和"物质主义"的价值观念对大学生影响较大，同时，网络的迅速发展使大学生的价值观更容易受到外界信息的影响，在这种情况下，高校不仅要注重理论知识的传授，也要注重大学生价值观的养成。

高校社团作为第二课堂，是思想政治教育的重要渠道，与略显枯燥的第一课堂相比，社团活动生动的形式和丰富的内容对大学生有更强的吸引力。在参与社团活动的过程中，大学生不知不觉地受到感染，其社会主义核心价值观也更容易受到培育。

2. 增强集体意识和团队协作精神

任何人都不能脱离社会独立存在，人的本质特征就是社会性。但在互联网大时代的背景下，大学生之间面对面的交流越来越少，其中有一部分学生以自我为中心，出现"人际交往障碍症"甚至自闭倾向。高校社团把志趣相投的个体凝聚在一起，给大学生之间的交流架起了一座桥梁。这样一来，大学生开始从自己的小世界走出来，融入学校社团这个集体中，与其他同学交流、互动。在社团活动过程中，社团成员会逐渐意识到自己的不足，认识到团结的重要性。

3. 进行心理调适和发展健全人格

如今的大学生处于宽松的时代环境，涉世不深，抗挫折能力较差。在大学生活中，学生不仅面临着学业的压力，也面临着人际关系和就业等方面的压力，不少大学生出现了不同程度的心理问题。近几年，大学生的心理健康问题开始引起社会的关注，有效地开展大学生心理健康教育变得刻不容缓。然而，促进大学生全面发展只依靠第一课堂很难实现，高校社团作为第一课堂的延伸，其丰富多彩的形式和内容可以使大学生在展现自我价值的同时有效缓解压力并克服不良情绪，在社团活动中，社团与社团之间、社团中各成员之间的沟通和互动对心理调适也非常必要。

（二）有效发挥高校社团德育功能的主要途径

1．以立德树人为宗旨，充分挖掘社团的德育资源

社团在发展的过程中不仅要发挥愉悦身心的功能，更要努力提高活动的质量，发挥社团的德育功能。对不同性质的社团来说，开展活动时社团应该找准自己的定位，紧密围绕社团成立的宗旨和目标来弘扬社会主义核心价值观，发挥育人功能。例如，文艺类社团在活动内容上可以多选择红歌和民族舞等，展现优秀的传统文化；学术类社团可以举办思想政治教育方面的知识竞赛；公益类社团可以注重开发更多可参与的公益项目等吸引大学生的加入。

此外，社团活动应该力求以新颖的形式来培养大学生的兴趣，提高大学生的活动参与度。高校应该鼓励社团之间、社团内部的部门之间进行比赛和合作，在提高社团成员活动积极性的同时，使社团之间得到更多的交流。

2．加强社团骨干培训，确保社团德育功能的持续性发挥

社团德育功能的持续性发挥，在很大程度上受到社团骨干素质的影响。如果社团骨干作风正派、能力较强，社团的发展就较好，社团德育功能的持续性发挥也能得到保证。因此，高校要重视社团学生骨干的培养工作，制定一套完整的培训机制来解决社团管理者素质参差不齐的问题。

首先，要深入了解社团骨干，对社团骨干从德、能、勤、绩、廉各方面进行全方位考核；其次，从社团管理特别是组织管理和文化传承等具体方面对社团骨干和社团的预备骨干进行专业的集中培训，定期进行考核，为社团的预备骨干更好地接续社团工作奠定基础；最后，多组织一些以社团管理为主题的讲座，让社团的预备骨干从一些成功的社团身上学习社团的管理方法。

3．健全机制和加强管理，保障社团德育功能的有效发挥

高校在注重学生学习成绩的同时，也要加强对社团这个第二课堂的重视。

第一，高校要提高对社团活动的重视程度，将社团的发展有机融入"三全育人"的思想政治大格局中。鼓励社团建立社会实践基地，扩大社团的辐射范围，提高社团的知名度和影响力，从而获得更多的社会支持。

第二，高校要鼓励教师积极地参与社团建设，引导社团开展有意义的活动。校团委应该针对不同的社团类别，有针对性地选任不同的专业教师和研究生指导社团的建设和管理工作，以保证社团管理的方向。比如，文艺类社团可以配置艺术专业的教师进行指导，学术类社团可以让理论知识较为丰富的教师来指导。高校应该把参与指导社团工作纳入教师业绩考核范围，从而提高教师参与社团工作的积极性。

第三，高校要对社团举办的活动严格把关。高校要对社团活动进行严格审核，对缺乏明确目标和偏离德育宗旨的活动要坚决制止，应该根据社团活动的举办目标和育人效果，决定是否给予资金支持，尤其要对那些能够发挥良好德育功能的社团活动给予大力支持。

第四节　立德树人视阈下高校德育答辩制度的完善

坚持"立德树人"的根本任务，如何对大学生的德育状况进行评价，使德育教育具体化、有形化，真正实现德育教育全员、全过程、全方位的实效性，这是高校思想政治教育工作者面对的难题。

党和国家要求要把立德树人作为教育的根本任务，培养德智体美全面发展的社会主义建设者和接班人。如何贯彻落实立德树人的根本任务，实现德育教育具体化、有形化，这是摆在高校育人工作面前的命题，这就要求高校育人工作既要遵循教育规律，服务于学生的成长成才，又必须通过路径创新，在方法、内容、形式上下功夫，不断增强大学生思想政治教育的针对性和实效性。

一、德育答辩的基本概念

德育答辩制度是构建大学生德育工作体系的重要载体。德育答辩是将"立德树人、以德为先、全面发展"的德育方针贯穿始终的主要体现，是对学校德育实施效果的全面检验，是毕业生德育评价体系不可缺少的重要内容。毕业生通过梳理专业学习、身心成长、思想意识、价值取向、社会责任等方面的收获、得失及感悟，在总结中反思与成长。

二、推行德育答辩制度的现实意义

德育答辩制度是践行立德树人和社会主义核心价值观的新方法和新途径，具有建设性和探索性的意义。

（一）推行德育答辩制度是德育实践的重要举措

为了保证质量，学校规定每个毕业生都要有指导教师，每位指导教师的学生不能超过 8 人，参与德育答辩工作的不仅有思想政治课教师、辅导员、班主任，还有校院领导、专业课教师、机关工作人员。

（二）推行德育答辩制度是深化高校德育工作的具体体现

德育答辩工作制度化、规范化，是实现德育教育有形化、可视化的具体体现，是加强高校德育工作的有效方式。德育答辩要求学生按照规定格式，将自己在大学期间所接受的专业学习、思想道德、身心成长等教育效果进行全面系统的回顾总结，形成德育论文，并以班级为单位用答辩的形式进行陈述，同时接受提问并作答，由答辩评审委员会综合其平时表现，就其整体的德育表现作出评价。毕业生通过德育答辩这个平台，可以多角度审视自我，总结成败得失，为踏上新的人生征途、开创美好未来奠定坚实的基础。

三、德育答辩制度开展的基本做法和经验

（一）领导重视，保障到位

高校把开展毕业生德育答辩工作作为检验全校德育工作成效的重要手段。高校不但可以制定实施方案，还可以制定如《德育答辩规程》《德育答辩论文撰写规范》《德育答辩成绩评分细则》等相关配套文件，为开展德育答辩工作提供强有力的政策支持。校院两级在工作中，要坚持"领导重视到位、思想认识到位、宣传动员到位、措施落实到位、协

调配合到位"。学院可以成立"毕业生德育答辩指导委员会",明确职责,责任到人,负责协调指导和具体工作,并安排专项经费予以条件保障。

（二）精心组织,全员参与

整个答辩流程可以分为宣传动员、论文撰写、交流答辩和总结整理四个阶段,每个阶段均明确提出时间节点和要求,校领导应该及时到二级学院检查指导,了解工作进展情况,确保答辩工作顺利进行。学校应该制定德育论文开题报告提纲、德育论文撰写规范、德育答辩鉴定表、互评表等,为规范德育答辩工作提供明确的依据。

（三）过程管理,严格要求

1. 严格挑选指导教师

德育论文指导教师按照专业论文的基本要求,师生双向选择确定。教师与学生深入交换意见后确定论文题目,指导开题撰写,及时审读评阅。指导教师应该及时与学生进行面对面交谈,或在网络上保持密切交流,帮助毕业生正确认识自我、全面总结得失。

2. 严把论文质量关

学生通过自我总结、交流、答辩等互动过程,对自己的大学生活进行全面的梳理与反思,总结经验与体会,分析成功与失败,剖析优点与不足。学生还可以为自己制定短期或中长期的生涯规划,进一步理解自己的人生意义和价值。同时,高校要端正学风,明确要求论文务必为本人原创,抄袭者一经发现按不合格处理。

3. 强调正面引导

在论文答辩过程中,要明确每名毕业生的德育总结陈述和答辩中存在的问题,专家必须按照社会主义核心价值观以及《高等学校学生行为准则》的基本要求,及时纠正,以理服人,引导学生形成正确的认识。

4. 注重总结,典型示范

高校可以将推荐的"优秀德育论文"印刷成册,作为高校大学生思想政治教育的鲜活教材,发挥示范、引领作用。

四、完善德育答辩制度的思考

德育答辩制度的推行应该重在过程，应该贯穿大学的学习生活，使其延伸至各年级的学生中，大一时进行德育论文选题开题，大二和大三进行德育实践回顾，毕业班进行德育答辩。对教师来说，学生在德育答辩过程中的自我剖析，是通过其他渠道很难了解到的，特别是为辅导员搭建了一个重要的工作平台，能全方位地了解学生的所思所想，是开展学生思想政治教育的有力抓手。

高校推行德育答辩制度，要凸显"全员、全过程、全方位"德育的有效性。第一，必须融合入学教育、日常教育和毕业教育"首尾相连"的全过程，将德育答辩制度贯穿学生教育的始终，形成全过程德育教育常态化。第二，高校要适应教育环境不断变化的新常态，积极探索推行德育答辩制度的理论和实践，进一步把德育答辩制度的推行作为加强学风、教风、校风建设的重要手段。

推行德育答辩制度不是一个简单的活动，也不是一个单一的设计环节，而是着眼于大学生德育工作体系的整体构建，是"立德树人"根本任务落小、落细、落实的重要举措。相信在各方的共同努力下，德育答辩制度将会逐步完善，从而在大学生思想政治教育中发挥更大的作用。

第五节　立德树人视阈下教师的德育专业化及师德建设

一、立德树人视阈下教师的德育专业化

教育是培养人的事业，立德树人是教育的根本任务。新时代，我国高等教育事业快速发展，对高校德育工作提出了新期待，也对高校教师提出了新要求。从教师的德育专业化内涵分析，"立德树人"的教育任务要求教师实现德育的专业化。高校应努力培养教师的德育意识，不断

强化德育规则，认真改进德育方法，推进教师德育专业化。

德育是教育中的根本性与方向性要求，而且立德树人的教育必然要加强高素质教师队伍的建设，推进教师德育专业化发展。高校德育渗透于智育、体育、美育及劳动教育活动当中，贯穿于教育教学的全过程。因此，高校教师作为大学教育教学实践的主导者、研究和改革的主力军，必须把握好教师专业化趋势，明确教师德育专业化的内涵，加快自身德育专业化的发展进程，以便更好地完成时代赋予的使命，不断开创高校德育新局面。

（一）教师的德育专业化的内涵

教育的本质赋予了教师特定的社会角色，也赋予了教师特殊的道德要求。高校教师是高校的核心，从事的是培养人的工作，要把成长中的青年学生培养成具有可持续发展潜力的各类高级专业人才，这就决定了高校教师行为不仅涉及自身，更关乎整个学校和社会的发展。进入新时代后，加强育人载体建设，大力推进素质教育成为我国教育研究的主题，"教师专业化发展"成为焦点问题，而"教师的德育专业化发展"也已成为教育研究的热点。要了解教师德育专业化的内涵，就要做到以下几点：

第一，要了解教师德育专业化的组成要素，即"专业知识与技能"与"专业伦理"。"专业知识与技能"指教师不仅要有渊博的科学文化知识，懂得教育规律、德育理论、德育热点等，而且要具有相应的道德修养、核心知识和技能，能够切实地指导和规范学生的道德实践。"专业伦理"则是指教师在教育教学中应坚持的教师职业道德和教师职业行为准则等。

第二，要明确"德育教师的专业化"同"教师的德育专业化"的区别。"德育教师的专业化"是指专门从事德育工作专职教师的专业化，主要是担任德育理论课教学专职的德育教师、班主任或辅导员在德育领域中的深入研究。而"教师的德育专业化"，是指要落实涉及影响学生成才的全体教育工作者的育人职责，促进他们的德育专业化。

总之，教师的德育专业化从另一个角度来讲就是德育教师专业化的横向发展，它扩大了德育主体的范围，是教师队伍整体德育专业化的过程。

（二）教师的德育专业化的必要性

1. 保证人才培养方向的需要

教师的德育专业化是为了解决教育现实问题。国家的前途和命运，民族的科学文化和道德水平，在很大程度上都会被教师的素质和水平所影响。每位教师都要严格要求自己，要坚持育人为本、德育为先。实现教师的德育专业化既有助于教师专业精神的形成和职业操守的养成，让教师成为学生和社会的行为示范者，又有助于教师培养适合国家发展需要的人才，使学生能适应社会变化，成为实用性人才。因此，教师需要加强自身的道德修养，提高教师队伍的整体素质，增强教师的教育信念以及社会主义认同感，从而以高度负责的态度、科学严谨的精神来培养德、智、体、美、劳全面发展的中国特色社会主义事业的建设者和接班人。

2. 提升育人质量的需要

教育是一种动态发展的过程，德育是学校全面发展教育中的主导成分。

教育对不同的服务对象会呈现出不同的发展动机、需求和结果。学生要想在学习、就业以及所创造的人生中获得成功，就必须以德立学、以德立业、以德立生。对学校而言，服务育人、管理育人都需要教师的敬业爱生，教师的责任心有助于学生的成长。对社会而言，实践推进教育，尤其是德育最终的成果是服务社会，利用科学的方法来对学生进行全面培养也是社会发展的需要。加强教师的养成教育，让每位教师都能在掌握所教学科内容的基础上，优化课程结构设置，改进教学手段和方法，强化教育实践环节，有利于让教师和学生在整个教学过程中体验到教与学的思想性及价值性。

3. 教师专业化发展的需要

"教师专业发展"是指教师以专业成长为目标，以提高专业理念与师德、专业知识、专业能力为内容，动态持续的发展过程，是教师个体的、内在的专业化提高；"教师专业化"则是职业专业化的一种类型，主要强调的是教师群体的、外在的专业性提升。两者既有联系又有区别，但"教师专业发展"是以丰富和提升教师专业素质结构为宗旨，优化教师整体素质，促进教师专业化发展。"教师专业化"的内容主要为"知识的专业化"和"德育的专业化"，也就是"师能"和"师德"，它们是教师专业化发展的两条"腿"，两者缺失任何一方都会导致教育的不平衡发展。"师能"主要指的是教师教育教学的能力；"师德"则是指教师在职业活动中逐步形成的道德观念、道德情操、道德行为和道德意志的总和，是教师应遵守的道德原则规范和应具有的道德品质，是教师专业素养的核心。

总之，"师德"和"师能"要同时得到锻炼，使教师在教育教学过程中既能遵守学术规范、潜心教书育人，又能传播道德观念、促进学生发展。

（三）立德树人视阈下教师德育专业化的路径

1. 强化德育内化反省，不断强化德育使命

教师的教学过程不仅影响着学生的学习活动，也影响着学生的情感、思维方式、价值观乃至个性品质等。教育是培养人的活动，其根本任务在于"育人"，而要"育人"就必须把"立德"作为第一要务。教师的培养涉及教师的立场、态度和自我意识等多个方面。进行教师在德育维度的专业培养，首先应让教师意识到自身的德育身份和责任，意识到每位教师都是德育责任人，每项工作都是德育的渠道。教师职业道德的建立是迈向为人师表和教书育人的第一步，是树立良好师德形象，以德立身、以身立教的出发点。只有教师具有德育使命意识，才能将育人渗透到教学的方方面面，成为"专业化"的人。

2. 强化德育规律把控，不断加强德育实践

教师作为德育主体之一，既是进行认识和实践活动的人，也是被改造的对象，在改造客观世界的同时，也改造着主观世界。当教师在教学过程的各个环节都采用一种相对稳定的行为方式，且这种行为方式能成为一所学校大部分教师的共有习惯时，它就会变成教师的一种自在状态，进而成为一种教师文化。因此，学校在管理育人过程中，一方面要

规范教师与国家、社会和学生的关系，践行爱国守法、服务社会、敬业爱生的准则，让教师争做"四有"好老师；另一方面，高校也要让教师在深入了解学生的同时，接受德育培训，掌握德育规律，提升德育工作能力，并督促教师在教学尤其是在德育实践过程中去寻找理论与教学实际的最佳结合点，最终由教师自己在德育的专业化方面完成"知、情、意、行"的转化，并将德育融入自己的教学习惯。

3.强化德育方法创新，不断提高德育实效

学校工作的中心是教学，教师的德育要在教学中形成，并在教学中体现。当前时代发展迅速、社会纷繁复杂，德育实践面临着各种挑战，需要学校协助教师推进德育方法的改善，一方面要督促教师将道德观念、道德规范和道德理想付诸教学实践；另一方面要以发展的眼光看待学生德育的过去、现在和将来，要求全体教师要更新教育方法，恪守道德准则，内化于心、外化于行，为学生全面发展铺路架桥。教师自身要确定好德育目标，深化对德育本质的认识，将德育理论和德育实践相结合并进行反思和创新。为此，教师要把德育工作放在首位，从理论研究回归到实践探索，寻找出一条立德树人的道路，合理利用德育资源，研发适合自身的德育课程和教学活动；落实立德树人根本任务，遵循教育规律和学生成长规律，做到因材施教。

二、立德树人视阈下高校的师德建设

师德是德育教育的基础和保障，唯有先树立师德，才可以确保教师教育工作的顺利开展。当前形势下，影响高校师德建设的诸多因素相互交织，导致师德建设出现了一些问题。高校德育教育应该坚持教书与育人相结合，提升教师的道德修养，树立师德模范，完善激励机制、监督机制、师德考评体系等方面的制度建设。

（一）正确认识高校师德建设与立德树人理念之间的关系

1.全面理解立德树人理念的深刻意义

中华民族悠久的道德文化对现今的教育仍然具有深刻的影响，立德树人的教育理念根植于深厚的传统道德文化沃土。国无德不兴，人无德不立，道德对国家和个人都具有重要意义。

德育为先是一项意义重大的教育原则，在唐代文学家韩愈的《师说》中"传道"被看作教师最重要、最基本的任务，即传授道德的教育。道德教育在我国传统的教育体系中一直占据核心位置。社会倡导和鼓励人们自我约束，陶冶情操，追求非凡的精神境界，牢固树立正确的道德信仰。"立德"语出《左传·襄公二十四年》，即树立德业，修养品德，是为人处世的最高境界，决定个体未来的发展方向。"树人"语出《管子·权修》，即培养人成才，强调育人为本，用合适的教育培养人才。立德树人的理念蕴含着深刻的文化意蕴。在实际教学中，教师应发挥指导作用，坚持立德树人的德育理念，在教育工作中体现师德，培养学生端正的思想品德。

2. 高校师德建设是实现立德树人根本任务的基础保障

实现立德树人这一根本教育任务的基础是高校高质量的师资力量。师德水平直接影响教育的成败，教师作为高素质人才的培养者，对其职业道德的要求高于对其他任何职业的道德要求，其思想态度、行为方式会成为其教育行为的一部分，最终影响学生的人生观。唯有提高教师的职业道德水平，才能确保教育行为正常进行。因此，高校的主要任务之一就是不断加强师德建设，这将有助于教师提高抵抗物质诱惑的能力，使教师全身心投入教育中，从而提高教育质量，培养出高素质、高水平的现代化人才。

（二）当代高校师德建设的改进策略

1. 实现教书和育人合一

（1）教师创新教育方式，更新自身的知识储备

坚持改进师德建设，将培育学生放在高校工作的第一位。首先，要求高校教师改变固有的、传统的教育理念和思维模式，创新教育方式，丰富教学内容，采用"体验—感悟"教学模式，将单一、乏味的说教模式改为引导、辩论、演讲等新教学模式，加强师生之间的互动，全面调动学生学习的积极性，增强教育的生动性、感染性和实效性。还要始终

以培养富有创新精神、社会责任感以及具有较高工作能力的人才为目的，在实践中发挥学生的主体性作用，着重锻炼提高学生的独立思考和解决问题的能力。其次，为了应对当今经济社会快速发展带来的机遇和挑战，高校教师应该在实际工作中不断充实和完善自我，要保持终身学习的态度，以适应社会的发展。除了科研能力外，高校教师还应该强化自身的沟通、组织及管理能力。最后，高校教师还应该不断给自己"充电"，更新自身的知识储备，丰富心理、政治、历史、法律等方面的知识。

（2）提升教师的道德修养，实现育人目的

在高校教育教学工作中，应该提倡教师自觉加强自身的道德修养，提升人文素质和文化内涵；要尊重学生，要高标准、严要求、公平公正地对待学生，关注学生的个体差异，悉心教导，形成彼此激励、教学相长的师生关系，促进学生全面发展；全力倡导实事求是、积极进取、以身作则、严格谨慎、一丝不苟的教育精神和育人态度；充分发挥课堂育人的核心作用，在教学实践中自始至终开展德育工作，真正意义上实现教书和育人相结合。教师还应该加强教育理论学习，坚持以自发的育人态度指导育人行为，明确师德建设的标准和自身差距，时刻对照标准自我反思，提升自身的道德修养，给学生树立良好的榜样。

2. 树立师德模范，强化激励机制

要增强高校师德建设的舆论宣传力度，不仅可以通过校报、宣传板等传统渠道弘扬师德建设的优良风尚，还可以通过微信、微博等热门应用扩大师德网络宣传的覆盖面。在校内树立先进模范典型，举行模范人物的先进事迹报告会，广泛传播他们教书育人的先进事迹，大力弘扬他们的高尚精神，让他们起到模范表率作用。同时，应表彰思想道德素质良好、教书育人贡献突出、备受学生赞颂的优秀教师，强化激励机制，注重将物质激励和精神激励相结合。在高校教师中营造"爱模范、学模范、做模范"的良好气氛，使教师自发地加强师德修养。

3. 健全科学有效的师德考评体系

很多高校严重低估了师德的重要性，而且尚未建立起科学有效的师德考评体系。基于此，高校应该实行师德考评制度，重视学生在考评体系中的作用。例如，高校可以定期安排学生以不记名的方式评价教师的职业道德，对师德要求进行量化、标准化，制定相对应的考评体系，防止考评的盲目性、滞后性和不合理性，将高校师德建设落到实处。要确保开展客观、民主、公正、公开的考评工作，充分发挥其正面引导作用，制定符合时代要求、方便操作的高校师德考评体系。严格执行教师职业道德考评工作，以年度或以学期为阶段，通过教师个人自我评价、学生参与客观评价、领导考核评价相结合的办法，将教师的师德水平和表现录入考评体系，设立师德考评记录，并将其作为评职评优的重要标准。

4. 强化切实有效的师德监督机制

为了保证师德建设在高校内顺利进行，高校需要客观有效的督查机制作为后盾。明确责任主体，建立独立的师德监督部门，实行自查和督查二合一机制，以保证监督工作能够公平公正地开展。同时鼓励群众尝试用微博、微信等媒体进行监督举报，激发群众的积极性，构建教师、社会和家长多方参与的公平、公正、公开的立德树人监督体系，以增强高校师德建设。

师德建设是教师队伍建设的永恒主题，是保证教育教学质量，培育有理想、有道德、有文化、有纪律的共产主义事业新一代建设者的重要保证。在现在的社会大环境中，高校师德建设只有与时俱进，开拓创新，才可以紧跟时代前进的步伐。因此，必须把师德建设摆在学校工作的突出位置，强化以"德育为先、立德树人"为核心的当代高校师德建设，不断改进工作思路，扎实抓紧、抓好师德建设，全力提升师德建设水平，提高整个教师队伍的综合素质，培育和塑造合格的高素质人才。

第五章　立德树人视阈下的高校思想政治教育工作

第一节　立德树人视阈下高校思想政治教育价值实现探析

一、"思想政治教育价值"内涵分析

"价值"是客体对主体产生的实际效应。据此，可以将思想政治教育价值理解为思想政治教育实践对人与社会发展的需要的满足。从人的立场出发，思想政治教育价值更多展现在意识形态领域，即对受教育者的社会实践活动的指引以及价值观的规范与约束。表面上看思想政治教育是对受教育的政治训化，本质上则是对受教育者全面发展提供内在动力。从社会发展需要的角度审视思想政治教育，其培养的单个有素质、有思想的个体是社会发展的重要分子，是建设社会和谐的基础。思想政治教育价值实现是指展现思想政治教育潜在功能以及可能性，根据不同的划分标准，可划分为社会价值和个体价值、物质价值和精神价值。

坚持立德树人是实现思想政治教育价值的必然要求。立德树人的根本任务是对高校思想政治教育价值本质的诠释，外在助推思想政治教育价值由潜在价值向现实价值的转化。在立德树人的教育目标的指导下，明确教育方向，理顺各教育要素的功能，缓解教育过程中多主体的冲突以及教育方向的矛盾，为思想政治教育价值的实现奠定基础。

二、立德树人视阈下高校思想政治教育价值实现的逻辑思路

高校思想政治教育要坚守"立德树人"的价值遵循，将立德树人贯穿到思想政治教育价值实现的全过程，始终从"现实的人"的角度和立场出发，反思教育行为偏差，遵循改进教育方法、实现教育内容的内外化、完善评估标准、关注人的发展需要等方法论要求，彰显思想政治教育立德树人方式方法的艺术性与实效性。

（一）思想政治教育教学方法由单一化向多样化转变

1. 优化思想政治教育理论灌输法

由于教育机制的不完善以及教育关系中主客体的自身局限性，当前教育实践中存在"教育模式基本上是一种灌输式或权威式教育"的不良现象。对此，高校思想政治教育应重视灌输教育与启发教育的耦合，在教育环节中不仅要坚持高校立德树人的根本内涵，更要注重培养受教育者的问题意识与独立思考的能力，为"树人"目标的实现提供条件。同时，在灌输的过程中"将思想政治理论教学内容放置于西方现代史的时空场域中，运用中西方比较视野进行分析"，使受教育者在对比中感受思想政治教育理论内容的真理性，以此增强理论的可信度与实效性。

2. 创新思想政治教育实践教育法

实践教学是思想政治教育立德树人目标实现的重要载体，同时也是立德树人效果呈现的途径。社会是高校育人的第二课堂，高校可以将传统教学方式与实践教学相结合，定期组织社会调查、社区志愿服务、红色革命纪念馆实地考察等活动，使受教育者在实践过程中体验生活、积累阅历、感受文化的力量，在情感认同的基础上增强育人效果教育价值的展现。同时，高校思想政治教育主体事后要有效引导受教育者对实践活动进行反思，完成对自我认知结构的重塑与完善，以强化育人效果。

3. 发挥隐性教育资源作用

现代教育转型要求发挥隐性教育资源的作用，为实现立德树人目标，彰显教育价值增添动力。首先，注重对日常生活中育人资源的开发。在高校思想政治教育过程中，要充分整合、利用生活中的育人资

源，如利用传统节日、重大历史事件纪念日等传播社会主义核心价值观，潜移默化中达成育人目标。其次，重视网络育人功能。互联网技术的发展为思想政治教育提供了新的平台。高校思想政治教育要利用网络平台宣传立德树人的教育内容，发挥网络的隐性育人作用，在潜移默化中纠正受教育者思想的偏差，为道德教化效果的提升奠定基础。

（二）思想政治教育过程重心由形式表达向内外化效果转变

1. 注重情感教育，彰显"立德"价值

情感教育是实现受教育者与教育内容情感共通的重要途径。情感教育要求教育者主体摒弃原有的形式化教育观念，树立"以情优教"的情感教学理念。在思想政治教育过程中坚持师生平等理念，以自身的魅力感染学生，以民主管理规范学生，创建和谐的教育情境，为立德树人教育实践的开展奠定情感基础。同时，教育主体要在尊重受教育者的心理发展规律的基础上，最大限度地实现教学内容与受教育者兴趣点的契合。尤其对社会热点事件，教师要"抽丝剥茧"式地分析现象产生的原因以及其中的利害关系，增强教育理论的说服力，推动价值观内容与受教育者的认知结构的融合，彰显育人价值。

2. 坚持实践导向，展现"树人"效果

外化是思想政治教育的最终目的与价值要求，是内化的更高层次，也是对立德树人效果的展现。高校思想政治教育实践目标不仅要求提高受教育者的思想道德素质，更要求将道德认知外化为行为实践。在思想政治教育过程中，教育主体要合理安排利用外化条件，如教育时间、空间以及教育内容，体现思想政治教育活动的组织性与计划性，保证立德树人过程中资源分配的合理性。同时，通过完善行为激励机制强化行为动机，外在驱动教育客体的外化行为，通过反复实践将其转化为主体无意识的自觉行为，完成教育的"树人"任务。

（三）高校思想政治教育价值评价由"科学取向"向"人本取向"转化

1. 评价内容注重多因素考量，突出"立德"要求

高校思想政治教育评价应该注重更高层次的情意的外化，以及难以

量化的认知力、自我调控能力、对错误价值观的免疫能力等思想道德要素的评价。同时，注重过程性评价，以保证对非理性因素评价的人性化与合理性。通过对非理性因素的定性评价弥补定量评价"死板""局限"的缺陷。此外，高校思想政治教育评估还要将对受教育者原有价值体系的纠正程度纳入评估中。

2. 评价过程发挥多主体优势，适应"树人"需要

传统高校思想政治教育价值评价主体单一，忽视了思想政治教育活动中多主体的客观存在与立德树人目标的社会性价值。思想政治教育现代化转型要求单一的主体评价应向多元主体评价转化，发挥多主体在评价过程中的优势。首先，社会主体评价。社会是思想政治教育价值的实现程度以及立德树人教育效果的显现空间。因此，在评价过程中可以将社会人员的评价作为总体评价的参考。其次，教育客体自我评价。发挥受教育者自我反思、自我剖析的能力，结合自身道德表现作出合理评价。最后，教师评估。教育者要摒弃"唯分论"的错误观念，立足于思想政治教育学科的本质内涵，将受教育者的思想道德素质作为考核的重要指标。

（四）思想政治教育内容由"工具性理性"向"价值理性"转化

当前高校思想政治教育系统"话语效力被悬置于大众生活世界之外，话语效果逐渐下降，无法真正实现思想政治教育主导话语的精神认同"。对此，应从思想政治教育基本理论内容着手，反思其政治化与抽象化现象。

1. 纠正话语表达唯政治化倾向，实现"立德"目标

传统高校思想政治教育理论话语表达的唯政治化、专业化，拉大了受教育者与德育内容之间的鸿沟。育人的价值目标要求教育者在教育中要将晦涩难懂的德育内容以受教育者喜闻乐见的形式表达出来，将"生活气息"融入理论的讲解中。其中，教育主体可以利用社会热点问题以及实际案例对其分析、解读，也可以通过叙事的方式，引导受教育者深入思考，在此过程中将意识形态性内容融入其中，增强理论的"可观""可感"性，以引发受教育者的"代入感"，推动教育内容"入耳""入脑""入心"。同时，话语表达要与时俱进，改变封闭式的话语体系与固

化的语言表达逻辑，注重网络话语与思想政治教育学科话语的结合，为思想政治教育育人活动增添活力。

2．注重人的社会性与个人发展，满足"树人"的需要

在社会转型发展的大背景下，受教育者的消费观、婚姻观、就业观、择业观受到了冲击，"人的发展"需求增加。社会现代化转型要求高校思想政治教育不仅要注重培养受教育者的德行，更要满足受教育者全面发展的需要。在对受教育者进行政治信仰、理想信念、价值实现等方面的教育的同时，要注重对受教育者就业、人际交往、独立人格、创新潜力等方面的引导灌输，为受教育者发挥"社会中的人"的本质提供实践导向。总之，高校思想政治教育必须从"现实的人"这一逻辑起点出发，重视立德树人效果，通过反思—调整—创新思想政治教育方式方法，在尊重人的本质的基础上实现"立德树人"的教育目标，彰显思想政治教育价值。

第二节 立德树人视阈下 高校思想政治教育工作激励机制的应用

激励机制作为高校思想政治教育的重要方法之一，是实现高校思想政治教育"立德树人"理念的重要手段和有效方式。建立有效的激励机制能够激发学生的正确动机，激励可以提高学生学习工作的热情和创造性，使其自觉努力完成各项任务，在实践中提升能力，为今后投身社会做好充分准备。激励机制运用得合理与否是体现高校思想政治教育工作水平的重要指标。因此，合理有效地运用激励机制为高校思想政治教育工作服务，就成为广大高校教育工作者肩负的一个十分重要而紧迫的任务。

一、运用合理有效的激励机制是高校思想政治教育工作贯彻"立德树人"思想的重要途径

激励理论是现代西方行为科学的重要理论，它从分析人的行为入

手，根据人的需要设置一定的目标，并通过目标，使人们出现有利于组织目标的优势动机，按组织目标所要求的方式行动。在高校思想政治教育工作中使用科学有效的激励方法，可以发掘大学生的内在优秀潜质，充分调动其主观能动性和创造热情，全面提升其思想道德素质和综合能力。这种作用主要表现在以下几方面。

（一）引导大学生树立科学正确的理想信念

激励机制的导向性十分明确，高校思想政治教育工作以"立德树人"作为指导思想，把激励方法与社会主义核心价值观教育紧密结合，能够引导大学生把个人目标和集体目标、当前目标和长远目标、个人理想和社会共同理想有机统一起来，使其认识到只有国家富强、社会发展，自身才会拥有更广阔的发展空间，从而坚定其马克思主义理想信念，使自己的行动始终不渝地朝着中国特色社会主义的方向前进。

（二）挖掘大学生的内在优秀潜质和才能

潜质是有待开发的深层能力和素质。一个人内在潜质的挖掘和发挥，在很大程度上依赖于激励。因而，把科学合理的激励方法运用在大学生的教育和培养中，有利于发掘大学生内在优秀潜质和才能。第一，运用激励方法可以改变大学生的消极行为模式。通过对大学生实施激励，能够促使其打破旧有的消极平衡习惯，重新调整自身行为模式，形成积极主动的学习和生活状态。第二，运用激励方法可以提升大学生的认知水平。通过对大学生实施激励，能够使其开阔视野，活跃思想，丰富情感，不断提高自我认知能力和认识水平，为今后投身社会打下良好基础。第三，运用激励方法可以提高大学生的学习兴趣和热情。通过对大学生实施激励，能够充分调动大学生学习生活的积极性和创造的热情，挖掘他们的各方面潜能，促使他们自觉努力学习，刻苦读书，早日成才。

（三）提高大学生思想政治教育的实效性

当前高校思想政治教育的重要目标就是不断增强教育的针对性和实效性。首先，合理地运用激励方法，可以把"立德树人"目标内化为每个学生的自身需要，使其逐渐养成良好的行为习惯和道德修养，达到思想政治教育的目的。其次，合理地运用激励方法，可以加强与学生的沟通和交流，增进师生感情和信任度，同时，任课教师通过对学生实施激励，能够提高课堂教学效果，实现师生互动、教学相长，这对于提升学生的知识水平和综合素质发挥了重要作用。最后，合理地运用激励方法，可以使学生最大限度地发挥其优势和特长，促进学校办学质量和整体水平不断提升，增强学校和学生的社会竞争力。

二、高校思想政治教育工作运用激励机制的主要形式

在高校思想政治教育工作中，认识和了解激励机制的有效途径和方法十分必要，有助于调动大学生的积极性和主动性，塑造大学生优秀的道德品质和行为方式。高校学生管理者应当在实践中科学把握和主动运用多种激励方法和激励形式，充分发挥激励机制在培养教育学生方面不可替代的作用。高校思想政治教育工作运用激励机制的形式主要有以下几种。

（一）关怀激励

关怀激励是指学生管理者通过对学生的个性特点、学习情况、行为习惯、发展前途等方面进行发自内心的关怀、爱护、帮助和指导，来激发他们学习、工作、生活的积极性和创造性的激励方法。西方激励理论认为，对被管理者投入关心、爱护等情感因素，能够得到巨大产出。大量实践表明，合理运用关怀激励可以增强学生的主观能动性和责任感，从而有效地对学生实施教育和管理。

（二）目标激励

目标激励是指学生管理者通过给学生设立科学合理的目标，来激发大学生的各种优秀潜质和才能，使学生把个人目标与国家目标、社会目标紧密地联系在一起，从而调动他们的积极性和主动性的激励方法。可见，实施目标激励法必须始终做到思想明确、目标具体、措施到位、评价客观合理，才能充分发挥这一方法的作用和功效，从而更加有效地开

展学生管理工作。

（三）反馈激励

反馈激励通常是指学生管理者通过对学生在日常学习和行为举止的效果是否达到预期目标进行科学合理的评价，来激发学生的内在潜质，以使他们更好地完成各项既定任务的激励方法。在高校学生管理过程中，应当适时开展诸如"民主选举""年终总评""综合测评"等反馈激励活动，通过这些活动提高思想政治教育的实效性。

（四）奖惩激励

奖惩激励主要包括物质激励和精神激励两个方面。物质激励是指学生管理者运用奖金、奖品等物质方式使学生得到物质上的满足，进而激发他们的主动性和创造力的激励方法。精神激励是指学生管理者通过给予表现优秀的学生奖状、称赞、表扬等精神方式，使学生得到心理上的满足，从而进一步调动他们的积极性和主动性的激励方法。各高校应当根据自身实际情况，把物质激励和精神激励相结合，把奖励和惩罚相结合，科学合理地使用奖惩机制。

（五）榜样激励

榜样激励通常是指学生管理者通过树立榜样、典型示范，用先进人物的先进事例激励、感染、鼓舞学生，使学生通过学习其高尚道德和优秀品质，不断提高自身综合素质的激励方法。在高校思想政治教育工作中，要适时树立一些具有代表性的先进典型，特别是大学生中的先进典型，充分发挥他们的影响力和感召力，这样可以激发学生去主动学习和效仿这些先进人物，引导和激励学生以更为积极的状态投入未来的学习和工作中。

三、高校思想政治教育工作运用激励机制的基本原则

高等院校"育人"这一根本任务使其激励模式必须坚持"立德树人"。新形势下，高校思想政治教育工作需要建立和完善符合当代大学

生思想行为特点的多层次激励制度体系，为促进大学生的全面健康成长服务。

（一）牢固树立"立德树人"的教育理念，保证激励的方向性

新时期的思想政治教育工作注重以人为中心，倡导"立德树人"的现代教育理念，它以调动人的积极性和自觉性，激发人的创造性为根本任务，突出人的全面发展。这一特点就决定了高校思想教育工作要以学生为中心开展教育活动。要使广大教育工作者自觉树立"立德树人"的理念，通过运用激励机制充分调动全体教职工为实现育人目标而努力的积极性。要把学生放在第一位，尊重学生的价值，把出发点、着眼点和落脚点放在更能够调动学生的主动性、积极性和创造性上，最大限度地挖掘学生的潜力，实现学生的全面发展。

（二）全面把握大学生的心理需求，增强激励的针对性

现在的高校学生视野开阔，思维活跃，崇尚自信、自立、自强、自爱，追求平等、民主、自由。这就要求高校思想教育工作者要贯彻"立德树人"的教育原则，深入了解当代大学生的人格特点和个性特征，关心他们学习生活和成长成才的需要，与他们互相尊重平等交流，培养他们形成良好个性和健全人格。同时，对于大学生不合理和不恰当的思想行为，还需要学生管理者进行耐心的思想教育和合理疏导，缓解其心理压力，及时调整其行为方式，从而保证学习和工作的积极性。因此，运用激励的方法，要深入了解当代大学生的心理需求，全面把握当代大学生的个性特点，使激励目标成为大学生自觉自愿遵守的制度，充分发挥激励机制的功能和作用。

（三）合理运用激励手段，提高激励的有效性

1. 要坚持物质激励与精神激励相结合

物质激励主要是满足大学生的基本生活需求，精神激励主要是满足大学生的自我价值实现等更高程度的精神需求。精神激励如果得不到物质激励的支撑和帮助，其功效就会被削弱甚至会丧失；同样，物质激励

如果得不到精神激励的支持和充实，就容易使大学生出现拜金主义的思想倾向，从而产生不正确的意识和行为。只有将二者有机结合起来，才会产生强有力的、实际的和持续的激励效果，使工作的动力具有持久性。

2. 要坚持内部激励与外部激励相结合

外部激励即学生成才的外部因素，例如：奖学金等物质奖励、丰富多彩的校园文化氛围、健康的生活习惯和良好的学习环境。内部激励即学生成才的内部因素，例如：学习成就感、工作认可感、人际关系的融洽感、担任干部的责任感和权威感等。内部激励是人的内心高级需要产生动机的反应，是激发学生内在潜能的根本动力。外部激励是内部激励得以实现的重要保障，是激发学生内在潜能的前提条件。只有把二者有机地结合起来，充分发挥两种激励方法的功能和作用，才能更加有效地调动其自主学习的积极性和主动性。

3. 要坚持激励机制与其他教育方法相结合

激励机制是实现"立德树人"教育目标的重要推动力，但激励方法的实施也受到诸多条件限制，因此，在合理应用激励方法的同时，还要适时采用科学有效的相关配套方法才能取得最佳效果。高校学生管理者要及时把激励方法与理论教育法、实践锻炼法、自我教育法、网络教育法等其他手段有机结合起来，丰富教育方法和途径，对学生进行更加有针对性和实效性的教育和培养。

（四）构建激励制度体系，强化激励的保障性

制度化建设是激励机制得以实施的基础和保证。只有建立一整套科学有效的激励制度体系，使激励内容逐渐转化为努力进取、自我完善的内在动力，才能更好地发挥大学生自身的优秀潜质和才能，促进大学生的全面健康成长，使其今后为国家发展和社会进步贡献更大力量。因此，高校思想政治教育工作者应当把激励的制度化建设作为激励方法实施的重要环节，以"立德树人"思想为指导，深入调查研究，准确把握学生实际，着力构建一整套具有时代性和可操作性的激励制度体系，确

保高校思想政治教育工作的合理有序进行。

第三节　立德树人视阈下
高校思想政治教育协同育人机制研究

一、立德树人视阈下高校思想政治教育协同育人机制的内涵

（一）高校思想政治教育协同育人机制的内涵

协同有相互配合、团结统一的意思，协同育人则是指各教育主体通过树立统一的育人目标，共享资源，有效互动，从而实现人才培养的目标。协同育人机制的构建有利于提升思想政治教育成效，进而快速达成教育目标。高校思想政治教育协同育人，则是指思想政治教育各主体要素间，在协同配合下，有效发挥自身优势，形成育人合力，进而提高思想政治教育的效果，达到"立德树人"的目的。可见，协同育人既是一种思想政治教育理念，也是一种教育方法，其目的在于形成协作、高效、完整的有机整体，实现"1＋1＞2"的育人效果。

高校思想政治教育协同育人机制是将协同理论与思想政治教育理论相结合，通过构建系统化的平台或制度，将思想政治教育各要素有机融合起来，包括思想政治教育的主体、方法、内容、载体等，形成协调配合的运行结构，相互作用，协调用力，最终实现思想政治教育的良好效果。这个机制强调的是在思想政治教育这个具体目标的指导下，各要素通过信息交换、协调沟通、共同推进、实践完成等过程，实现思想政治教育的思想、组织、队伍、制度、环境等的高效配合。协同的类型包括内部协同和外部协同、横向协同和纵向协同等，也可以简单概括为教育主体系统的协同、内部教育要素系统的协同和外部教育环境系统的协同，要求这种系统是一种全员、全过程、全方位的协同机制。

（二）立德树人与高校思想政治教育协同育人机制的关系

实现立德树人是高校思想政治教育协同育人机制构建的目的，构建高校思想政治教育协同育人机制是实现立德树人的必由之路。构建协同育人机制是提升立德树人效果的需要，当前，高校在落实立德树人根本任务过程中，教育主体相对单一，方法不够丰富，平台不够充分等，比如，很多高校还主要依赖思想政治理论课来落实立德树人根本任务，理论较多，实践较少，效果也不够好。构建思想政治教育协同育人机制可以破解立德树人过程中存在的不均衡、不协调问题，使得大学生的素质更加全面，同时也可以满足大学生更加多元化的发展需要。构建协同育人机制也是促进教育主体多元互动、教育要素充分作用的过程，有利于破解立德树人过程中的难题，促进立德树人各系统由单独运动到整体推进，条块分割到形成合力，进而最大限度发挥各个系统的优势和作用，提升立德树人的效果。

二、立德树人视阈下高校思想政治教育协同育人机制的现状

（一）高校思想政治教育协同育人存在的问题

构建高校思想政治教育协同育人机制前提是要认识到各育人要素之间的关系，使之相互协调，同向发挥作用。然而，新时代高校思想政治教育多聚焦具体问题，缺乏对长效机制的构建。

一是教育合力不足。大学生思想政治教育工作队伍主体是学校党政干部和共青团干部、思想政治理论课和哲学社会科学课教师、辅导员和班主任，同时还包括各类专业课教师、行政和后勤人员、社会和家庭力量等，即教育主体的全员性。但是在长期的思想政治教育模式下，前者教育意识较强，而后者的意识较弱，甚至出现界限不清、职责不明、责任不强的情况，进而出现相互推诿、不作为、资源消耗等情况，造成教育主体片面化，出现协同矛盾。

二是教育过程不畅。从大学生的思想政治教育过程来看，纵向应该

贯穿大学各年级，横向应该贯穿各环节。但是不少高校普遍重视低年级的思想政治教育，而忽视或者弱化了高年级的思想政治教育，低年级方法多样，高年级单一枯燥。另外，往往重视课堂教育和思想内化，忽略了实践养成和外化践行，所以在不同年级、不同教育形式上链接得不够紧密，造成思想政治教育的断层，影响大学生的思想形成和确立。

三是教育平台孤立。大学生的思想政治教育需要多种教育平台综合作用，比如课程教育平台、科研育人平台、资助育人平台、心理育人平台、文化育人平台等，从形式上还包括线上育人平台和线下育人平台、管理育人平台和服务育人平台等，但是这些平台往往由不同的育人主体所掌握，缺乏良好的育人机制作用，造成平台孤立，难以整合为综合性的育人平台，造成学生思想政治教育的不充分不平衡，影响思想政治教育的实效性。

（二）影响高校思想政治教育协同育人效果的原因分析

在现实工作中，高校在思想政治教育协同育人方面还没有形成理想的机制和工作格局，造成育人效果不佳的原因包括以下几个方面：

一是协同育人的理念还不够深入。协同育人理念虽已逐步形成，但是就教育主体而言，仍然存在惯性思维，认为思想政治教育工作只是思想政治理论课教师和辅导员等的工作，而专业教师只需要搞好教学，管理服务人员只需要做好管理服务工作即可，没有深化对协同育人的认识和理解。甚至是思想政治理论课教师和辅导员等主要思想政治教育工作者之间也缺乏配合，这就造成思想政治教育者脱节的情况。

二是协同育人的机制还不够完善。高校制定了不少协同育人的机制，但是在实际操作中却流于形式，或者难以长期坚持，究其原因，主要是缺乏一些制度保障和物质保障。协同育人机制的构建需要一个自上而下的顶层设计，明确目标和任务、制定方法和举措、保障监督和实施、完善激励和考核等，具备方向上引领、方法上指导、内容上统筹、实践上可行，充分体现关联性、匹配性和协作性，使协同育人机制成为一个有生命力的系统。

三是协同育人的环境还不够浓厚。环境是保障思想政治教育协同育人的重要因素，一方面学校的软硬件还不够完善，比如育人平台的共享性不足、跨学科融合不足、校园文化营造不足、场地设施不足、师资力量不足等；另一方面，思想政治教育工作者的能力有待进一步提升，比如专业教师不仅要想办法提升教学能力、思想政治教育能力，还要努力提升交叉融合能力、育德育才能力等，这就需要高校提供良好学习氛围，提升教师综合素质。

三、构建立德树人视阈下高校思想政治教育协同育人机制的路径

（一）构建立德树人视阈下高校思想政治教育协同育人机制的原则

高校思想政治教育协同育人目的是要促进多元主体同向同行，最大化发挥教育资源的作用，有效提升大学生思想政治素质，在构建协同育人机制过程中必须遵循一定的原则，主要包括以下几个方面：

一是方向性协同原则。高校思想政治教育协同育人机制的构建一方面要坚持正确的政治方向，只有保证正确的政治方向才能使思想政治教育沿着正确的轨道运行。另一方面要坚持运用于实践，即机制的构建最终是要将理论与实践相结合，寓理论于实践，理论指导实践。通过开展实践教育，让大学生内化于心、外化于行。

二是目标性协同原则。高校思想政治教育协同机制的构建要紧紧围绕"立德树人"的目标，将立德树人作为检验机制是否可行的首要目标，这就要求开展思想政治教育工作要遵循教育规律，不断激发学生的主动性。机制的构建一方面要遵循大学生成长规律，确保学生确立正确的理想信念、道德情操、行为规范等；同时也要善于激发学生主动性，发挥主体作用，让学生参与思想政治教育协同育人机制的构建过程，形成良性互动，更好提升机制实效性。

三是系统性协同原则。要使高校思想政治教育协同育人机制发挥价

值和作用，一定要确保育人机制形成一个有机的系统，不仅要整合教学力量、管理服务力量、后勤保障力量、文化宣传力量等，还要整合好校外力量，使之有效整合。同时要处理好系统内部各要素之间、整体与局部之间、内部与外部之间的关系，促使彼此之间相互渗透、融合、协作，形成一个有机的系统，实现优势互补，使育人系统发挥最大的育人效应。

四是动态性协同原则。随着育人各要素的变化，育人机制也要随之变化，要用动态发展的理念来构建育人机制，确保具有动态性，能应对各种变化造成的影响。做到动态调动，根据学生不同需求和阶段进行动态的教育和引导，同时也能不断激发教育者的积极性和创造性；做到动态供给，不断产出高质量的教育资源和产品，引导学生沿着教育目标前进，丰富其精神生活；做到动态创新，创新思维，在传统中创新，借鉴优秀的研究成果和模式，形成有益举措。

（二）立德树人视阈下高校思想政治教育协同育人机制的内容

构建高校思想政治教育协同育人机制必须从实际出发，有效整合组织、内容、方法和载体，实现最佳匹配，形成协同效应，实现育人机制的全面、科学、合理、有效。

1. 高校思想政治教育组织协同

高校思想政治教育的组织协同主要是针对教育主体而言，确保党政齐抓共管、校院两级共推、育人主体合力。一方面，学校党委要坚持立德树人的根本任务，总揽全局、协调各方，加强党的建设，合力配置思想政治教育过程中的资源、力量，解决育人机制构建中存在的突出问题，通过制定政策和协调，确保党委的坚强组织力量；另一方面，学校行政要坚决落实党委决策，坚持党委领导下的校长负责制，积极构建课程、科研、实践、文化、网络、心理、管理、服务、资助、组织等"十大育人"体系，校院两级配合，学校主导、学院主推，共同推动思想政治教育工作；要注重发挥高校教学科研队伍、管理服务队伍、后勤保障队伍在学生思想政治教育过程中的重要作用，引导专业教师"种好责任田"，抓好"课程思政"和德育工作，管理服务人员强化责任担当意识，以激励评价机制和绩效考核作为支撑，促使育人主体形成合力。

2．高校思想政治教育内容协同

高校思想政治教育内容协同主要指的是"思政课程"与"课程思政"的有机结合。造成高校思想政治教育实效性不足有很多原因，但是"课程思政"的推动力度不足、覆盖面不足、深度不够是主要原因。所以一方面，高校要大力推动思政课程改革创新，不断提升其针对性和实效性，尤其要提高课程亲和力，加强课程实践教学，充分发挥其思想政治教育主渠道作用；另一方面要大力推动"课程思政"改革，挖掘各门课程中所包含的思想政治教育元素，发挥思想政治教育功能，通过课程设置、教材修订、教学设计、教学管理等，实现思想政治教育和知识体系教育的融合统一。此外，还要运用多种方式丰富思想政治教育内容，如在学生党课、团课等中加强学生理想信念教育和价值引领。总之，要把思想政治教育元素融入学生教育、管理、服务各方面，培养学生正确的世界观、人生观、价值观。

3．高校思想政治教育方法协同

高校思想政治教育是综合作用的过程，不是单一方法作用的结果，需要多方面综合运用实践。经过多年的积累，思想政治教育方法得到了有效的拓展和丰富，比如有理论教育法、实践教育法等基本教育法，有典型教育法、比较激励法等一般方法，有冲突调节法、心理干预法等特殊方法，也有隐形教育法、网络教育法等综合方法等。不论选择何种方法都必须兼顾针对性和整合性，只有选择适合教育主体和教育对象，又能有效促进相互协同的方法才具有针对性，同时为了保证教育实效，往往需要将多种方法整合在一起使用。此外还要创新发展思想政治教育方法，使之不断适应学生成长特点。在实际教育过程中，线上教育与线下教育协同开展、教师教育与学生自我教育并行、主体激励与客体激发同步等都被证明是好的协同方法。同时，随着时代的发展，思想政治教育方法必须推陈出新，紧紧围绕学生，开辟大学生喜闻乐见的工作方法，比如用漫画的方法讲社会主义核心价值观，运用大学生喜爱的生活化语言开展课堂教育和线上教育，这些都是具有鲜明时代特点的思想政治教育协同方法。

4. 高校思想政治教育载体协同

高校思想政治教育的载体多种多样，从类别上划分主要包括课堂载体和课外载体、校内载体和校外载体等。在开展协同育人工作中，既要抓好课堂教育这个重要载体，同时也要不断开发第二课堂的思想政治教育载体，可以利用社会力量，建立实践教育基地、红色教育基地、志愿服务基地、创新创业基地等，引导学生广泛开展课外实践活动、创新创业活动、志愿服务活动等，让学生能在课外接受思想政治教育。同时要完善家校协同育人机制，家庭教育在学生思想政治教育过程中起到了基础和特殊作用，高校可以通过家长会、家长信、家访等方式与家庭互动，共同谋划教育方法，形成家校育人合力。除此之外，社会环境的营造、校园文化的培育、校风学风的形成等都对大学生思想政治教育形成影响，都应该协同配合，充分利用物理载体、网络平台等积极营造良好的育人环境，使之形成协同效应，共同作用于学生的思想政治教育。

高校在构建思想政治工作体系过程中，尤其要凸显协同性。在理论武装体系构建中，要善于利用各种载体协同推进习近平新时代中国特色社会主义思想的学习研究宣传，比如开展培训、编写读本、打造示范课等，邀请国家勋章和国家荣誉称号获得者、最美奋斗者、改革先锋、时代楷模等新时代先进人物走进高校来强化价值引导，这也是组织协同的重要方法。在构建学科教学体系过程中，运用协同育人方法，将互联网技术引入高校思想政治理论课教学，打造高校思想政治理论课资源平台和网络集体备课平台，在内容协同层面，可以推进所有学科课程思政建设，构建适合不同专业学生的公共基础课程。在构建日常教育体系过程中，要运用协同理念，推动构建政府、社会、学校协同联动的实践育人共同体，形成育人联动机制和资源库，要发挥心理健康教育教师、辅导员、班主任等育人主体的作用，协同促进大学生心理健康。在构建管理服务体系过程中，要善于将校院领导力量、管理力量、服务力量和思想政治教育力量整合，形成协同效应，共同推进学生社区建设，为学生提供"一站式"的服务。在构建安全稳定体系过程中，要加强与校园所在地的协同，形成校园周边治安管理机制，筑牢校园安全防线。在队伍建设体系过程中，也可以运用协同理念，选聘各级党政机关、科研院所、军队、企事业单位党员领导干部、专家学者等担任校外辅导员，丰富和完善思想政治教育力量。在构建评估督导体系中，要综合考虑各方面影响因素，吸收各方面的意见，从不同维度对思想政治教育实效进行综合评估，构建更加科学合理的评估督导体系。

总之，高校要不断健全立德树人体制机制，就必须牢固树立协同育人的理念，综合运用好协同育人的方法，积极构建理论武装体系、学科教学体系、日常教育体系、管理服务体系、安全稳定体系、队伍建设体系、评估督导体系等，把立德树人融入思想理论、专业知识、实践锻炼各环节，不断完善思想政治教育体系，全面提升高校思想政治工作质量，努力培养担当民族复兴大任的时代新人，培养德智体美劳全面发展的社会主义建设者和接班人。

第六章　新时代高校德育教育的传承与创新

第一节　新时代高校德育教育内容的传承与创新

德育必须与时俱进，不断进行内容等方面的创新，才能与时代的发展合拍，与社会的进步同步，与科技革命共鸣，才能与大学生的道德、思想、政治水平的发展达到具体的、历史的统一，从而在培养和提高大学生综合素质的教育活动中充满活力。

一、高校德育内容的基本理论

（一）高校德育的内容

德育内容来源于生活，随着社会发展不断得以丰富，主要包括世界观、人生观、价值观的培养，马克思主义基本原理、爱国主义、集体主义、民主法制、形势政策以及社会公德、职业道德、家庭美德、学风与校风、团队精神、心理健康等方面。对于这些教育内容，我们应进行深入的分析研究，尽可能让这些理论内容贴近生活，并融入学生的具体生活中，从而使德育的内容为学生理解、接受。随着社会的发展变化，相继出现了人生观的复杂化、价值观的多元化以及信仰的功利化倾向，这促使高校德育内容要及时完善和更新。高校德育工作内容可概括为，以和谐德育为标杆，把思想政治教育有机融入学生素质教育的各个方面，开展思想道德、法律和心理健康教育等，促进学生思想道德素质、专业文化素质和心理健康素质的全面发展。

(二) 德育内容范畴的扩大

1. 诚信教育

(1) 诚信的内涵

在社会发展中，诚信被赋予了非常多的内涵，我们可以从以下几个方面来进行阐述：其一，诚实。要求为人诚恳，崇尚信义，办老实之事，做老实之人。这是我们在社会中取信于人之根本；其二，守住诺言，答应他人之事要做到；其三，拒绝欺骗。无论在人际交往还是在经济交易中，我们都要厚道，不能欺骗他人，不能以假乱真，不能用哄骗的手段来达到目的，做人做事要讲究良心，要有正气。只有做到了以上三点，才能在社会与生活中真正做到诚信。

(2) 诚信教育

我国历来非常重视诚信教育。诚信教育的内容也非常丰富，包括学校方面的诚信教育、家庭方面的诚信教育等。通过不同的诚信教育有效促进社会的转型和进步，是我国传统文化的重要内容和特色。

①诚信教育的概念

诚信教育从广义上来说主要指人们在社会生活中所进行的各类道德教育活动。从狭义的角度来说，诚信教育指的是教育者按照一定的社会道德标准和规范，根据受教育者的身心特点进行守信品质的教育活动。目前对于诚信教育还没有一致性的定义，通常诚信教育通过各类教育活动来培养学生的诚信意识、诚信行为，使得受教育者具有正确的价值观，使得受教育者的素质得到有效提升。

与此同时，诚信教育不仅仅存在于学校中，实际上在人们生活中也可以通过更加广泛的教育活动达到教育目的，如通过组织社会经济实践活动、法律实践活动等进行全方位的教育。

②诚信教育的内容

诚信教育主要包括了三个方面的内容：首先是诚信教育的指向对象，主要涵盖了个体诚信和社会诚信。个体诚信主要是个人从内心出发所进行的坚守和选择；其次是诚信的性质，包括了价值和事实。最后是诚信的范畴，包括了内在品德和社会道德。

综上所述，诚信教育指的是通过一定规范和标准对受教育者进行的诚信认知、诚信情感、诚信意志、诚信实践等方面的教育实践活动，在这里主要指的是学校通过学校场所，按照新时代中国特色社会主义核心价值观的总体要求，采取一定的科学的方式方法，对学生进行系列的诚信教育养成实践活动，使得学生在完成教育活动后能够提升诚信意识、养成诚信行为。

（3）大学生诚信教育

大学生诚信教育是诚信教育的一个分支，它将大学生群体定位为主要的受教育者，使大学生群体成为诚信教育的主要研究对象。基于此，我们该如何对大学生诚信教育进行概念界定呢？结合诚信教育的内涵，可将大学生诚信教育这一概念界定为：一定的团体或社会组织按照一定的社会要求，有目的、有计划、有组织地运用诚信道德规范和相关理论知识对大学生进行道德教育，使其在校期间形成符合社会要求的诚信品质。大学生诚信教育旨在培养大学生诚实守信、履约践诺、知行统一、不作弊、不剽窃等美好品质的目标正好满足时代发展需要，是促进社会又好又快发展的积极因素。同时，在大学生诚信教育的过程中，社会、家庭、学校可以同时作为施教者，形成教育合力，提升诚信教育效果。而大学生个人除了作为受教育者，还可以在教育过程中发挥自身的主观能动性，占据主体地位，使诚信教育的效果更佳。

大学生诚信教育也有广义与狭义之分，狭义的大学生诚信教育主要是指高校依据社会的需要和大学生自身发展的需求，按照道德教育规律，通过一定的教育手段培养大学生诚实守信的道德品质的过程。广义的大学生诚信教育主要是指社会上能够引导大学生接受诚信理念并最终转化为诚信行为的一切影响因素。

2. 网络道德教育

（1）网络道德与网络安全

网络社会是对现实社会的映射，现实社会中的传统道德也同样映射在网络社会中。学界对网络道德并没有一套完全统一的定论,大概包括下述两种观点:第一种观点指出,网络道德是以虚拟空间为对象所确定的行为参照标准,目的是对人们在网络社会的行为进行制约;第二种观点指出,网络道德的本质是实践观念,是个体对互联网所持的观点态度、在线行为规章等组成的价值机制,是对互联网行为好坏加以评判的依据。《网络伦理》是我国首部系统讲述网络道德的著作,它将网络道德的概念界定为:网络道德实质上是一种行为准则,是对互联网背景下的人们依托网络信息而产生的社会行为加以制约的行为标准。综上所述,可对"网络道德"做出如下解释:网络道德是人们进行网络参与时理应遵守的道德规范,确切地说是调整、管控互联网空间中个体和个体间、个体和社会间、个体和互联网间关系的行为标准。

网络既是网络道德的基本场域,也是网络安全的基本场域,《中华人民共和国网络安全法》中有如下概念:网络安全指的是经过采取有关举措,打击对互联网的毁坏、侵扰、攻击、非法运用等行为,让互联网保持平稳的运行状态,以及确保互联网信息的实效性、保密性、健全性。由此可知,网络道德更多倾向为一种价值准则,而网络安全更多倾向为一种行为准则。

(2) 网络道德教育

自教育事业发展以来,传统德育一直是教育活动的重点,而网络道德教育是对传统德育的延伸发展,是道德教育发展的全新领地。关于网络道德教育,当前研究界大致持两种观点:一是互联网背景下对于互联网使用者开展道德教育,大部分是对教育内容进行解释,使网民内化于心,外化于行,约束自我的行为,提高道德品质。二是应当把互联网当作开展道德教育的媒介,这一观点认为网络道德教育的目标、内容等是与一般德育基本相同的,区别只体现在模式与手段层面。本书更倾向于第一种观点,认为网络道德教育是和传统道德教育有一定差别的教育方式,是以互联网空间为实施范围的具有自身独特性的道德教育方式。

（3）大学生网络道德特征

①主体的自律性

时代新了，矛盾变了，指导思想与时俱进了，人民群众的期待也越来越高了，大学生群体更是发生了巨大变化。新时代的大学生在网络活动中呈现出极强的主体意识，网络行为体现出明显的自我需要特征。

人的本质是一切社会关系的总和，人是生活在"熟人社会"中的，大学生群体更是容易受到老师、家长、亲朋的"教育"，他们的道德行为，通常受到面对面关系与道德舆论压力的制约，部分情况下所做的道德抉择并非源自真实的心里想法，而是受外部要素的影响。互联网空间开放、自由的特征使人与人之间的关系建立在数字与符号的基础上，人与人之间的交往存在极强的匿名性，传统社会的现实道德在网络社会出现"失灵"现象。外部的监管力量减弱，高校学生在互联网空间的行为规范大多依托其自身的道德认知、道德观念、道德自控力，大学生自身的主体意识发挥着重要作用。

网络这一开放的世界具有海量的信息，有关于国内外的大事，有最新的学术动态，也有娱乐性质的报道等，声色俱全、图文并茂、动静结合，大学生可以通过网络自主地获取所需要的各种知识和技能，使自身需求得到满足。在大学思政教育取得有效成果的背景下，大学生群体在网络社会的主体意识虽然提升很快，但并未脱离社会主义教育方向，反而大学生群体的主体自律性还有所提升。时代在发展，大学生的思想观念也在发展，政治参与度有显著提升，他们立场坚定，热情奋进。

②取向的复杂化

随着网络技术的飞速发展，全媒体、融媒体等新技术已经渗入大学生的日常生活，但大学生群体的价值观并未建立稳固，从众、猎奇心理又时刻伴随着他们，在面临选择时就会迷茫。

相比现实社会，网络社会包容性更强，不同信仰、不同价值观都能够融入其中，彼此之间的对话交流、冲突碰撞为人们提供了多种道德选择的标准。网络社会作为一个价值多元化的社会，维护正常秩序的主导道德存在其中，不同网络主体所特有的道德标准也存在其中。经过对话交流、冲突碰撞之后，一部分能够相互融合，做到水乳交融，你中有我，我中有你；一部分无法融合，但由于彼此间无实质的利害关系而求同存异，这些无法融合的价值观念、风俗习惯、生活理念交织在一起，就使网络道德呈现出复杂化特征。当大学生接触这些文化的时候，出于猎奇心理或者从众心理，就会潜移默化地受到影响，从而导致自身价值观念发生变化。

③发展的超前性

随着网络空间全媒体、融媒体手段的发展运用，出现了一系列新的网络现象，如网络直播风靡、弹幕文化兴起以及网络剧大爆发，这些活动中的生力军就是大学生群体。这些网络空间的"新现象"既在人们的意料之中，又在人们的意料之外，充分体现了网络发展的超前性。网络道德的发展也受到了影响，作为一种意识而存在的网络道德具有相对独立性，时有超前，时有滞后。道德作为一种价值目标往往包含一些高于现实的理想元素。网络道德是伴随互联网的出现而诞生的事物，其一方面具有落后性，另一方面又具有超前性。就某个维度而言，互联网社会的即时通信使人们的沟通交流更富个性，人们在虚拟空间的道德观念总体上更加宽容、友善、文明与平和，这是道德文明发展的大趋势，也是"超前"的表现之一。另外，网络社会的自由度与开放度要高于传统社会，但因其缺乏外在监管体系，要确保互联网社会的健康运行，便对人们的道德自控力提出了更高的要求。对于当代大学生来说，网络已成为他们主要的生活方式，通过网络，他们能在第一时间知道全球各个角落的信息。正青春的大学生群体处在道德树立的阶段，如果现存的道德观和自己的需求一致，那么就会被其吸引，如果从中发现了合理性，就会对其认同，从而构成大学生网络道德发展的超前性。

（4）大学生网络道德教育的必要性

①营造秩序规范网络空间的必要条件

21世纪以来，网络取代报纸、广播、电视等传播媒介的主体地位，成为社会上影响最大的传播媒介。网络虚拟社会的发展给人们的日常生活带来了巨大变化，人们精神生活得以丰富，生活质量得以提升，生存方式发生变化，网络已经遍布在社会生活的各个角落，对人们的各个层面均产生了较大的不可忽视的影响。人们对互联网的依赖性加强，互联网不单单是一种工具，还是全新的生活模式。

但是网络虚拟化的生存方式使得人们认为网络虚拟社会中都是虚拟主体，不是现实社会中客观存在的人，传统的道德准则对人的约束力弱化，甚至会出现网络与现实混为一体的情况，直接影响到现实社会生活。虚拟社会是网友的精神基地，积极向上的网络环境能够满足网络参与者的根本需求，而消极懈怠的网络环境则会违背网络参与者的根本利益。新时代提高大学生网络道德水平一方面需要通过完善的网络法治体系约束网络主体的行为底线；另一方面需要规范的网络伦理价值维系网络主体的道德素质与修养。自律行为的养成需要道德观念的约束，风清气正的网络环境是满足网络主体网络参与的基础保障，也是维护网络主体自身利益的有效保障。良好网络环境的建立需要立足于网络精神文明的构建，让网络道德的教育功能得到全面的发挥。唯有加大对高校学生这个互联网重要参与群体的道德教育力度，培养科学的、健康的道德思想观念，规范文明、有序的网络行为，才能发挥大学生网络参与的积极作用，同时将负面影响降到最小，营造秩序规范、和谐文明的网络空间。

②规范大学生网络行为、促进大学生全面发展的必然要求

对个人来说，道德能够体现自我修养与实现人生价值。对社会和国家来说，道德体现了秩序与和谐。随着全媒体时代的到来，网络已经是当前最具影响力的传播媒介，是推动社会主义精神文明建设的有生力量，也是弘扬社会正能量的有效渠道。重视并提升新时代高校大学生网络道德教育既体现了顺应时代发展潮流的需要，又体现了社会主义精神文明建设的必然要求。

"青年兴则国家兴，青年强则国家强"，当下，大学生正处在易于接

受新鲜事物和乐于追赶潮流的年龄阶段，是当前网络活动参与时间最长、参与度最高、受网络活动影响最深远的群体。大学生对网络的依赖性已经逐步养成，自控能力、认知水平、辨别能力等方面都有所欠缺，导致他们更容易受到负面因素的影响，形成不科学的理念，做出网络失范行为，甚至违法犯罪行为。在这一重要时期，应当注重对大学生群体的网络道德教育工作的开展，以提升学生对不良信息的分辨力与抵制力。因此，加强网络道德教育是规范高校大学生的网络行为以及促进高校大学生全面发展的必然要求。

3. 生态道德教育

（1）生态道德的概念

生态一词最初来源于生态学。后来《现代汉语词典》将"生态"抽象定义为"生物在一定的自然环境下生存和发展的状态，也指生物的生理特性和生活习性"。我们今天所说的生态具有较广泛的意义，是以实践活动为基础形成的人与人、人与自然、人与自身的关系及生存状态总和。"道德"二字包括道和德两个方面的含义，道是自然规则，德是脱胎于自然的人的品质。道德是基于一定的立场，通过对人和事物善恶、美丑、是非、对错等的评价，进而实现对人际关系的调节、社会秩序的维护等目标的社会价值形态。道德不仅可以用来调节人与人的社会关系，还可以用来调节人和自然的生态关系。

如今，工业文明快速发展带来全球化的环境问题和严峻化的生态危机，迫使人们开始深刻反思生态道德的重要性，想要维持人类社会长久生存和发展，就需要将自然纳入道德关系中，重视从道德领域处理人与自然的关系。生态道德是道德的重要范畴，把过去道德所探讨的人与人的关系，拓展到了今天道德所衍生出的人与自然的关系。生态道德将自然作为道德关系的主体，凸显了生态环境保护的重要性，用一系列生态道德规范来明确人们所应承担的生态道德责任。

（2）生态道德教育的概念

生态道德教育，是指一定的社会或阶级，为了使人们在生态活动中遵循生态道德行为的基本原则和规范，自觉地履行维护生态平衡的应尽义务，而有组织、有计划地对人们施加系统的生态道德影响。生态道德教育追求的是人与自然的和平共处、相互依存的生存状态，引导社会成员逐步形成一种不仅能维护生态利益，同时又能充分感受自然、提高生活质量的生活方式。生态道德教育要求人们以实现人和自然可持续发展为最终目的，依靠内心道德自觉承担起保护环境、维护生态平衡的责任。

生态道德教育就是要多元化的教育主体通过多样化的教育方式向广大群众传播生态环境和生态道德知识，帮助他们形成道德责任感。道德责任感的形成离不开人们道德认知的发展，道德认知的发展又影响和制约着道德行为的生成。可见，生态道德教育作为一种崭新的道德教育活动，既要帮助人们认识到保护生态环境的重要意义，形成生态责任感，又要帮助人们养成保护生态环境的习惯，使人们在现实的生活当中能够承担起责任，维护生态秩序，保护生态环境。

（3）大学生生态道德教育

大学生作为今后国家建设的主力军，他们的思想道德素质必定会对整个社会产生关键性影响。高校要更好地肩负起推进生态文明新常态、建设美丽中国的时代使命，就一定要及时针对大学生群体开展生态道德教育。大学生是站在社会前沿的群体，必须受到重视，国家要对这一群体进行系统培养，使其主动关注生态环境问题，学习相关知识，增强生态道德意识，并有能力积极解决生态环境问题，最终成为有生态责任感的中国公民。高校通过教育积极引导和帮助大学生塑造正确的人生观、道德观以及价值观，促使大学生在潜移默化中养成保护生态环境的好习惯。

大学生生态道德教育作为大学生思想政治教育的应有之义，要求思政课教师、大学生辅导员等生态道德教育工作者在准确把握生态道德教育要义的基础上，站在生态教育研究和实践的前沿，遵循大学生身心发展规律，开设生态道德教育课程，营造良好的生态道德教育环境，利用多样化的载体，通过一系列的生态教育活动，对大学生的生态认知、生态情感、生态行为施加全方位的影响，进而促进大学生生态责任感的树立、生态行为的养成，以及生态实践的常态化发展。

（4）加强大学生生态道德教育的现实意义

①有助于提高大学生生态道德素养

大学生是具有较高文化的知识分子，是社会发展的有生力量，国家的事业、民族的事业都离不开大学生的拼搏和奋斗。建设生态文明，实现美丽中国梦，也需要广大大学生的协同努力。今天的大学生是否树立起了生态道德观念，是否树立起了生态责任感，对于其今后是否按照科学发展的规律去生活和工作具有重要的影响。

随着社会的快速发展，诸多社会问题相继产生，特别是生态环境危机的到来给人类敲响警钟，紧抓大学生生态道德教育，培养他们的生态环境保护意识成为树立生态道德观的开端，帮助大学生成为理性"生态人"是解决生态环境危机、保障经济发展的重要举措。生态道德教育是马克思主义生态文明思想与时代相融合的结晶，是大学生思想政治教育在新时代创新的产物，是高校培养社会主义有用之才的时代使命，是高校思想政治教育的重中之重，同时也是提高大学生生态道德素质的必然要求。因此，必须针对当前大学生生态意识的基本情况，积极开展生态道德教育，帮助其及时形成正确的生态道德观，自觉养成维护生态环境的行为习惯。

②有助于增强大学生生态道德教育实效性

大学生是未来社会发展的支柱，将来会成为各行各业的佼佼者，他们的生态道德意识和生态道德行为对社会环境问题的解决和社会经济的可持续发展将产生重要影响。传统的思想政治教育更注重学生社会人格的完善，忽视生态人格的培养，更重视大学生用专业知识、技能服务社会，促进社会生产的价值贡献，却没能及时教会他们如何正确处理人与自然之间的关系，以至于现在部分大学生在此方面的能力欠缺，所以高校思想政治教育更应该重视贯彻人与自然和谐共生的教育理念。

思想政治教育的外延在不断拓展，生态道德教育就是其一。尤其是在市场经济时代，我们更要重视市场经济负面影响的渗透。部分市场主体在国家监管弱化的情况下容易出现为了追求利润最大化而破坏环境的情况。对大学生开展生态道德教育，使他们一开始就认识到人与自然关系的本质，有利于他们走向社会后养成良好的思维方式和行为习惯。开展生态道德教育，是思想政治教育在今天面临的重要课题。虽然当前国家和高校都重视开展大学生生态道德教育，但现实是高校缺少系统的生态道德教育，大学生生态道德素养不高。针对这些情况要采取相关措施增强大学生生态道德教育，构建适用于大学生群体的生态道德教育体系，以此增强大学生生态道德教育实效性，使大学生成为具有良好生态道德素质的理性生态人。

③有助于中华优秀传统文化的传承与发展

一个民族之所以有凝聚力，就是因为有凝聚民族成员、为民族成员共同认可的文化氛围。可以说文化是一个民族、一个国家凝聚力的重要源泉。中华优秀传统文化是我们的民族经过几千年的沉淀形成的。对优秀传统文化的挖掘、传承和分享是增强国家文化软实力、实现中华民族伟大复兴的重要条件。中华传统文化博大精深，其内容丰富多彩，包括独具特色的生态智慧以及充足的生态文化要素，中华传统文化充满对生命的尊敬，以"天道"为主，遵循自然之道，实现人与自然的和平共处，主要思想包括"天人合一""道法自然""众生平等"等。大学生作为未来社会发展的重要有生力量，是文化的学习者、分享者、传承者，在对他们进行思想政治教育时，要把传统文化中的生态道德观念灌输给他们，帮助他们养成正确的生态思维方式和行为习惯的同时，使其对传统文化有更深入的了解。

④有助于推动美丽中国建设

当前中国社会主要矛盾发生改变，人与自然的矛盾更加凸显，"美丽中国"计划应运而生，生态危机的出现是生态道德教育出现的契机，生态道德教育的存在就是为了平衡人与自然之间的关系，推动人们及时化解人与自然的矛盾，促使人与自然形成和谐共生的关系，创建更多能有效解决生态问题或环境问题的方法。作为21世纪国家的建设者、社会发展的中坚力量、美丽中国梦的建设主体，大学生群体的生态道德素质将会对中华民族的整体素质产生直接影响，因此，增强大学生群体的生态道德教育对于中国建设来说具有明显的现实意义，他们对生态问题的认识、对生态危机的态度以及处理能力，对实现美丽中国梦有决定性作用。因此，对大学生进行生态道德教育，必须遵循行为养成的规律，对他们进行生态知识的教育，帮助其了解相关的知识，树立生态道德观念，从而在处理人与自然的关系时，规范自身行为，保护好环境，为美丽中国建设贡献力量。

4. 消费观教育

（1）消费及消费观

①消费

消费是一个复杂的概念，结合国内外学者的观点，可以从经济学和社会学的角度加以分析。消费是指在满足人的生产和生活需求过程中的物质和劳动的消耗。消费不仅仅是人类生存与发展的基础，也是社会进步的必要条件，它贯穿于人类生命活动的始终。"消费"一词在18世纪中叶被引入经济学，成为社会再生产中一个重要的概念。之后，对于消费的研究探讨逐渐增加了更多的社会和人文底蕴。

首先，在经济学中，社会再生产由生产、分配、交换和消费四个环节构成，其中消费是最终环节。《大不列颠百科全书》以及《中国大百科全书》对消费的定义：对物质资料和劳动生产的消耗，消费是一个和生产对应的概念，也是一种经济的行为模式，产品的使用价值驱使人们消耗产品，因此消费是实现产品存在的意义的途径之一。生产决定着消费，为消费者提供对象，反过来消费也影响生产，刺激并阻碍了生产的发展。所以，消费表征人们把生产出的物料及精神产品用来满足人们生活需要的过程和行为，它是恢复所有劳动力及劳动力再生产中必不可少的条件，也是人存在的方式之一。

其次，从社会学的角度来分析，随着生产力的发展、生产方式的进步，人们对于消费已经不再局限于使用价值，而更加重视消费所展现的文化修养、社会地位等。正如法国哲学家鲍德里亚提出的符号消费理论，在消费的关系中，消费者们的焦点不再仅仅是商品本身，更多的是商品所附带的符号价值。商品的符号价值，是商品在消费时被认作一种具有象征意义的符号。由此看来，在这个社会产品极其丰富的现代社会，人们对于消费的认识充满着一种社会文化的色彩。

②消费观

无论是生活消费或生产消费，还是物质消费或精神消费，就其结构而言，都包括消费观与消费行为两个基本要素。

消费观是人们对消费水平、消费方式等问题的总的态度和总的看法。作为价值观的重要组成部分的消费观，是支配或影响人们消费行为的思想意识，是辩证是非的基础。在特定的时间地点，消费观总是稳定持久存在着。这说明需要对主体进行正确的引导，以防止消极的消费观的形成。

在中国特色社会主义条件下，我国经济的增长速度飞快，人们对于消费的观念也由物质消费为主转变为现在的精神消费和物质消费相结合的形式，多元化的消费观正在形成。随着改革开放的不断深入，顺应新时代特征的理论不断发展，如绿色消费理论等。

（2）消费观教育

消费是人类社会发展过程中的一个永恒的话题。主体秉承的消费观念不同，他们表现出来的消费行为以及消费途径和模式也会存在差别，当然这种差异也会体现在消费结构上。所以说主体是否拥有科学的消费观，直接关乎消费主体消费结构的合理与否，关乎消费方式的好坏，也关乎消费行为健康与否。但科学的消费观并非与生俱来，它需要教育加以引导，即进行消费观教育。我国学者卢嘉瑞指出，消费观教育是一项具有组织性和计划性的社会教育活动，这项活动的基本内容就是基本的消费知识和与消费相关的技能的教授，这项活动所追求的目标是提高学习者的素质，帮助其改变落后的消费观，从而预防或避免其不理智、不合理的消费行为。

消费观教育通过开展一系列的活动使接受教育的主体，同时也是消费主体在思想上对什么是理智健康的消费观念有所认识并理解其价值所在，在理解的基础上审视自己的认知错误和行为偏差，选择正确且适合自己的模式，培养理智科学的行为习惯，预防和减少非理性消费，杜绝不必要的浪费；与此同时也向学习者们传授一定技巧，使其获得更好的消费体验，掌握合法的维权手段。

从教育主体来看，教授一方可以是家庭年长成员、高等教育院校、社会各企事业单位、政府及其工作部门；接受教育的一方包括但不限于一般消费者、学生、特定群体组织。从内容来看，这项活动主要是向学员们传授基本且必要的消费知识，这些知识包括但不限于消费的类型、方式和结构，主体在接受服务和消费产品的过程中应当遵循的基本原则、应当掌握的技能技巧，如何识别常见的消费误区或者陷阱，涉及怎样保护自己合法消费权益的法律常识。从教育的方式方法上看，开展消费观教育可以运用多种方式和途径，如家庭长辈言传身教、专家学者现身说法、学校教育引导、课堂教学讲授、新闻媒体宣传、社会实践活动、专家座谈会、辅导培训等。从目标任务来看，就个体而言，这种类型的教育活动致力于帮助消费主体形成科学、合理、文明、健康的消费观念，正确审视自己的消费行为，选择合理恰当的消费模式，改正错误的消费习惯，培养良好的消费素质，从而预防或避免非理性消费。就国家和社会而言，开展消费观教育致力于形成健康的消费文化和良好的消费环境，提升国民消费素质，保持和促进经济的良好运行。

（3）大学生消费观教育

首先，大学生消费观教育的内涵是，对大学生消费者进行社会教育的一项积极活动。其目的在于通过理论与实践教育等途径帮助消费者树立正确的消费理念，在此过程中，潜移默化地提升消费者的理性消费的能力。我国新时代的大学生消费观教育需要结合当今中国国情，对大学生的消费理念及消费行为进行外部引导与教育，目的在于提升大学生自主消费、理性消费的能力，使其能在高速发展的新时代里甄别各种消费信息，提高自身的理财能力及传扬中华民族勤俭节约的优良传统美德，养成合理适度消费的良好习惯。

其次，大学生消费观教育是一种以大学生为对象而进行的积极引导活动。从年龄上看，大学生大部分都是成年人，理应具备对来自社会的各种信息进行甄别和判断的能力，但从社会经验来看，大学生容易受到西方消费主义潮流的影响。其价值观正处于一个关键的塑形阶段，因此，在此阶段对其进行消费观教育是至关重要的，树立一个良好的消费观对大学生日后形成积极的人生观和价值观能起到一个铺垫作用。

最后，大学生消费观教育应当作为一个系统性的教育工程来看待，不仅需要结合大学生消费活动中的一些表现特征对应地拟定合理的教育方案，还需要结合各个大学生的家庭成长背景，细致化地进行个别消费观教育。高校教育除了开展课程教育活动，更需要理论联系实际，模拟消费场景对学生进行教育，将学校、家庭、社会联合起来，使得大学生消费观教育更加具有实效性与针对性。

二、高校德育内容创新的原则

(一) 整体性原则

经济全球化实际上是人的活动方式、存在方式的社会化发展，也为人自身需要的品德、能力、社会交往关系的全面和谐发展创造了条件。简而言之，经济全球化，需要具有较高文化素养、道德品质和全面发展的人。这就要求高校德育内容创新应以培养全面发展的人为目标，坚持整体性原则。

首先，这种整体性原则致力于把学生培养成全面的人、独立的人、有道德的人、健康的人、创新的人。不仅关注大学生的政治方向、思想观念等意识层面上的问题，也关注他们情感与身心的健康发展；不仅注重大学生知识、技能、思维的培养，也十分重视他们人格素质与社会能力的培养。

其次，高校德育是社会主义思想道德体系的重要组成部分。在"建立与社会主义市场经济的发展相适应、与社会主义法律相协调、与中华民族的传统美德相承接的社会主义思想道德体系"这一目标的指导下，整体性原则还体现在处理好德育与"市场经济、法律、传统美德"三者的关系上。

为此，高校德育内容应着力于以下三个方面进行改进：一是引导大学生正确认识市场经济的特点及运行原则，正确认识"诚实守信"等市场运行所必需的道德要求的重要作用，对大学生进行与市场经济相适应的社会主义道德教育；同时，突出"诚实守信"等基本道德的教育；二是加强大学生法律制度观念教育。在法治与德治的紧密结合下，培养大学生的道德自律意识；三是坚持弘扬和培养民族精神，对大学生进行中华民族优秀传统和革命传统教育。

（二）层次性原则

德育目标有一个层次化、系列化的过程，德育内容的安排也有相应的层次化、系列化过程。对于大学德育来说，德育内容的层次化尤为重要。这是因为，高校德育内容既要立足现实，又要面向未来，适度超前，为大学生将来走向社会奠定良好的思想道德基础。传统的德育内容中往往只注重培养大学生的"共产主义"道德情操，却忽视或淡化了对他们进行基础文明教育及公德教育，使道德教育只流于形式，违背了德育的规律，导致大学生的道德素质经不起考验。因此，大学生的德育要分层次、有系统地进行。这样既避免了与以往学习中德育内容的重复，也避免了基本道德常识的缺失，而且也符合育"德"的规律。坚持层次性原则，高校德育内容就要从基本品德、基本价值观着手，为人才发展打下良好的心理品质和行为规范基础；从学会做人做起，从身边的事做起，从日常的行为规范做起，树立起对善与恶、正义与非正义、公正与偏私、诚实与虚伪、光荣与耻辱等基本的价值判断；从做一个合格的公民出发，在进行基本文明习惯和行为规范教育的基础上，加强大学生的社会主义道德教育，培养大学生崇高的理想和信念，促进大学生的全面发展。

（三）主体性原则

这包括两层意思：一是德育内容的选择及组织要以德育对象的品德实际、心理特点为基础；二是德育内容体现的是人的道德发展的要求，应以促进人的全面发展为目的。从当前大学生思想政治状况来看，大学生的思想政治素质的主流是好的，他们坚信共产党的领导，对党和国家的前途充满信心，关心国内外大事，人生价值取向积极务实，全面提高自身素质，努力成才、成功的愿望和自觉性更加强烈。但也存在一些薄弱之处。针对当前大学生的思想政治状况，高校德育内容要及时关注新变化，通过引导学生正确认识社会需要和自我发展之间的关系，来解决大学生成长进步中存在的思想和道德问题。德育还要关心大学生的困难，把思想教育和解决实际问题结合起来，把关心、尊重、爱护和严格要求结合起来。

三、高校德育内容创新的策略

（一）由"传统"向"现代"转变

高校德育内容创新需要将时代性和继承性相结合，一方面，德育内容要紧跟时代发展的步伐，充分体现其鲜明的时代特色；另一方面，继承和汲取国内外优秀的德育内容，并运用到学校德育实践之中，用以教育新时代青年。

我国有着悠久的历史文化，其中不乏优良思想。我们应采取批判的继承态度，将这些优良思想赋予新的时代内涵。例如，从"民为贵，君为轻，社稷次之"思想到"以人为本"的理念，从"天地人和""和为贵"思想到和谐社会的理念，从"人生自古谁无死，留取丹心照汗青"的爱国情怀到爱国主义思想，从"民无信不立"的思想到现代诚信观念等，都是我国传统思想道德之精髓。此外，还有"万善孝为先"的人伦原理，"言忠信，行笃敬"的诚信理念，"匹夫不可夺志"的意志品质，"静以修身，俭以养德"的修身思想等也是大学生提高思想道德的精神源泉。

从全球范围来看，当今世界也有诸多优秀的文化思想，高校也要注意汲取与运用。比如，爱因斯坦曾说："一个人的价值，应该看他贡献什么，而不应当看他取得什么。"培根讲道："毫无理想而又优柔寡断是一种可悲的心理。"孟德斯鸠谈道："谦虚是不可缺少的品德。"还有竞争意识、质量意识、职业意识、服务意识等思想可以运用到我国市场经济之中，做到洋为中用，将世界文明成果与我国优良传统道德融为一体，为学生的德性成长提供广阔的思想道德源泉。

（二）由"高"向"低"转变

高校德育内容必须实现由高到低的转变和创新，即要求德育内容来源于学生、贴近学生现实生活，开展适合学生身心特点的德育实践活动，真正发挥德育在学生思想品德塑造中的重要作用。另外，德育内容要步步为营、循序渐进，比如，引导学生从爱父母、爱朋友再到爱人民；引导学生从爱家庭、爱学校再到爱国家；引导学生从不随地吐痰、不迟到旷课再到成为一名三好学生；等等。总之，要教育学生从高处着眼，从低处着手，在现实生活中不断提升个人的思想道德水平。

（三）由"外"向"内"转变

高校德育内容必须实现由他律型德育向自律型德育转变，使大学生在现实生活中学会自律。目前，学生存在的主要问题有：心理挫折、评价障碍、价值扭曲、责任心差、诚信危机、人格障碍等。我们应该有针对性地创新德育内容。

（四）由"知识学习"向"素质培养"转变

21 世纪对人才素质培养提出了新的要求：第一，要求学生具有崇高的道德修养和社会责任感；第二，要求学生具有较强的适应能力、开拓能力和创新能力；第三，要求学生理论联系实际，用科学的方法解决困难和问题；第四，要求学生进行自我个性发展；第五，要求学生树立终身学习的观念；第六，要求学生增强团结合作意识。

因此，高校德育内容应该结合 21 世纪对人才素质培养提出的要求进行创新，即以社会主义和谐社会理论为指导，在抓学生知识学习的同时，还要培养学生良好的工作责任意识、规范意识、质量意识、竞争意识、创新意识、服务意识、沟通意识与团队合作意识，拓展学生素质，最终实现人的全面发展。

第二节　新时代高校德育教育方法的传承与创新

德育方法是德育过程中教育者与受教育者相互作用的中介，是实现高校既定德育目标的必要条件，是使德育内容产生德育效果的重要手段。高校德育方法的创新，就是要求教育者根据时代要求和发展趋势以及不断发展变化的学生思想实际，在批判继承传统优秀德育方法和借鉴先进的德育做法的基础上，通过实践活动，对德育方法不断创造。创新高校德育方法，既有其相应的时代背景，也有其迫切的现实需求，更有其深厚的理论基础。

一、高校德育方法的创新价值

（一）提高高校德育实效的需要

高校德育实践的过程中，方法的正确与否直接关系着高校德育的成功与否。德育方法的正确选择可以对大学生产生积极的教育影响；相反，德育方法的不恰当运用就会使大学生产生厌恶的心理，容易造成严重后果。只有做到德育方法的有效运用，才能达到德育的目的。

长期以来，高校在德育的过程中，积累了丰富的理论经验与实践经验，一定程度上对高校德育的发展具有一定的积极作用。但是随着新时期的到来、新形势的发展变化，传统的德育方法已经不适用于高校德育的发展，要改变这种不利的情况，高校必须做到与时俱进，促进德育方法的创新。

对于高校德育工作者来说，当前最主要的任务和最首要的任务就是加快德育方法创新的步伐，改变传统单一的教育方法，做到理论教育与实践教育相结合、课堂教育与榜样教育相结合、批评教育与表扬教育相结合，因人而异，采取不同的德育方法，从根本上提高高校德育的实效性。

（二）顺应时代发展的客观需要

随着信息化、网络化时代的到来，不同文化、价值观念等可以快速交流、沟通，但也极易带来多元文化、多元价值观之间的冲突，甚至让人无所适从。在这种状况下，教育方法的更新是必不可少的。网络的快速发展给人们带来了极大的便捷，人们对于各类信息的获得也更加快速。网络成为大学生生活中所必不可少的一部分，对大学生的日常生活产生了巨大的影响。网络的高效、便捷，更容易激发学生的学习兴趣。空间的扩大使学生不再拘泥于单纯的书本知识，而拥有更多的选择，学生的学习方法也更加多元，对学习的兴趣也提高，从而达到预期的效果。

（三）确保大学生健康成长的需要

高校德育是为了培养德智体美各方面全面发展的高素质人才，学生是高校德育主要的对象。但是一直以来，我国高校德育忽视了大学生的主体地位，在德育课堂上仍然沿用传统的教育方法，如单一灌输的教育方法、以"批评"为主的教育方法、"满堂灌"的教育方法。这些德育方法忽视了学生的主体地位，忽视了学生的内心需要，是一种外在的强制性教育。其结果是在一定程度上束缚了高校德育与高校德育方法的创新。因此，只有选择正确的德育方法才能增强德育的实效性，取得良好的德育效果，圆满完成德育任务。

二、高校德育方法创新的原则

（一）教育性原则

高校德育方法是为完成德育任务、实现德育目标服务的。从人才培养的角度来说，任何一种德育方法都应当具有教育性。所谓教育性，即对受教育者品德的形成产生正面的积极的影响。当代学校教育强调全过程育人，强调环境育人，强调全员育人，这意味着学校情境是一个充满教育性的情境。当一种德育方法被使用时，这种德育方法本身应当是有教育性的，这是学校教育对德育方法的基本要求。如果一种德育方法本身只是一种解决问题的冷冰冰的工具，没有人情味，那么这样的方法是不受欢迎的。它也许是有效的，能解决部分问题，但是激不起学生的兴趣和热情。当一种德育方法并不受学生欢迎时，实际上它不可能产生持久而显著的育人效果。

（二）系统性原则

德育方法创新是一项系统工程。一方面，任何一种德育方法都不是孤立的，它与学校教育情境中的许多教育要素有着复杂的关联。也就是说在整个教育系统中，德育是一个重要方面，而在德育系统中，德育方法又是一个重要的组成要素。另一方面，一种方法有着复杂的内在结构，它本身是由许多因素组成的，如它的使用者、作用对象、应用条件、操作方式、反馈、评价等。因此德育方法的创新要遵循系统性原则，充分发挥系统的作用，并构建一个良好的运行系统，只有这样德育方法才能取得实质性的、理想的效果。系统论指出，整体性是系统的基本特征，系统是一个整体或统一体，而这一整体都是有结构的，无结构的系统是不存在的。系统的整体性原理指出，系统的功能并不是各要素功能的简单相加，它要受到要素之间的结构关系的影响。

在学校德育方法的选择过程中，有一个常见的误区，就是认为德育方法的问题只能交给德育工作者去解决，其他人与这一事情是无关的。这显然有违系统性原则。

（三）先进性原则

高校德育方法创新的另一条重要原则是先进性原则，也就是在德育方法的引进、选择与创新上，要保证所得到的方法是先进的、卓越的，是有进步意义的，是代表正确方向的。所谓先进性就是要最大限度地体现时代精神。相反，落后的德育方法则是与时代精神和主流价值背道而驰的。对先进性的追求是德育方法创新的基本价值取向。

（四）可行性原则

如果一种先进的德育方法在学校的情境中难以实施，或者说这种方法对实施条件有着特殊的或过高的要求，而学校又难以满足这些要求和条件，那么这种方法就失去了可行性。事实上，在一个地方出现的新的德育方法在另一地方往往会遭遇到实施困境。高校在探索新的德育方法时，更要紧密结合自身的条件和需求，寻找最适合自己的德育方法。

以上从教育性、系统性、先进性和可行性等四个方面探讨了德育方法创新的原则问题，这四条原则可能组成一个高校德育方法创新的原则体系。当然这一原则体系不是封闭的，还有更多的原则可以纳入进来。所谓原则并不是对创新束缚，相反是为了更加有效创新，不讲原则的创新只能是一种非理性的冲动。

三、高校德育方法创新的基本路径

（一）高校德育方法创新的具体内容

1. 坚持生活化教育方法

（1）生活化

关于德育生活化这一主题，我们首先应该强调的就是"生活"这个词。生活这个词可分为广义与狭义两个维度。广义的生活是指人类的生存、发展、娱乐等各方面的活动。狭义的生活是指以不同主体为划分标准的个人日常活动，如以学生为主体可以分为家庭生活、学校生活、社会生活。在实际日常生活当中，我们运用较多的是狭义的生活，因为生活可以划分为很多层面，在不同的背景下我们有着不同的生活状况、生活方式和生活态度。

其实，我们首先应该明识生活的主体是人，生活是产生于人与人之间的一种个人或社会行为方式，因此生活与人之间是紧密联系在一起的。哲学家库比特说："我就是我的生活，我的生活就是我，就是我的整个表达或者规定的自我。"从库比特的这句话中我们可以看出他所强调的是生活与自我之间的关系，他更加侧重于强调生活中主体的中心地位。因此，生活化具有以下几个特征。

第一，动态性。人的世界与动物的世界有着很明显的区别。首先，人是具有语言能力和思维能力的高级动物，这是人类区别于动物的最本质特征。我们生活在这个社会中，不仅仅是满足基本的生存需求，更重要的是让生活质量变得更好。纵观整个历史的变迁，人类社会不管是从个体的角度还是整体的角度看，都不是一种静态的状态，而是一种动态的状态。生活的过程也是我们的生命更有意义、更有价值的过程，我们只有感悟生活、体验生活，才能让生命中的我们更有意义，让短暂的时光变得精彩，构建完整的人格世界。

第二，实践性。马克思曾说过："社会生活在本质上是实践的，人类世界只能是实践中的存在。"我们在探索事物的真理性时，永远脱离不了以实践手段加以验证。生活是人所固有的，人类可以通过一系列的实践活动改造着这个客观世界，使自己生活的环境更有意义，更加安全。人类的一切活动都离不开实践性，实践永远是我们存在和发展的前提条件。无论是从这个物质世界中获取生存之物，还是尝试探索新鲜事物的过程，我们都摆脱不了实践这个根基。生活的价值存在于生活的实践之中，在生活世界中，不存在脱离实践活动的人，离开了实践活动就无法真正诠释生活的真谛。

第三，创造性。人来到这个世界，既享受生活又创造生活。生活中的很多事物并不是与生俱来的，都是人类通过不断的实践活动探索出来的。当然我们不可否认大自然所赋予的基本事物是我们激发创造性的前提。在人类社会历史文明的演进中，社会的进步性就是在于人类通过勤劳的双手创造出前所未有的元素。当今社会与我们生活密切相关的客观事物，如各种智能电子信息设备、便捷的交通工具、航空航天设施等，都是前所未有的新鲜事物，它在借助于一定的自然条件的前提下，给世界注入了新鲜血液，让世界变得独具魅力。因此，人类的创造性在时刻改变着我们的生活。

（2）德育生活化

对"德育生活化"的理解，首先要厘清道德与生活之间的关系。德育离不开我们现实生活的本真世界，生活为德育创造了丰富的资源，是推动德育前进的动力。德育只有依托生活，并融入生活之中，才能彰显生活的多样性与德育的无穷力量。

有学者对德育生活化的内涵这样界定："德育生活化就是强调生活是道德教育的根基，道德教育只有渗透生活的各个方面及领域才能提升人的道德水平和精神境界，使人能够生活得更加美好和有意义。"对德育生活化的理解，其实质是摆脱在应试教育盛行的时代背景下，德育方式和手段与成绩挂钩的僵化绳索，真正做到为人类生活服务，为学生成长服务。德育生活化的提出，正符合时代需求，知识性的德育手段不符合现实生活实际需求。德育不仅仅是一种知识，更是一门与生活有紧密联系的特殊性实践活动。生活化的方式为德育发展指明了方向，但是新的理论的提出需要漫长的探索路程，需要在实践的追问下发展。德育生活化作为新时代发展的创新理论成果，存在局限性和理论不成熟等问题，需要反复摸索与总结。

（3）大学生德育生活化途径

①关注教育主体，寻求德育与生活的价值契合

第一，关注教育主体的主动性。只有将学生置于教育的主体地位，把社会发展与学生成才辩证统一起来，寻找教育与生活的契合点，使教育根植于生活，德育才能从理想化、片面化、泛化中走出来。只有发挥学生的主观能动性，以学生的安全、幸福、发展、自我实现为出发点和归宿，德育才能焕发出蓬勃生机。具体应做到关注学生个性，激发学生潜能，使学生与教师进行关系平等、互动良好的认知交流和情感交融，将教育的目标性、理想性和政治性与学生的现实需求和精神追求紧密连接起来。

第二，关注教育主体的完整性。学生不是单维度的、知识的、政治的人，而是复杂的、丰富的、完整的人。知识获得、良好行为习惯的养成与情感认同、态度价值一致的有机结合是统整教育理论与实践价值，

打破认知世界与现实世界壁障的必要条件。德育表现出完善生活、提升生活品质，既是对现实世界的回应，更是对未来美好世界的向往。尊重学生的完整性应将现实生活中的感知、认识与发掘高尚的道德品质、行为统一起来，在践行思想观点、道德规范、政治观念的同时养成良好的生活态度和人文素养。

第三，关注教育主体的发展性。从"志气未定，可善可恶，如草木初生，可直可曲"的童蒙阶段到道德丰盈，能够结合社会规范进行自我判断、自我磨炼和自我提升的成人阶段，人的道德水平和政治素养一直处于不断发展完善、尽善尽美的过程。尊重学生的发展性，德育既要为学生良好德行的养成和正确"三观"的确立提供营养，也要使其获得终身受用的品行和智慧。健全人格、高尚品德的培养应遵从不同年龄学生的身心特点和认知水平，关注教育主体的差异性与发展性，对生活教育的内容进行比较与选择，以动态的眼光对待与社会接触日益增多、知识水平逐步提高、思维慢慢趋于成熟进而走向社会的独立个体。

②构建生活化教学范式，寻求德育与生活的同步发展

将理论教学的"合法性"与现实生活的"合理性"有机结合起来，构建生活化教学范式，应正确把握德育与生活的关系，力求两者能同步发展。构建生活化教学范式，应把握学生的身心发展规律和价值诉求，将价值理念、教育内容融入学生日常生活之中，提升学生的认同感和获得感，使德育的内容和方法成为学生喜爱、能用、会用的有力思想武器。学生生活世界的丰富多彩及个性化发展决定了教学方法、教育载体、人文环境和评价体系需关注多元社会的发展和学生的实际需求，以提升德育的感染力。

③开发生活教育资源，拓宽德育教学的多元径向

第一，挖掘隐性教育资源。教育者隐蔽的教育意图相对于显性说教而言，更容易为受教者所认同，也易于转化为受教者的内心要求。生活教育资源在教育中起着润物细无声的作用，其过程的隐蔽性、内容的丰

富性、方式的间接性和功能的潜移默化性，相对显性的教育资源有着不可替代的优势。

第二，融入传统德育资源。传统文化具有独特的育人功效。中华民族的传统节日承载着国人的精神信仰、人文情怀，蕴藏着宝贵的德育资源，既是民族传承的重要载体和表现形式，也是进行德育的宝贵契机。通过深入解读传统节日的文化内涵，开发其蕴含的诸如爱国、奉献、勇敢、仁爱、勤俭、孝悌等丰富德育资源，可以让学生在参与传统节日庆祝活动的过程中热爱生活，培养优良品质。

第三，运用现代网络资源。在"互联网＋教育"新常态的时代背景下，德育须顺势而为，借助信息网络的特性和优势开展各项工作。"三全育人"理念不仅仅体现在现实空间，更应运用于与学生密切联系的网络空间。红色网络阵地应从教育内容的理论化、抽象化，教育过程的工具化、单一化转变为以受教者实际生活需求为主体的个性化、发展化，形成德育与生活彼此契合、相互促进、共同发展的良性循环。

2. 坚持隐性德育方法

（1）隐性德育的概念

隐性德育起源于西方的隐性教育或者隐性课程。虽然西方学者没有确切使用隐性德育这一教育学名词，但他们认为学校、大众传媒、学校社团等课程外的教育载体可以发挥德育的功能。总体而言，西方关于隐性德育的研究主要体现在潜在课程方面，比较有代表性的是教育家、实用主义的集大成者约翰·杜威的思想。杜威虽然没有提出"潜在课程"概念，但他的教育理论中蕴含隐性德育的思想。他认为"教育即生活""学校即社会"。他认为学校就像是一个社会，学生通过在这个社会中发现自己的学习兴趣与天赋，学会与他人进行合作，习得生活的经验，从而成为一个合格的社会人。因为"环境的无意识影响不但难以捉摸而且无处不在"。他强调只有在学校这个特殊的社会中通过创造良好的教育情境才能够真正发挥教育的作用。正因为此，杜威倡导举办园艺、纺织、烹饪等各种与生活相关的活动或者是组织各种各样的游戏，以此激发学生的兴趣与主动作业。当然，不管采用哪种方式，都是通过环境的影响达到培养合格的社会人这一教育目的的。

首次提出"潜在课程"的美国教育家杰克逊认为，学校中的潜在课程强调特定的技能，比如说安静地等待、学习忍让、不断尝试、与他人合作等，虽然这些与教育目的完全没有关系，却是让学校对他们满意的必要条件，所以学校有意无意都存在着潜在教育的因素。

我国有关潜在课程的研究始于 20 世纪 80 年代，最初以介绍西方的潜在课程理论为主，现在逐渐转向较独立的隐性德育的理论探索，并从理论认识层面拓展到实践操作层面。可以说，国内的隐性德育是对西方潜在课程的借鉴和发展。

德育有广义和狭义之分，狭义的德育仅指道德教育，广义的德育则包括非常丰富的内容，道德教育之外，政治教育、思想教育、美育等都是其重要组成部分。本书采用的是广义的德育概念。德育又分为显性德育和隐性德育，显性德育主要是关于知识的教育，隐性德育则包含知识教育之外的一切德育元素，甚至于关于知识的教育亦包含隐性德育的内容。国内关于隐性德育的研究起步较晚，成果还比较有限。

综上所述，隐性德育是一个内涵非常丰富的名词，它是与显性德育相对的一种德育类型。具体来说就是通过运用德育课程外的其他课程类、环境类、活动类等资源或途径开展思想道德教育的特殊方法，通常以感染、引导、内化的方式影响受教育者的思想道德素质，达到提高德育实效性的目的。

（2）隐性德育的特征

隐性德育有其鲜明的特征，也正是这些特征促进了隐性德育效果的实现。概括来说，这些特征主要是潜隐性、多样性、生活性、持久性。

①潜隐性

这是隐性德育区别于显性德育的最典型特征。隐性德育不是直接通过专门课程向受教育者施教，而是将有关思想、政治、道德等德育内容与德育目标寄托在其他非专门课程、实践活动、校园制度以及校园环境中，从而使受教育者在无形中受到潜移默化的德育影响，以达到德育目的。也就是说，隐性德育隐去了"有形"之课程，代之以各种社会实践活动，受教育者的关注焦点即在这些活动中，没有或甚少感知教育目的的存在，因此说其具有潜隐性。

②多样性

隐性德育方法具有多样性。所有能进入德育情境中的资源都能称为德育资源。中华优秀传统文化包含很多珍贵的教育方法、教育理念，不仅没有在历史的长河中消失，反而随着社会的发展与教育的进步有了实现的可能性。隐性德育起源于西方的隐性课程，有很多有益的隐性德育方法亦值得借鉴。此外，在现实生活中也存在着大量的可供利用的德育资源，既有课堂之中的，也有课堂之外的；既存在于校内，也存在于校外；既有物质形态的，也有非物质形态的。总之，古今中外有多种多样的隐性德育方法，为德育活动的实施提供了丰富而便利的条件。

③生活性

这是隐性德育的应有之义，也是其基本要求。德育源于人类现实生活，本身就具有生活性，只是由于历史的、社会的等各种因素的影响，人们经常将德育看得遥不可及，将其等同于不切实际的理想、终极的追求等虚无缥缈的东西，离人们的日常生活似乎很遥远。现阶段突出隐性德育的生活性是非常重要和必要的。只有立足生活、植根生活、融入生活，才能了解现实生活中人们的道德现状和道德需求，才能善于发掘并利用现实生活中无处不在的隐性资源，才能运用现实中先进的教育技术与手段，也才能解决现实生活中遇到的困难，从而真正实现教育的目标。

④持久性

隐性德育的效果具有持久性。一方面，"德育工作的目的越明显，就越容易引起人们的逆反心理或对抗心理"①。隐性德育采取的是隐蔽性教育方法，因此在教育过程中可以使人们减少不平等感和逆反心理，更容易提高教育的实效性。另一方面，隐性德育具有一定的隐蔽性，它需要经历一个自我认知、自我反省的过程才能完成自我升华的任务。当然，隐性德育一旦产生了相应的效果又将长期存在，因此说它具有持久性。

（3）隐性德育的功能

隐性德育的功能是其本质的外在集中显露，因此认识其功能有利于更全面、更深刻地了解隐性德育。

①规范引导功能

显性德育是直接教导受教育者应该做什么以及怎么做的教育方式，而隐性德育是通过间接、隐藏的手段将教育内容和目标呈现给受教育者的德育方式。在隐性德育中，受教育者没有被明确告知教育要求，而是受到教育内容的客观刺激，从而引发其内心的波动而实现规范、指引和导向功能。当然，规范引导的方式有很多。以高校为例，学校的校纪校规等规章制度规定了大学生自由发挥的最大限度。高校校园文化中流行的"光盘行动"，餐厅挂着的"一粥一饭，当思来之不易；半丝半缕，恒念物力维艰""谁知盘中餐，粒粒皆辛苦"等宣传横幅促使大学生产生节约的心理需求与思考，从而自觉规范其行为，养成良好的习惯。总之，大到学校的校园文化，小到学校的一个指示牌、一草一木都可能对大学生产生无形的影响。

②感染塑造功能

"感染"最早出现于医学，后来引申到心理学领域，指"情绪诱发者的感官情绪信息被觉察者感知并自动化地、无意识地加工成与诱发者相同的情绪状态的心理现象"②。在隐性德育过程中，教育者往往通过

---

①　檀传宝. 德育美学观［M］. 北京：教育科学出版社，2021.

②　张奇勇. 情绪感染的发生机制及其调节模型——以教学活动为取向［D］. 上海：上海师范大学，2014.

营造一定的氛围来影响受教育者，使受教育者在这样的气氛中受到熏陶和感染，由此达到陶冶道德情操的教育目的。这就是德育的感染塑造功能。例如，举办运动会等集体性文娱活动，运动员的拼搏精神和彼此的团结协作精神是可以相互感染的，场边啦啦队热烈的欢呼声往往能够带给运动员莫大的鼓励，甚至可以使运动员反败为胜。又如小说、电影、音乐等文艺作品，往往能够带给人心灵的释放、身心的愉悦，无形中陶冶了人们的情操。

③内化功能

隐性德育通过对受教育者的内心进行反复的刺激，促使受教育者规范和指导自身的实践活动，从而不断地调整和完善自己的世界观、人生观、价值观，这就是其内化功能。德育只有得到受教育者内心真正的肯定和认可，才有实现其教育目标的可能。然而教育的现实状况是，显性德育常常与学生的道德认知状况和道德实践相脱节，导致学生仅仅为了通过考试而学习。这种情况下，学生所学的有关道德的知识，既不能真正内化为自身的道德品质，也不能外化为具体的道德行为。相反，隐性德育注重通过生动化、形象化、生活化的方式将德育内容传递给学生，也强调道德情境的构建、道德情绪的感染、与道德实践的密切联系，强调运用一切能够利用的资源和方式帮助学生完成思想道德观念从内化到外化到再次内化的不断循环的过程，从而形成积极的道德价值观体系。

（4）隐性德育方法的类型

①隐性德育课程

隐性德育课程是隐性德育方法的基础性组成部分，主要是指各类思想政治理论课之外的其他课程。这类课程不以德育为直接教育目的，却不自觉有隐性德育的效果。隐性德育课程主要有两类：一是各种专业课程，这是大学生在日常生活中接触次数最多的类型。但可惜的是专业课程蕴含的丰富的德育资源没有得到充分的挖掘和利用。二是涵盖自然科学、社会科学内容的渗透人文关怀精神的素质教育课程，包括各种选修课程、名师讲堂等。这些课程要么自身有德育的功效，要么其教学内容和方法包含隐性德育的因素，而不管其发生作用的方式如何，其包含的隐性德育方法都应该得到重视。

②隐性德育文化资源

简单来说，服务于隐性德育的文化活动与文化产品都属于文化类隐性德育方法。文化伴随着人类的诞生而产生发展，人类的历史有多长，文化的历史便有多久，因此文化资源是一个复杂而庞大的体系，广泛存在和渗透于社会生活的各个领域。"文化是德育的重要载体，文化建设是德育的根本任务。"文化的种类有很多，可以分为先进文化和落后文化、主流文化和亚文化、西方文化和东方文化、传统文化和现代文化。现代文化也有社区文化、企业文化、校园文化等。生活中比较常见的是文艺作品，以诗歌为例，对仗、押韵的形式可以直接给人以视觉上的美感，描述的或壮阔或凄清的画面有助于激发学生的想象力，表达的或爱国或思乡的情感又能够让学生受到感染和启发。总之，文化资源以其精神性的一面成为隐性德育方法不可或缺的一个种类。

③隐性德育活动

较之前两种方法，德育实践活动因更贴近生活和贴近实际而更好地体现了隐性德育的可操作性和可实现性，因此是一种十分重要的类型，近年来也越来越受到重视和关注。德育实践活动一般直接和现实生活相联系，大多是一些具体的活动形式，在高校中主要指的就是校内活动和校外活动。前者有大学生社团活动、集体活动和党团活动等各种文娱活动，后者包括校外社会服务、社会考察、调研实习、社区服务等实践活动。各类实践活动是围绕社会生活而展开的，因此学生有更大的主动性参与其中，教育效果也更明显。正是由于这个原因，其对隐性德育的重要性越发凸显。

④隐性德育环境

隐性德育环境包括物质环境和精神环境。前者是指融入隐性德育意图的环境中不以人的主观意志为转移的客观存在，包含自然环境和社会环境中的物质因素。对于高校来说，主要是指学校建筑、生态环境、班级教室设置等，一般是通过环境与氛围的塑造给受教育者以美的感受，以此培养和提高其审美素质。后者指一切有助于教育目标实现的精神因素的总和，包括健康向上的社会风气、良好的行为习惯、科学的理论、优良传统等。在高校中主要指校风、学风以及以此为基本表现形式的大学精神，还有教育者博学儒雅的气质、受教育者乐观向上的精神以及民主平等、教学相长的新型师生关系等。这类资源一般是通过人的能动性创造出来的，对社会成员有普遍性的影响，加上其无形性以及可再生性，可区别于其他方法而成为隐性德育方法必不可少的一个组成部分。

⑤隐性德育制度

隐性德育制度的种类也有很多。一是党和政府关于德育的相关文件和精神，一般起着指导性、统筹性的作用。例如，素质教育的提出，隐性德育在某些方面就体现了素质教育的要求。二是凝聚思想政治要求的校纪校规和学生手册。以学生出勤率、参加学校活动的次数及获奖情况、是否担任干部等为学生品德考评的指标均属此类，也是存在问题较多的一类。三是约定俗成的课堂纪律和宿舍文明守则，这是目前为止各大高校最具特色也是最大限度发挥受教育者能动性和创造性的类型。以宿舍为例，营造整洁、卫生、安静、和谐的环境和氛围是学生一致的要求和追求，因此评比"优美宿舍"等活动总是能激发他们的积极主动性和参与性。

需要指出的是，隐性德育不管以怎样的标准来划分，结果都是相对的，因为其各种影响因素往往是相互交织产生作用的。而且，隐性德育的方法也不是固定不变的，随着社会的发展会不断出现新的德育方法，影响隐性德育方法的系统建构。

3. 坚持体验式德育方法

（1）传统式德育与体验式德育的比较

相对于传统式德育，体验式德育具有以下优势。首先是教学理念的改变，由传统的以教师为中心，只教授学生学习知识的方法，转变成从实践体验中获得新知识，重视在就业过程中认识当前社会现状。其次是学习环境的改变。教育模式不再固定化、限制化，而是在一种轻松体验式的学习氛围中进行学习。不再以教师单一讲述、学生被动学习的方法为主，而是学生自主学习，极大地提高了学生的积极性，改变了学生的学习态度。

（2）实施体验式德育的途径

①创设良好的体验氛围

不同方法可以加快体验式课程的改革，如角色体验法，是让学生通过扮演角色的方式进行学习，这种方法可以帮助学生在短时间内集中注意力，融入课堂中，同时学生在情境中可以感受角色的情感，从而拥有深刻的体验。体验式教学为学生营造了探究知识的氛围，使学生身临其境地解决实际问题，提高学生理论联系实际的能力，同时激发学生的学习兴趣，增强学生在课堂中的参与感。为此，教师可以在教学中应用体验式教学法，给学生分配不同的角色让学生自己感知。

②注重学生的融入度和参与度

在教学的过程中，要更加注重学生对于新型学习方式的认知态度，转变学生原有的学习理念，不要单纯地认为学习是课本加考试，而忽略了学习真正的目的。教师也可以从多方面来考查学生的学习能力，对学生的不同方面进行评价，因材施教。同时还可以让学生自主结成学习小组，在遇到问题时，小组之间可以相互研究、互相分享成果、畅谈感悟等。这样才能真正地让学生融入课堂，提高其参与度，达到改革创新的目的。

4. 坚持自我教育方法

（1）自我教育概念界定

按照教育者制定的道德规范和道德原则，受教育者自身作为教育对象供自己教育，并作为教育主体进行教育学习和锻炼。这个概念向我们解释了自我教育的对象是人自身，教育的方法是自己教育自己，教育的目的是提升个人的自我道德修养。提升个人的自我道德修养的教育目标是受教育者自己提出来的。一旦个人的道德修养方面得到提升，这个人的自我教育也就取得了成效。自我教育是为了提高自我道德品质和思想政治素质而进行的一种教育活动。也有的学者将自我教育表述为一种完善和增强自己的各项技能或者素质能力的手段。更多的学者会把自我教育作为一种自我批评、自我发展的手段和方法来理解。自我教育并不是仅仅依靠教育者的单方面传授，而是在教育者的教育之后，让受教育者发挥主观能动性，自己"通过一些学习方式，主动接受科学理论、先进思想观念"，将知识内化为自身的品质，进而自主的学习，最后达到提高自身思想认识和道德水平。

我们对自我教育的概念可以从以下观点来解读。

第一，受教育者的主客体统一性。是身为主体的自我对身为客体的自我进行教育，这两种性质是同时出现在一个人身上的，作为教育主体要拎的清，并做到实现主体我和客体我、心理我和生理我、现实我和理想我的统一。

第二，受教育者已经得到了一定的教育，"他教"是必不可少的过程，"他教"在整个自我教育的过程中起重要的作用。也是由教育者以一定符合社会要求的观念、思想等对教育主体进行有目的、有计划的教育，让教育主体认识这个世界。

第三，教育主体在吸收教育者传递的思想观点时需要一个思想矛盾转化和内化为自身品质的融合期。教育主体需要将在"他教"过程中学到的知识内化为自身的品质，从而在之后教育过程中把自我作为教育的对象，产生自我学习的意识和动力。

第四，在产生自我学习的意识后，通过一些自我教育的方式，自己发展自己，自己教育自己，主动接受先进思想和自觉提升自己，会自己审视自己和纠错改正，达到自我学习的目的。

第五，自我教育的过程注重社会要求和自身发展需求的统一，既需要符合社会发展的要求，履行社会的规则和秩序，又需要考虑到自身的发展需求，做到个人习惯和社会行为的统一。

第六，总结和反思也是自我教育过程中不可缺少的。对整个自我教育的过程进行评价和反思，有利于提高整个自我教育的效率。

结合上述内容，我们可以对自我教育进行一个大致的理解，自我教育就是在思想政治教育过程中，教育对象根据社会发展和自身发展的要求，产生自我学习的意识，再通过深刻自我意识、调整自我选择、树立自我调控和科学自我评价等方式，利用自己已有的教育知识，在学习过程中克服错误思想和行为，使自己的政治倾向和思想品德不断完善、发展，不断发挥教育的主体地位，将一定的思想道德内化为自身的品质，自己教育自己，自己督促自己，不断提升自身。一切的教育活动都离不开教育主体的自我教育，脱离了自我教育的教育活动很难达到教育的成效。

（2）自我教育的必要性分析

大学生自我教育是自身发展的必然要求。当代大学生经过了多年的学习和教育，已经具备了一定的知识基础和文化底蕴，通过高考选拔出来的大学生是我们国家的中坚力量。担负如此重任的大学生，除却在学校中接受教育和学习，更多是要学会自我教育，以便日后能够更好地适应社会，融入工作中。大学生自我教育是社会发展的必然要求。人的思想不是凭空出现的，是在一定的环境下，由各种社会因素相互作用形成的。思想政治教育的经济、政治环境也在发生着变化，环境逐渐开放，大学生的心智和情感都不太成熟，在这样的一个大环境下，大学生为了能更好地适应社会环境和社会的要求，需要不断地增强自身的竞争力，培养自己的知识素养和职业技能等。

大学生自我教育是思想政治教育发展的必然要求。思想政治教育是离不开自我教育的，自我教育是实现思想政治教育的重要方式和途径。思想政治教育需要通过自我教育来提升实效性，开展自我教育有助于完善思想政治教育理论，是思想政治教育的内在要求。在当代大学，自我教育仍然是比较薄弱的环节，大学生的思想政治教育面临着这样或那样的困境，因此应创新思想政治教育的方法，提升大学生修养和完善其人格，促进大学生的全面发展。

5. 坚持榜样教育方法

（1）榜样教育法的含义

从当前学者的研究来看，学者们并没有将"榜样教育法"和"榜样教育"作为严格区分的两个概念。有学者将"榜样教育"定义为教育活动过程，也有学者将"榜样教育"定义为"教育方法"。例如，班华教授认为"榜样教育"是"以高尚的思想、模范的行为、优异的成就"对受教育者进行影响的一种"方法"。"榜样教育"展现的是教育过程性和教育活动性，而"榜样教育法"更多地体现了教育的工具性特点。

从过程性来看，榜样教育是一种教育活动，包括榜样、教育者、受教育者和社会环境四个构成要素。教育的本义就有学习榜样，言行向善的意思。榜样教育的活动性体现了榜样教育不是单纯的个人活动而是一种社会活动。教育性体现了榜样教育所具有的示范性、矫正性等特点，具有价值引导性。同时，榜样教育也是一种教育过程，榜样的作用就是在这个动态的过程中发挥的。这个过程既包括教育者的施教过程也包括受教育者的接受过程。在施教过程中，教育者要发现榜样、选择榜样、解释榜样。在接受过程中受教育者要观察榜样、学习榜样、模仿榜样。

从工具性来看，榜样教育法是一种具体的思想政治教育方法。它是思想政治教育者为了达到一定的思想政治教育目的在教育活动中采用的特定手段和方法，也是人们对思想政治教育客观规律的一种科学把握和运用表现方式。榜样教育法作为具体的思想政治教育方法是以思想政治教育理论为基础，服务于特定的思想政治教育的。它同时也是教育者和受教育者相互联系的桥梁和纽带，教育者正是用榜样事迹和榜样精神激励引导受教育者，从而实现与受教育者的互动和交流的，使受教育者自发接受并效仿榜样的优秀品质和模范行为，从而影响受教育者的思想品德和行为规范。

（2）榜样教育法的特征

①生动现实性

生动现实性是榜样教育法的一个重要特性，其主要体现在作为榜样的人不是虚无缥缈的神而是现实生活当中的人，榜样事迹是真实发生的，不是凭空捏造的。榜样教育法通过社会生活中鲜活的人物事迹向受教育者展示高尚的精神品质，其示范性和有效性是建立在现实性的基础上的。榜样教育法是通过引导受教育者对榜样的模仿来实现教育目标的，而榜样教育法的现实性为人们模仿榜样提供了可能。在共同的生活平台上，人们会因为榜样人物和榜样事迹的真实存在而尝试模仿，尝试学习。

②感染性

榜样教育法作为思想政治教育的一种重要方法，是为实现教育目的服务的。思想政治教育具有很强的理论性，榜样教育法区别于其他教育方法的一个重要特征就是其具有的强大感染力。榜样教育法不是向受教育者直接灌输理论知识和框架准则，而是激发受教育者模仿榜样的行为，接受榜样的思想观念，用崇高的榜样精神和高尚的人格理念来熏陶感染大众，达到思想政治教育的目的。

③时代性

榜样教育法从古至今都是重要的教育方式。榜样教育法的基本作用机制保持不变，但是榜样教育法的具体榜样选取和榜样精神取向随着社会发展而变化。经济基础决定上层建筑，不同历史发展时期有着不同的生产力发展水平和生产方式，因此社会对政治、思想、文化的要求也不同。榜样教育法的时代性主要体现为榜样精神的时代性。榜样作为具体的人是存在于具体的社会关系中，受当下社会发展条件所制约的。特定历史时期的榜样集中体现着当下社会的主流价值和思想观念，是被人民群众所认可和接受的，代表着统治阶级的思想。战争年代的邱少云、刘胡兰，展现了不畏牺牲的为国奉献精神；新中国建设时期的邓稼先、雷锋、钱学森，体现了大公无私的为人民服务的精神；改革开放以来不断涌现的榜样体现了抗洪精神、航天精神、女排精神、汶川精神等。每个时代的榜样都集中代表了当下社会的需要和人民群众的价值取向。不同历史时期的主流榜样不同，同一榜样在不同时代被赋予的时代内涵也会有所变化，反映了人们在不同社会环境下价值取向和道德标准的变化。榜样教育法的时代特征保证了榜样教育法的强大生命力和持久有效性。

（3）榜样教育法的教育内容

榜样教育内容是榜样教育法运用的重要基础和来源。由于榜样、教育主体、教育客体以及教育环境多因素的影响，榜样教育的内容较复杂。

①榜样事迹教育

榜样事迹是受教育者接触榜样的第一步。人们总是从知道榜样的生动事迹开始认识榜样、学习榜样、接受榜样高尚品质的感染和熏陶。榜样自身的优良品质和先进的思想道德水平不会直接展现给教育对象，要通过具体的事件和行为与受教育者产生情感共鸣。

人们通过知晓雷锋为人民服务的小事而学习无私奉献和助人为乐的精神；通过见证汶川地震的感人事件而学习众志成城的汶川精神；《感动中国》栏目通过展示榜样事迹来宣传和弘扬年度人物的崇高品质。伟大的贡献往往渗透在平凡的小事中。榜样事迹的具体存在就是告诉人们，榜样精神不是虚无缥缈的，优秀的榜样人物不是高高在上的。所以榜样事迹是榜样教育法实施的重要内容构成。

②榜样能力教育

"能力"是完成一项目标或者任务所体现出来的综合素质，直接影响着活动效率，是一种重要的个性心理特征。榜样能力既包括了人人具备的基本能力，比如观察能力、记忆能力、思维能力以及注意能力等，也包括了特殊的专业技能，比如写作能力、运动能力、音乐能力、教育能力等。

榜样人物的震撼人心的事迹，比如医者路边救人、群众跳水救人、科技工作者的科研等，都不可避免地以榜样能力做重要支撑。榜样能力教育告诉受教育者，人人可成为榜样。榜样特殊能力教育告诉受教育者，榜样人人不同。三百六十行，行行出状元。运用榜样教育法要注意加强榜样能力教育，培养人的专业技能，让人们学会在平凡的岗位和领域挖掘自己的潜能，提升自我价值。

③榜样精神教育

榜样精神教育是榜样教育法的核心内容。榜样事迹和榜样能力的教育都是为实现榜样精神的传承和发扬。运用榜样教育法对大学生进行思想政治教育最忌空学人物事迹和表面文章，应当深入学习榜样人物所代表的崇高精神。要坚持事实教育和精神教育的统一，重点引导大学生透过表面的事件感悟榜样人物身上体现的无私奉献、一心为公、全心为民等高尚品质。通过榜样精神教育可展示榜样教育法的激励性和感染性，实现对受教育者的精神引领。

（二）高校德育方法创新的主要途径

1. 对传统德育方法的继承与创新

对于中国传统德育方法，我们应抱着继承和发扬的态度去对待。

（1）对德育方法的继承

对于高校德育方法的继承应从两个方面来看待。第一方面是思想的继承。在思想上继承，即建立良好的道德观念，从道德层面来强化对学生的教育，使学生树立健康的价值观。思想的继承要与时代相适应，从本质上把握德育的思想。第二方面是方法的继承。对于传统德育方法的继承，我们应与时俱进，利用科技成果和现代理念，吸收先进的教育思想，与传统的教育方法相结合，丰富我们的德育思想和手段，使我们的教育更能为大学生和高校教师所接受。

（2）对中国德育方法的创新

我国传统德育方法为德育思想的传承和发展搭建了平台。随着改革开放的深入、社会的发展、外国思想的传入，高校德育面临着很多问题和挑战，因此其应跟随着时代的发展与时俱进。具体可从三方面推进德育的创新。

第一，德育方法的创新要与社会发展相结合。德育要面对和解决许多社会问题，把握社会热点，从德育方面进行阐述和分析，与社会紧密结合，是我们进行德育创新的首要任务。

第二，德育方法的创新要借鉴先进的教育思想。把国外先进的教育思想与我们的德育相结合，吸取积极的因素，更准确、有效地开展大学生德育。

第三，德育方法的创新要与科技的发展相结合。现代社会高速发展，科学技术在许多方面给我们的社会带来了革命性的变革，推动着社会的快速发展，影响着我们的生产、生活。把科学技术引进德育课堂，可使德育更贴近社会和生活，提升学生学习的积极性，使德育课堂更生动和更有时代感。

从以上三个方面进行德育方法的创新，将会使我们的德育更易于被大学生接受，德育的效果会更突出。

2. 对国际现代教育方法的吸纳与借鉴

我国传统德育模式改革，需要在借鉴国际经验的基础上，与社会理想、责任、义务等方面进行结合，使德育内容更具体、更有针对性和可操作性。而强化个人的创造性、创新性则无疑是最受重视的原则之一。这些内容更深入地反映出了本民族、本国的发展需要，也在某些方面体现出社会发展的一般规律和大学生的普遍德育状况，具有一般机制特点和普遍性参考意义。我们应根据本国实际情况，因地制宜地进行课程安排和进行针对性的内容选择。

德育教育和智育一样，具有多样性特点，无论是课内还是课外，都需要进行设备、技术、人员以及资料等诸多方面的投资，没有投资，德育只能是一座无法有效运作的空中楼阁，不具有实际意义。对德育进行投资，是最有效的方式之一。

由于德育属于精神方面的教育，所以在硬件投资上，一直被忽视。随着教育观念的更新以及科技发展水平的提高，各国的观念都开始转变，开始重视投资对于德育的作用。

此外，在我国当前的教育模式语境下，可以对其中的诸多内容进行改良和信息更新，还可以制定针对违反道德行为的防范措施，主要是为了保护学生，使其不受伤害。因而防范措施的制定和系统化，就成为需要努力的目标之一。重视与家庭和社会的德育结合，也是一种非常有效的方式。

（三）建构以学生发展为本的教育方法体系

世界上多数国家都高度重视青少年的品德教育，但由于社会制度、传统文化、教育发展水平以及社会问题等诸多因素的影响，各国所面临的大学生的品德问题各不相同。从各个国家和地区的教育模式改革和探索经验可知，要创新高校德育，就应对高校德育改革新方向进行确立，不断地更新高校德育的传统观念，在教学中不断地调整高校德育的内涵和具体方式，探索构建高校德育的科学管理模式，发挥校内校外德育力量的整体作用，对具体学生进行具体的道德教育，防止不良现象的发生。

在强化德育的传统模式功能的同时，还需要以创新教育为依托，不断在德育过程中强化人格教育和人性化教育的重要性；从多个渠道一起构建"主体间性"的教育模式，同时不断增强人与人之间的互动；从整体上构建德育内涵体系和教育知识框架，发挥社区渗透性教育优势；整合校内校外的道德约束与引导机制，进一步完善学生的个性化德育；不断推进社会德育制度建设，营造良好的社会氛围，创建道德价值评判体系；优化当前教育模式和教育制度的育人功能等。

第七章　新媒体环境下的高校大学生思想教育创新

第一节　新媒体环境下高校大学生思想教育模式的转变

伴随着数字技术与当今信息的日益融合及普遍应用，新媒体正在被越来越多的人所熟知。有别于传统媒体，新媒体在信息的传播、接收及采集等层面进行了重大的技术变革，为大众的生活带来了极大的便捷，并逐渐改变着大众的行为模式以及思维方式。不仅如此，新媒体还渐趋成为一种新型有效的思想政治教育方式。基于此背景下，本章内容从微博、QQ、微信三种媒体形式着手，对其在高校思想政治中的应用进行了探究。

一、微博在新媒体时代高校思想政治教育中的应用

微博作为比较新颖的网络交流传播工具，以其交流的平等性、传播的即时性和内容的个性化等特点，已经渗透到社会生活的方方面面，对人们日常生活的影响也越来越大。对于高等院校的大学生来说，他们具有追求个性、乐于表达自我等特点，也比较容易接受新鲜事物。微博这种交流工具的应用一方面符合当前大学生成长和学习的需求，另外，也对大学生的人生观和价值观等的形成产生了重大影响。基于此，高校思想政治教育者应当抓住这一信息时代发展的机遇，充分发挥微博对提升思想政治教育水平具有的十分重要的作用，为高校思想政治教育效果的提升打下坚实的基础。

（一）微博思想政治教育功能

思想政治教育一方面受到社会政治、经济、文化的制约，另一方面又服务社会发展，促进社会政治、经济、文化的发展。思想政治教育的功能是思想政治教育本质的外在体现，是指思想政治教育对教育对象乃至整个社会所发生的积极独特的作用或影响。微博思想政治教育基本涵盖思想政治教育的主要功能，但也具有一定的特殊性，不仅对个人和群体产生影响，还对整个社会发挥作用。

1. 导向功能

导向功能是思想政治教育的基本功能，具体包含舆论导向、目标导向和行为导向三种类型。

第一，舆论导向。改革开放以来，我国人民群众的精神文化得到充分的发展，科学、民主精神得到明显增强，价值取向向多元化发展。因此，在外来文化的干扰下，有人在社会主义发展过程中产生了迷茫和困惑，而微博思想政治教育就是引导人们的思想朝正确的、积极的方向发展，弘扬社会主义的主旋律，宣传社会主义核心价值体系，掌握舆论宣传的基调。

第二，目标导向。微博思想政治教育宣传党和国家的路线、方针、政策，帮助群众理解政策，学会用政策分析社会问题，理解和坚定"两个一百年"的奋斗目标。在工作和生活中，群众跟随党和国家的方针、政策逐步实现自己制定的小目标。当党和国家、社会的大目标转化为每个受教育者为之不懈努力的奋斗目标时，就离党和国家、社会的大目标的实现距离不远了。

第三，行为导向。道德和法律是规范人们行为的两大社会规范，而这两者都离不开思想政治教育。道德教育引导人们养成良好的道德习惯，法律教育是培养人们的法律意识。依法治国和以德治国的相互结合，促使形成良好的社会氛围和行为规范。微博通过对正面新闻的报道和负面新闻的评论引领人们朝着正能量舆论导向前行，充分发挥微博思想政治教育的新能量。

2. 保证功能

保证功能是思想政治教育的重要功能，保证社会主义的性质和方向，保证社会主义建设的积极性。

第一，保证社会主义的性质和方向。我党在建设初期就提出"思想政治工作是经济工作和其他一切工作的生命线"的著名论断，说明思想政治教育有其他工作所替代不了的保证功能，从而确立了思想政治教育在社会主义建设过程中的重要地位。是否进行思想政治教育，是关系到我们党和国家举什么旗、走什么路的原则问题。只有加大思想政治教育，才能提高人们的社会主义觉悟，坚定中国特色社会主义道路的决心，才会贯彻党和国家的路线、方针、政策，防止各种非无产阶级思想的侵蚀。微博思想政治教育作为政府、高校官方的发言人，理应大力宣传中国特色社会主义的建设道路和社会主义主旋律，保证社会主义现代化建设的顺利进行。

第二，保证社会主义建设的积极性。微博思想政治教育的良好开展大大调动了人民群众建设社会主义的热情，有利于培育社会主义新的建设者和接班人，提高中华民族的思想道德素质和科学文化素质，建立良好的社会风气，扭转贪污腐败等社会不正之风，遏制思想道德观念的退化和沦丧，使中国的现代化建设沿着社会主义方向健康发展。

3. 育人功能

思想政治教育是通过运用思想品德的形成发展规律培养人们的思想政治素质，不论我党提出的培育"有理想、有道德、有文化、有纪律"的"四有"新人，还是德、智、体、美等全面发展的社会主义建设者和接班人，都是以马克思主义关于人的全面发展为指导的不同表述，都体现思想政治教育的育人功能。中共中央、国务院《关于加强和改进新形势下高校思想政治工作的意见》指出，要发挥哲学社会科学育人功能。强调要加强哲学社会科学学科体系建设，积极构建中国特色、中国风格、中国气派的哲学社会科学学科体系，强化马克思主义理论学科的引领作用，支持有条件的高校在马克思主义理论一级学科下设置党的建设二级学科，实施高校马克思主义理论人才支持培养计划，积极推进学术话语体系创新，加快完善具有中国特色和国际视野的哲学、历史学、经济学、政治学、法学、社会学、民族学、新闻学、人口学、心理学等学科，努力建设一批中国特色、世界一流的哲学社会科学学科。高校官方微博通过发布积极向上、感人励志的内容，引导大学生不断追求更高的理想，用现实中的人物和事件感染受教育者，提高他们服务社会的积极性，激发他们奋发进取的精神。微博在思想政治教育者与受教育者交流的过程中营造和谐温馨的氛围，除了满足学习和工作中的知识所需，还要关注日常生活的点点滴滴，帮助他们排忧解难，聚焦他们真正关心的问题，在人文关怀中发挥育人功能。

4．调节功能

思想政治教育的调节功能，是指通过民主的、说服教育的、相互沟通的方式，进行人的情绪调控、人的心理调适和人际关系调整，从而达到提高人的思想觉悟，建立新型的人际关系的目的，保持和促进社会的稳定与发展。思想政治教育调节就是纠正教育的实际效果与应有效果之间的差距，经过分析找出偏差和原因，有针对性地调整相应的措施，纠正内容的偏差，改变教育方法，提高教育者的素质，使受教育者的言行、思想品德与业务结合起来，促使思想政治教育达到预期目的。微博是受教育者一个宣泄情绪的新平台，思想政治教育需要关注受教育者的情绪，帮助他们进行有效的心理调节，以健康向上的心理状态面对社会、面对生活。微博思想政治教育同时也是各种矛盾的集散地，教育者需要在这片阵地上缓解各种冲突，化解各类矛盾，着力构建团结、互助、平等、友爱的网络关系，处理好不同群体之间的纷争，使各个微博用户之间的交流和互动更加和谐。

5．转化功能

所谓转化，是指在思想政治教育中，教育者通过多种方式，积极帮助人们改造思想，纠正人们既有的错误的思想认识，把其引导、转变到正确的轨道上来。转化是思想政治教育的一个重要功能，是思想政治教育通过某种外在力量达到改变教育对象内部状况的一种重要活动。这种内部状况的变化就是思想政治教育"内化"与"外化"的内在矛盾过程。一般来说，"内化"为"外化"创造条件，思想政治教育的开端即解决认知矛盾的问题，思想政治教育对受教育者注入新的知识以改变原有的知识结构，形成思想政治教育所期望的认知转化。但是，受教育者的知、情、信、意、行所组成的思想结构体系复杂，任何一环出现变动都会导致"外化"的失败。思想政治教育需要根据受教育者的个体展开相应的变化，运用理论教育、实践教育、疏导教育、典型教育、激励教育、感染教育、心理咨询、预防教育、磨炼意志等方式方法，引导受教育者将错误思想转变为正确思想，抛开原有的行为习惯，"外化"于行动之中，提高受教育者的思想水平，促成良好品德的形成。

（二）微博思想政治教育的发展优势

随着在高校政务工作中的作用越来越明显，微博也逐渐成为高校政务发挥发声、聚合、引领价值的关键渠道。

1. 传播力广

高校微博的开通，开启了高校网络互动的时代。在高校微博中，经常可以查找到学校的有关宣传信息和开展活动的内容，还不时与粉丝进行互动，增强学子们的亲切感。高校微博可以把思想政治教育信息或链接放在网上，方便大学生浏览和查看；可以发布日常生活中积极向上的励志信息，引导大学生树立正确的世界观、人生观和价值观；可以设置网络问卷调查，及时了解学生们的思想动向；可以运用立体、动态的形式，吸引更多大学生的加入；可以不时发布服务公告和招聘信息，帮助大学生解决他们最关心的问题。高校微博网站中，发布者需要从大学生的实际出发，有目的、有计划地更新思想政治教育的内容，真实、准确地反映校园和社会的思想政治状况，从而有针对性地开展思想政治教育。

2. 影响力深

高校微博之所以能拥有深远的影响力，离不开与粉丝们的频繁互动，离不开信息的及时更新，搭建了双方更加顺畅的沟通桥梁，加深学子和母校之间的思想交流与融合，促进双方的认知和了解，克服了思想政治教育传统的单调和刻板印象，从而促成了人气旺盛的局面。如果没有超快的更新速度和丰富的内容，高校微博就形同虚设，缺乏人气，留言冷清，但如果只发布信息而缺少互动，也会减少关注度和影响力。

3. 公信力大

在媒体形态多样化的现代，人们沉浸在信息的浩瀚海洋中应接不暇，媒体的公信力受到前所未有的威胁。公信力是媒体必须秉承的内在品质，是媒体赖以生存与发展的核心竞争力。微博公信力较高，是因为微博作为一个公共平台，不同观点与声音会得到一定程度的表达，互联网的自净机制就更容易发挥作用。微博实名认证功能是政府、企业、高校等权威部门发布信息的便捷途径，有利于提升人们对官方微博的信任。因此，高校微博成为校园科研成果、官方声明、文化活动等重大事件的"新闻发言人"。

4. 引导力强

微博的主要特点就是互动性，高校微博一改传统思想政治教育的交往模式，把受教育者藏在内心的话语以虚拟和隐蔽的方式倾诉给思想政治教育工作者，双方处在相对平等的地位进行无障碍的交流。大学生把真情实意呈现在高校微博上，教育者可以接触到受教育者的内心深处，这样的思想政治教育才更有说服力。另外，高校微博利用互联网的即时性特点，思想政治教育者能够在最短的时间内掌握受教育者思想和生活的真实状况，把最前沿和最详细的资料展示给大学生们，引导他们学习的方向和思维方式。

（三）高校利用微博开展思想政治教育策略

教育的关键是"以人为本"，高校思想政治教育工作的开展要以"学生"为中心，坚持"以人为本"的教育理念，充分利用微博在思想政治教育工作中的积极作用，着力应对微博对思想政治教育工作的挑战，不断完善和优化微博思想政治教育平台，切实提升思想政治教育工作水平。

1. 更新教育理念

随着微博发展和其影响的不断深化和扩大，高校思想政治教育工作的开展也迎来了一定的挑战和机遇。尤其对于一些思想政治教育者而言，挑战的到来使其心理负担加重，对微博在思想政治中的应用有一定的排斥心理。高校思想政治教育者应当及时更新教育理念，创新微博应用方式，切实发挥微博在高校思想政治教育工作中的作用。首先，各高校应当加大对微博的重视，从思想观念上重视微博，了解和认识微博在各个学科应用中的情况，同时对大学生微博使用情况进行一定的调查，形成一个正确的"微意识"。其次，各大高校应当充分利用微博这一新兴的媒介，加强与教师、学生等相互之间的联系，提升自身的"微认识"水平，进而为微博在思想政治教育工作中的运用提供坚实基础。

2. 创设高校思想政治教育微博集群

对于高等院校来说，其思想政治教育工作的开展需要全体师生的共同努力。同样，要想将微博应用于思想政治教育工作中去，需要全校人员的努力，而这一目标的实现就必须不断完善和优化高校思想政治教育微博集群，提高高校思政教育的时效性。高校应当结合自身的实际特点，建立思想政治教育专题性官方微博平台，站在全局发展的高度，开展思政教育工作。思政教育官方微博平台应当配备专门的人员进行管理，可由学校宣传部门人员，或者指定有一定的新媒体操作技术的思想理论课教师负责。同时相关的工作人员还应当做好相关的微博资料内容查阅回复等工作，紧随时代发展潮流，紧扣时代发展主题，有效提升大学生思想政治学习水平，进而为高校思政教育效果的提升打下坚实的基础。

3. 建立线上线下相结合的思想政治教育机制

重视微博视阈下高校思想政治教育的同时，也不能放松传统思想政治教育手段的运用。利用微博的线上平台，是高校传统思想政治教育手段的有益补充，其效果还需要线下思想政治教育的进一步强化和检验。

在高校思想政治教育中，只有形成线上线下多种手段综合运用的机制，使线上微博思想政治教育与线下传统思想政治教育互动运用，才能形成思想政治教育的资源共享、优势互补、全方位覆盖，发挥思想政治教育的整体合力，提升高校思想政治教育的实效。

4. 加强队伍建设、制度保障

新媒体时代的高校思想政治教育工作，需要一支具备过硬政治素质、丰富工作经验、较高网络信息素养的教师队伍，主动参与到微博的传播、互动中去，丰富高校思想政治教育资源和形式，保证思想政治工作的实效性；还需要从大学生中选出一批思想素质过硬、网络能力优秀的学生微博领袖，积极配合做好大学生舆论引导。同时，高校还应建立健全微博管理制度，规范大学生在微博空间的网络言行，加强对大学生微博的监管，营造高校和谐的微博环境。还需要一定的物质保障，促进高校网络思想政治工作的不断发展。

(四) 构建高校官方微博的运行机制

1. 加大对高校官微的宣传推广力度

某件事情能否成功很大程度上取决于当事人的态度。因此，只有让高校教师、大学生及其他社会大众充分了解高校官微，使其知名度得到持续扩大，才能促进官微思政教育功能的发挥。第一，引导本校思政教育工作者充分重视官微的教育功能。只有获得教育者的重视，才能使微博更好地服务于教育事业。对此，高校应当建立奖惩机制，定期调查教师使用微博教学的频率，对经常使用微博开展教学活动的教师进行奖励，增强教师对微博的认同感，还应当开展微博教学的技术培训，确保教师和其他行政人员有能力运用微博开展思政教育工作。第二，利用本校官方微博设置专门版块开展思政教育。学校可以围绕学生感兴趣的内容设置专栏，引导学生进行讨论，邀请知名专家在学校官微开办讲座，还可以与校外企事业单位联合举办教育实践活动，通过这些措施来吸引大学生对本校官微的关注。第三，重视高校官微的营销推广。高校应充分利用重大节假日、开学等特定时间加大力度宣传官微，还可以通过开展微博小说征文等活动扩大官微的影响力，使其成为开展思政教育的重要平台。

2. 建立高校官微的日常运营机制

要充分发挥官微的思政教育功能，关键在于拥有科学高效的团队，制订科学的运营计划。第一，设置相关人员负责官微的日常运营管理，安排专业教师编写思政教育的文章在微博上发表并和学生进行互动。专业队伍的组建要层层把关，由学校宣传部门领导和管理，定期进行培训，到微博发展较好的高校进行学习，然后根据本校实际情况找到适合自己学校发展的方式。此外，要分工明确，有具体合理的数量指标，由专职教师协商确定周期主题，结合近期国内外的热点时事、校园文化、学校活动等编制微博信息，及时发布，确保微博持续更新，提高微博活跃度。第二，开展官微的多元化互动。通过热点讨论、邀请关注等形式多样的微博主题实践活动，吸引大学生广泛参与，实现传播主体与受众之间的多元化互动，既活跃气氛，又能保持官微活力，使其思政教育功能得到持续性发挥。同时，要注重官微与其他媒介的互动，为扩大大学生思政教育影响开辟通道。

3. 建立高校官微的引导机制

微博的出现使信息传播更为便利，但由于这种新媒体在交流过程中存在隐蔽性、匿名性、快捷性等特点，且入门门槛较低，由此也带来许多隐患，如传播非主流思想、制造虚假信息、引发网络群体事件等，大学生由于思维超前，更容易受到这些不良信息的影响。因此，高校在管理各自的官微时要采取各种措施，建立引导机制，正确引导大学生的言行。第一，从源头做好微博信息的监控与防范。要及时过滤即将上传官方微博的信息，剔除虚假信息，删除容易引发负面影响的帖子，从正面引导各种评论，规范微博信息传递，防止不良信息进入校园。此外，高校应当主动出击，以真实生活为蓝本创作一些原创微博，让大学生读后能够产生共鸣，在潜移默化中滋润心灵；还应当转发一些传递正能量的微博，正确引导舆论方向。第二，以官微为平台在交流互动中实现正确引导。对于大学生在官微上的提问，学校有关领导和部门应当及时回复，并采取措施加以解决，无法及时回复和解决的要说明原因。对校外网友的意见建议也应当给予回应，对一些网民的偏激言论，要及时进行驳斥或回应，引导他们理性思考问题，用平和的语气真实地反映情况，用国家法律规范言行。

4. 建立微博舆情监控、预警和应急机制

微博、微信等新媒体是一柄双刃剑，如何最大限度地发挥其优势降低其带来的消极影响，是高校教育工作者必须思考的重要问题。鉴于微博的消极影响主要是由于其传播的不良信息造成的，所以加强对微博信息的监管显得尤为重要，只有尽最大努力降低不良信息的传播速度，缩小扩散范围，才能为大学生创造良好的网络思政教育环境。第一，建立微博舆情监控机制。高校官微不仅是信息发布平台和对外宣传的窗口，而且是校园舆情的晴雨表，管理者应当加强舆情监控，通过对微博上的热门话题进行监管和研判，对有可能引发激烈争议并导致大学生出现偏差认识的话题及时进行干预，引导话题讨论转向正确的方向。第二，建立微博舆情预警机制。由于微博传播的不可控性，特别是在校园突发事件中，大学生往往乐于通过官微表达见解，期待学校关注，对此必须采取针对性措施对一些不良信息及时预警，制止其恶性扩散。官微要及时搜集学生意见，从中掌握他们的思想动态，及时查看私信、留言、评论，跟踪传播信息，给予反馈，适时公开信息，调整传播方案，通过与学生及时沟通抚平情绪，化解可能出现的舆情危机。第三，建立突发事件应急机制。在危机事件发生后，高校应当运用官微的短信群发功能，向社会大众发送舆情预警，及时说明事实真相，防止谣言扩散，维护社会安定团结与稳定。

5. 建立微博激励机制

采用奖励措施既有利于激发师生参与微博话题讨论的兴趣，从而调动他们参与思政教育的积极性，还能激励各高校实现微博资源共享，从而丰富大学生思政教育资源。可以按照不同种类的微博参与形式，结合不同高校的实际进行分类评价：第一，根据高校官微的参与度进行评价。主要从微博信息的转发量、互动度、评价量等方面进行考核，对积极转发官微信息的师生进行物质奖励，发挥其榜样示范作用。第二，根据官微的运营状况进行评价。主要从微博的内容建设、表现形式、发布数量、质量效果和影响力等方面进行考核，对在官微运行管理中取得重要成绩者，给予物质奖励。第三，鼓励各高校实现微博资源共享。教育行政主管部门应当倡导各高校将优秀的思想政治理论课、先进教育经验、思政教育资料等放在本校的官微上，实现资源共享，不仅让学生拥有更多思政教育方面的学习资源，而且有利于高校之间相互交流，促进他们开展思政教育工作方面的合作。

6. 创新高校官微的内容和形式

在坚持马克思主义理论和党的路线、方针、政策的前提下，官微的发布内容和形式要不断创新和优化，从而满足当代大学生的实际需要。第一，内容要聚人气。高校应当指派专人负责微博思政教育内容的更新和管理，并用学生乐于接受的方式将教育内容在微博上表达出来，提升官微的思政教育功能。官微应从大学生的特点和需求出发，在日常生活、学习、工作中有效发挥思政教育作用，解决大学生面临的学习、生活、情感和工作问题，还应对学生关注的趣事逸闻、招生就业、热点讨论等方面发起话题，让更多师生参与到探讨中来。第二，语言要接地气。官微在传播信息过程中，要结合当今大学生的语言风格，并结合微博议题调整文风；当传播非常重要信息时，要采用官方话语模式，用正式的语气表述，以确保信息发布的权威性；当与大学生进行思想和情感交流时，则应当采用朋友式的口吻和语调，使用一些网络用语和非主流语言，让大学生有一种亲切感，更愿意接受这些信息，从而达到教育效果。第三，宣传要树正气。官微是传播正能量、发出好声音的重要渠道，要科学设置栏目，围绕主题挖掘本校的先进人物和事迹，讲好自己的故事，通过图片、动画等多种形式提高微博的感染力，更好地展现新风尚，树立正风气，给人以榜样的力量。

7. 优化高校官微发挥正向功能的外部条件

从社会管理角度而言，科学技术的发展只有在法律的规范和引导下才不会偏离正确方向，微博这种新媒体也只有通过法律的约束才能实现其社会价值，更好地发挥作用。基于此，要充分发挥高校官微的思政教育功能，除了加强对微博自身的管理外，还必须创造有利的外部条件。第一，实施微博实名制。微博上的信息良莠不齐，为此，应当对信息发布者进行有效约束，这就要求政府对微博运营商加强监管，通过实名认证要求认证对象和受众群体完善自身材料，并确保其信息的真实性。同时，各高校应实行微博用户的后台实名、前台匿名的制度，既保证大学生的言论自由和个人隐私，又能够对不良言论追根溯源，从而保证官微平台风清气正。第二，加强法律建设。微博的良性运行既需要广大网民加强自律，更离不开法律的强制性约束。政府应大力完善网络法律法规，对那些利用微博等新媒体传播不良信息、引发思想混乱的人员必须严厉惩处，以确保微博运行的良好环境，从而为官微发挥正向功能创造优越的外部条件。

二、QQ在新媒体时代高校思想政治教育中的应用

QQ以其特有的功能与特点及其在大学生中较高的使用率，成为大学生思想政治教育的一个重要载体。高校思想政治教育工作者应注重对QQ多人聊天、QQ群、群文件、QQ空间等功能的开发与利用，并通过学生、教师、学校以及国家信息管理部门的共同努力，充分发挥QQ的积极作用，尽力避免或降低QQ所带来的消极影响，在具体实践中不断提高大学生思想政治教育的质量。

（一）QQ在大学生思想政治教育中的具体应用

学生参与课堂教学的模式一方面激发了课堂的活力，另外，让学生在适度亲历教学过程中，体会到了课程中所包含的真、善、美，促进了知识向智慧的转化，推进了学生的全面发展。

1. 多人聊天的运用

在学生参与课堂教学的前期准备中，教师需要与各小组成员进行大量的沟通、交流，在这个过程中，QQ发挥了重要作用。QQ群聊中有面对面发起多人聊天的功能，每个小组可以建立一个多人聊天群组。学生制作好课件以后可以直接发送到多人聊天，教师根据课件制作完成情况提出修改完善的建议，存在问题的地方可以直接用QQ截图进行反馈，促使他们进一步修改完善。小组各成员也将交流时要提的问题发到多人聊天，教师对不合适的问题提出修改意见，并要求每位学生对自己所提问题有自己的认识与见解，以便应对交流中其他学生的提问。

2. QQ群的应用

首先，QQ群聊功能的运用。教师在第一次上课时可要求每个班级建立一个QQ群，教师可根据课程进度和教学内容选取相关的时政问题或相应的案例供大家讨论，在讨论时教师要参与其中，并尽量调动学生参与讨论的积极性，做好方向性引导，使讨论不偏离主题，同时，对讨论中出现的错误观点予以纠正，这样可以在不同思想的碰撞中提高大家对问题的认识。

其次，QQ群文件功能的运用。教师在教学中，可根据教学的需要和学生的阅读兴趣，在QQ群文件里上传一些电子书，如与思政课程相关的书籍，或者一些文学、历史、哲学、传记类别的书籍，学生可根据自己的需要和喜好进行下载阅读。对一些专业性、理论性较强的马克思主义理论类书籍，教师要适度解读，然后再让学生阅读，这样更有利于加深学生对内容的理解，引导学生逐渐养成良好的阅读习惯。

3. QQ空间的运用

QQ空间尤其要注重"说说"的运用，教师可以将自己对生活、人生、读书的思考与感悟写成"说说"，使学生在评论与点赞时受到潜移默化的影响，培养学生的道德情感，充实他们的精神生活，引领他们的精神发展。

教师还可以将时政要闻、社会热点问题或他人对社会热点问题的评论发到"说说"上，让学生在评论、讨论中深化对问题的认识。

4. 一对一即时交流

学生在日常生活、工作和学习中会遇到一些困惑与问题，需要得到教师的帮助。教师在接到学生的帮助请求后，要耐心、认真地帮助学生分析问题，引导学生找出解决问题的办法，这种交流不仅可以拉近师生距离，更有利于思想政治教育工作的开展。

（二）关于 QQ 在大学生思想政治教育中应用的思考

QQ 为高校思想政治工作者提供了一个可以利用的工具，同时也满足了大学生学习和生活的各种需要。我们在认识到 QQ 有利的一面的同时，也要对 QQ 对大学生健康成长的潜在威胁有清晰的认识，并找到应对方法。

1. 学生方面

首先要在学生中倡导绿色上网，营造良好的网络氛围，规范网络语言，让学生养成良好的网络习惯。其次要提高学生的信息鉴别能力，引导学生不盲目转发未经证实的或虚假的信息，以免被别有用心的人利用。最后要提高学生的网络素养，引导学生发表评论时语言文明、客观公正。

2. 教师方面

第一，在运用 QQ 进行思想政治教育时，应设置一个专用账号，这样在讨论时就不会受到其他因素的干扰。第二，教师要提高运用 QQ 进行思想政治教育的自觉性，要仔细甄别、选取适当的教学内容，并以学生乐于接受的方式展示给学生，以达到教育的效果。第三，在 QQ 群方面，要加强管理，请责任心强的学生做群管理员，对群进行管理，以保证 QQ 群为思想政治教育服务。第四，及时关注空间动态，对于发布虚假信息、发泄个人对社会不满、侮辱诽谤他人等不良网络行为要予以制止。

3. 学校方面

学校要重视 QQ 平台的管理维护工作，建立将 QQ 应用于大学生思想政治教育的长效机制，保证 QQ 在大学生思想政治教育中的有效性。

4. 国家信息管理部门方面

国家信息管理部门要加强对 QQ 信息源与信息传播的监控，同时不断发展 QQ 信息监控和过滤技术，对 QQ 中的不良信息进行检查、监控和过滤，杜绝垃圾信息的传播。

总之，在将 QQ 应用于大学生思想政治教育的过程中，我们要充分发挥 QQ 的积极作用，尽力避免或减小 QQ 所带来的消极影响。高校思想政治教育者要在具体的教学实践中不断探索更加有效的方式方法，以不断提高大学生思想政治教育的质量。

三、微信在新媒体时代高校思想政治教育中的应用

（一）微信作为思想政治教育载体的优势

思想政治教育载体是思想政治教育的基本要素之一，是实现思想政治教育目的的中介和手段。思想政治教育载体有其独特的结构、类型、特征、功能和使用方法。所谓思想政治教育载体是在思想政治教育工作过程中，承载教育因素的工具性事物。它具有功能性、对象性、属人性。它的功能性表现为能够承载教育因素发挥教育作用。它的基本功能是承载和传输社会要求的政治、思想和品德价值与规范，促进受教育者接受所承载和传输的内容，形成相应的政治、思想和品德。它的对象性表现在它只有与思想政治教育因素建立承载关系，才可称为思想政治教育工作载体，其功能只有在与思想政治教育因素的关系中才能够表现出来。它的属人性表现在，它是为了实现教育目的而被利用或被创造的，它与教育工作主体的关系是利用工具关系。毋庸置疑，微信已经成为思想政治教育的新载体，在思想政治教育载体的功能性上进一步扩展影响力，在对象性上进一步增强针对性，在属人性上进一步加大互动性。

1. 增强思想政治教育的影响效果

微信中的资源和信息让人应接不暇，涵盖经济、政治、文化、教育、科技、军事、心理、体育、娱乐等生活的方方面面，拥有文字、图

片、声音、动画等多种呈现方式，满足了大学生自由独立的需求，有利于提升各种互动联系的深度和广度。微信朋友圈符合大学生的交友习惯，对信息具有共享性，通过朋友圈的分享和群组的联系能发现趣味相投的伙伴，实现全方位、立体化的沟通，共同决策，体现集体的力量。微信公众平台形式多样，把生活各个角落的内容都融合在思想政治教育中，虚拟的网络已经开始回归到现实生活，悄悄影响着大学生的世界观、人生观和价值观。微信公众平台的资源承载着丰富的内容，受众的人数、层次和范围都和传统媒介不可同日而语，再加上不受地域和时间的限制，高校各种信息和思想政治教育内容得到了良好的传播。

　　思想政治教育面对新形势，需要对教育内容进行重新思考，理性判断，运用新的方式开发思想政治教育的内容，充分结合微信账号的活跃程度提供给大学生精神给养，使教育内容更加形象化、立体化、情景化。在贴近学生生活的资讯中增强大学生的社会责任感、使命感，传播正能量的思想，坚定理想信念；在开放自由的微信平台激励学生，调动学习的积极性，锻炼社会实践的能力，提高人际交往能力。

2. 拓展思想政治教育的针对范围

　　高校微信的思想政治教育针对性限定为大学生，利用大学生的通讯录实名认证学生微信，把虚拟的网络生活与真实的现实生活接轨，增强思想政治教育的针对性和精确度。思想政治教育者可以针对学生的类型和特点组建不同的微信群，在不同群里发布有针对性的信息，组织群组的同学参与讨论。因微信群具有一定的私密性，只有群组的同学才能够看到，大学生们可以畅所欲言。这样一来，教育者就能第一时间掌握大学生的动态，了解大学生学习和生活中的困惑，在个性发展、知识结构、情感变化、价值取向等方面融合思想政治教育内容，最大范围地扩展思想政治教育涉及的领域。

　　高校微信公众号的设置还关注学生的各种信息需求，一所学校有时同时拥有多个公众服务号，针对特定的部门发布不同的消息，学生们可以根据目前最关心的方向来关注相关的公众号。思想政治教育者利用微信简单便捷、快速即时的特点，能够打破思想政治教育的时间和空间限制，随时随地发送具有针对性的思想政治教育信息，用简明扼要的内容适应碎片化的微信内容，及时解决负面力量的集结，避免不良情绪的滋生，杜绝心理问题的产生，防止舆论事件的发生。

由此可见，思想政治教育在微信公众平台上的表现突出，不是传统意义上的理论说教，更多地体现为在服务中提升学生的情感，在帮助学生的日常生活中培养学生的道德素质。

3. 加大思想政治教育的亲切互动

微信改变了思想政治教育双方的沟通交流方式，可以"点对点"地双向传播，也可以"点对面"地多向传播。微信发挥即时性的特点，拉近了师生之间的距离，使他们在互动中感受自己在学校的分量，体会学校一员的荣誉感，增强主人翁的责任感。

总之，微信作为思想政治教育的载体，能更好地与学生们进行沟通和互动，使其在课堂中无法及时反馈的信息在微信中很好地表达，突破传统思想政治教育载体的束缚，最大限度地满足大学生的喜好和需求；在亲和力和互动性十足的环境中很容易被接受和内化，让学生们更愿意敞开心扉与教育者进行交流和互动，充分发挥大学生的积极性和主动性，及时传播新的教育资源和社会主义核心价值观；在形象、生动、直观的环境中得到思想的升华，在人性化的关怀中给予大学生新的力量，在轻松活泼的话题中提升彼此的信任感，增强思想政治教育的实效性。

（二）提高微信在高校思想政治教育中应用实效性的对策

以微信为渠道进行高校思想政治教育已是大势所趋，如何提高其实效性是应用过程的关键问题。因此，可采取以下对策。

1. 在运营上增强微信内容及形式的吸引力与教育性

高校微信运营是高校微信发挥作用的关键。微信订阅及关注度是体现一个微信账号受欢迎程度以及能在多大程度、多大范围上受到关注的重要指标。高校微信账号的粉丝是有极限的，高校半径决定了粉丝数量。如何从内容和形式两方面入手，增强高校思想政治教育的受众面和有效性，是提高微信在高校思想政治教育中应用的关键。

第一，增加微信内容的知识性和趣味性，使大学生愿读、能懂、敢说。微信内容是高校思想政治教育的核心和关键。新时期，思想政治教育内容应以时事热点、历史典故、重大会议或赛事、考研就业等学生感兴趣的内容为主，将思想政治教育与日常生活"润物细无声"地联系起来，潜移默化地影响学生。

第二，微信形式要图、文、音、影并茂，提升互动性和吸引力。微信类似于网页格式，大部分内容推送只有简单的标题和图片，很多时候第一印象就决定了是否要进一步了解这个信息。因此，高校在思想政治教育的过程中，应做好信息的"外包装"，根据新时期大学生的心理特点与具体需求，将所想要传达的信息以最可能被学生接受的方式呈现，同时拉近与学生的心理距离，使之愿意去了解、互动、交流，真正地实现高校思想政治教育的价值。

2. 在教育主体与对象上以微信为纽带增强双方的互动、沟通

第一，调整思想政治教育教师结构，增强微信管理素质。思想政治教育教师的素质和管理能力在一定程度上决定着微信的吸引力。高校应建立一支专兼职相结合，不同专业、年龄层次有梯度的思想政治教育队伍，加强其对微信的使用及管理能力，使其能够通过建立微信公众号、微信群组等方式，与学生开展交流沟通，积极推送、转发与思想政治教育和学生日常生活密切相关的内容，积极做好引导、解释、辅导、答疑、介绍等工作，从小事入手，切实解决学生问题，关注学生思想动态。

第二，提升学生的微信应用能力，引导其自我管理。微信作为一个网络平台，可以呈现纷繁复杂、各种各类的信息。高校学生应提高自律能力和网络道德观念，合理使用微信。微信作为一个工具性事物，其价值最终是由使用者决定的。高校学生应判别哪些信息是有价值的、是正确的，接受、转发正面信息和积极的价值导向，积极主动地参与到高校

思想政治教育素材或者活动的互动中。

3. 在组织与制度上有充分的监管机制和保障机制

第一，从物质、组织等方面给予大力支持。任何设想的实现最终都需要一定的保障机制以确认其实施。一方面，高校应用微信进行思想政治教育需要必要的经费投入。微信运营中的各个环节包括硬件设备或者软件的信息发布、维护等均需要有一定的经费支持，对此，应从国家、社会、高校等不同角度入手，采用不同的回馈方式，保障微信在高校思想政治教育中的运用。从组织层面上，要将思想政治教育内容生动丰富、寓教于乐地应用于微信中，需要一整套组织机构的合理配合，形成职责明确、协同规划的组织团队，通过工作小组的形式，充分调动不同岗位工作人员的聪明才智和积极性，实现高校思想政治教育的组织保障。

第二，建立政府、运营商、高校合力的监管机制。良好的制度是实施的保障。高校学生正处于由"他人管理"到"自我管理"的过渡期，在此期间，高校应最大限度地为学生提供积极正面的信息。高校在鼓励学生合理应用微信的同时，应建立合理的监控制度和反馈机制，优化微信功能，使学生通过微信真正获益，实现思想、心态的健康发展，让微信切实成为思想政治教育的有效载体。

第二节　新媒体环境下高校大学生思想教育的创新策略

新媒体是相对于传统媒体而言的，是继广播、电视、报刊等传统媒体后崛起的新时代背景下的媒体形态，是应用移动互联网技术，通过网络等即时性较强的渠道，通过手机、电脑等终端，随时随地向用户提供信息服务的媒体形态。新媒体又被称为数字化媒体，当今的大学生，几乎每个人都有自己的手机和电脑，很容易通过各种新媒体，包括微信、微博、论坛等接触各种新鲜事物。在当今时代背景下，新媒体的作用相当明显，主要表现在舆论导向、思想教育、交互等方面。由于在新媒体环境下会出现信息杂乱、良莠不齐、文化渗透等情况，所以高校思想政治教育工作者需根据时代的变化对工作方式进行调整。如何在这样的时代背景下使工作有所突破，是一个值得深思的问题。

一、创新教育理念

新媒体在社会生活中的应用频率及其所能发挥的作用已不容小觑。在这样的环境下，需要广大思想政治教育工作者高度重视，探索积极应用新媒体推进大学生思想政治教育工作的方式方法，利用好新媒体信息传播速度快的优势。以新媒体为载体开展多样化校园文化活动，能够吸引更多大学生关注和参与，从而加强大学生思想政治教育工作的实效性。思想政治教育工作者应积极抓住思政教育的最佳时机，抓住思想政治教育工作的主动权。

二、改变教育方式

思政教育工作者在改变传统教育理念的同时，首先要做的是改变原有的思想政治教育方式，把新媒体技术应用到思想政治教育中去，逐渐构建一套满足新媒体发展需要的思想政治教育体系。既要保持主旋律不变，同时也要对现有的教育方式进行多样化创新，要充分发挥出新媒体的舆论导向作用、交互性强的优势，以调动学生积极主动参与到教学过程中。在改变教育方式的过程中，除了在基础业务知识上需要拓展更新外，还需要在工作实践上针对新媒体传播方式的特点进行创新。例如，借助新媒体传播中用到的各类平台，用青年人群容易接受的方式开展思想政治教育工作。使用创新后的教育方式不仅可以让高校学生的思政教育工作更快、更有效地开展推进，同时也能迅速提升思想政治教育工作者的业务实践水平。其次要加强制度建设。由于新媒体上的信息良莠不齐，需要教育工作者通过网络管理制度、危机预防与处理制度等相关校园制度，尽力完善校园网络的舆情疏导机制，改进工作方法，强化引领作用，净化校园的新媒体生态环境，以提高思政教育工作的成效，推动校园正能量的传播弘扬，从而使思想政治教育工作深入大学生的心灵世界。通过这种方式能够加强与学生之间的沟通，培养大学生的学习能力、办事方法、做人准则、创新意识。同时，思想政治教育工作者也应该不断学习，更新自身的知识，加强对新媒体知识的了解，不断提高教学能力，还要学会借助新媒体等载体随时随地处理各类问题，学会借助各种平台、载体以及一切可发挥的力量，不断改进思想政治教育工作思路和策略。

三、优化新媒体环境下思想政治教育工作架构

优化思想政治教育工作架构是指在新媒体环境背景下，充分整合利用校园中各部门的资源，建立起一种立体化的机制。首先需要成立负责校园网络思政工作的专职部门，对原来各部门自上而下、各行其道的运行机制进行改革，逐步探索出一套各部门相互配合、统一管理、协调共进的宣传新模式，进一步加强对大学生思政教育工作的监管。参与并推动新媒体技术的进步及应用领域，充分发挥其对青年群体的引领作用，凸显其在思想传播上的优势。如在坚持完成校党委领导下的校园宣传工作的同时，建立学生处、宣传处作为校园新媒体的宣传端口，并根据新媒体的技术种类，细分为论坛游戏管理员、微博微信后台管理员、门户网站维护员等，让学生参与负责不同领域的技术管理工作，在锻炼学生能力的同时还可以提高新媒体的宣传效率。另外，各大高校需要结合本校的实际情况制定相关的管理规定，加强学校对新媒体技术运用过程的监督与管理。各高校需要建立信息监测专管部门，建立起严格的信息处理体系，进一步完善、提高校园信息的筛选处理技术，确保把握住校园舆论的主导权，从而更有效地弘扬校园正能量，净化网络环境，让网络宣传平台充分发挥其引导作用，以提高高校思政教育工作的效率及成效。

四、新媒体背景下大学生思想政治教育机制优化创新

随着网络信息技术的迅速发展，大学生思想政治教育面临的时代背景以及当代大学生的生活、认知乃至思维方式均发生着巨大变化，当前的教育机制已经不能适应网络新媒体蓬勃发展的时代背景。在新媒体环境背景下，高校应重视大学生思想政治教育，彰显社会主义核心价值观和社会主流观念，使大学生能够自觉抵制网络新媒体领域的不良信息，不断推进大学生思想政治教育理论和实践的创新发展。

（一）新媒体为当前大学生思想政治教育提供了重要机遇

新媒体环境深刻改变着社会生产生活的传统模式，同时也给当前大学生思想政治教育带来了前所未有的机遇，主要表现在以下几个方面。

1. 新媒体的发展突破了大学生思想政治教育的时空限制

新媒体技术的普遍应用，特别是以智能手机为代表的新媒体终端设备的普及，使人与人之间的交流和沟通可以突破时空维度的限制。在这一背景下，大学生思想政治教育工作不再受限于课堂教学这一时间和空间维度，从而为大学生思想政治教育机制提供了全天候、全过程的发展机遇。

2. 新媒体的发展拓宽了大学生思想政治教育的手段

在新媒体环境下，大学师生和生生交流更为便捷，因此高校的思想政治教育工作者可以及时了解大学生的思想动态，并采取有针对性的教育方式，同时也可以利用新媒体技术手段开展思想政治教育，增强教育的吸引力，激发学生的学习兴趣。

3. 新媒体的发展增强了大学生思想政治教育的效果

在基于新媒体环境的背景下，大学生思想政治教育彻底改变了传统的一张嘴、一支笔的简单教育模式，以更丰富的内容和更为多元化的手段进行教学，这可以在相当程度上改变大学生对思想政治教育那种简单、枯燥的负面认知，从而以积极的心态接受思想政治教育，显著提高大学生思想政治教育的效果。

（二）新媒体背景下大学生思想政治教育机制的优化创新

基于新媒体环境的大学生思想政治教育工作是一项系统工程，其发展和完善不仅要适应新媒体迅速发展普及的时代特征，同时也要有思想政治教育理念的指导及遵循大学生心理成长规律。

1. 整合思想政治教育资源

虽然高校教师是对大学生进行思想政治教育的主力，但是学校党委宣传部、学工部、团委等部门也是对大学生实施思想政治教育的重要主体。在新媒体背景下，各高校要充分利用新媒体的技术优势，对思想政治教育资源进行充分整合，以形成大学生思想政治教育的强大合力。例如，可以通过有关科室牵头，建设专题网站，构建思想政治教育数据库，录制思想政治教育微课、视频以及建立常态化的家校沟通机制等。

2. 优化思想政治教育内容

面对蓬勃发展的新媒体对大学生思想政治教育内容的解构与重构要求，有必要进行相关教育内容的优化设计，以时代性和开放性为原则，积极构建满足新媒体环境需求的大学生思想政治教育内容结构体系。具体而言，思想政治教育不仅要正确引导当代大学生形成正确的世界观、人生观和价值观，正确认知现实社会，还要使其形成正确的网络道德观念，正确认知网络虚拟社会；不仅要使其树立社会主义核心价值观，关心现实社会中的民主政治建设，亦要使其积极参与网络民主政治生活；不仅要教育学生遵守现实社会的法律法规和社会道德规范，亦要使其遵守网络虚拟社会的道德和法律。

3. 提升高校思政教育工作者的新媒体素养

在新媒体环境下，大学生思想政治教育工作不仅要坚守传统课堂教学的主阵地，还要积极占领通过新媒体进行思想政治教育的制高点。因此，建议高校以教育改革和师资培训为契机，增强广大教职员工的信息意识，积极开发网络空间的思想政治教育资源，不断拓展利用新媒体进行大学生思想政治教育的领域。当然，面对自媒体时代网络信息的多元化特征，广大教师亦应提高自身的理论水平和辨别能力，对于网络上出现的反面声音要敢于亮剑发声，自觉维护我国社会的稳定和谐。

4. 正确引导高校网络自组织的发展

网络自组织是在互联网新媒体背景下发展起来的一种高校学生组织，为大学生进行学习和信息交流提供了一个快速、便捷的平台。随着高校网络自组织的发展和普及，其作为大学生思想政治教育平台的功能和价值也日渐凸显。显然，高校网络自组织对开阔学生的视野、促进大学生的人际交流具有重要价值。高校要加强对这些网络自组织的监督管理，从建立、发展和日常管理方面加强引导，充分发挥其在大学生思想政治教育方面的重要作用，通过传播正能量、弘扬真善美，为大学生的成长指引正确的方向。

5. 提升大学生的信息鉴别能力

基于新媒体环境的信息传输已经突破时空限制，文化泛化成为当前世界文化发展的重要趋向，同时也成为我国社会转型期文化发展的重要特点。由于大学生群体社会阅历尚浅，往往对网络信息的真伪缺乏足够的辨别能力。因此，各高校需要采取有效措施提升大学生的网络信息鉴别能力，强化他们对不良网络信息的识别能力，同时深刻认识到这些不良信息的危害性，从而自觉抵制这些不良信息。

创新大学生思想政治教育的理念和方式方法是一项长期的系统化工程，需要政府、社会、高校的共同努力。通过调动社会各方面的积极因素，实现教育资源的优化配置，能够不断开辟大学生思想政治教育的新局面，为中华民族伟大复兴中国梦的实现培养德才兼备的人才。

五、新媒体环境下大学生网络思想政治教育的创新

（一）用习近平新时代中国特色社会主义思想指导高校网络思政教育工作

具体而言，就是要坚持社会主义核心价值体系在高校网络空间的绝对话语权和主导权，要让大学生每次运用新媒体的时候，都能感受到互联网对社会主义核心价值体系的宣传广度、深度、力度。

实现新媒体环境下大学生网络思政教育的创新，离不开新时代中国特色社会主义思想的指导。用习近平新时代中国特色社会主义思想占据高校网络空间，能够确保高校网络文化发展的社会主义方向，为大学生提供一个健康向上的网络文化环境。这就需要在大学生群体中，通过新媒体来大力宣扬社会主义核心价值体系，激励大学生积极培育和践行社会主义核心价值观。比如，可以专门建立一个有关"中华优秀传统文化问答"的网络有奖互动平台，让更多的大学生了解我国的优秀传统文化，积极主动地培育和践行社会主义核心价值观，从而树立文化自信；或者可以将社会主义核心价值观的内容制成一个链接与其他主流网站连接起来，学生只要点击相关的网站链接，有关社会主义核心价值观的网站就会先被打开，之后才跳转到原本的网站。

（二）构建针对高校网络媒体平台管理的新媒体领袖机制和应急机制

高校需要不断创新和完善校园内部的网络平台，吸引更多的大学生参与其所在高校网络平台的交流互动。通常高校为了让学生能够全面认识学校，都会建立一个专门的网络媒体平台，统一负责学校的信息发布工作。同时为了能够及时了解学生的思想行为动态，避免网络群体性事件的发生，高校需要在网络平台培养有威望的发言人，建立"新媒体领袖机制"。新媒体领袖的职责就是及时关注学生群体近期特别关注的问题和事件，并且能够在第一时间核实问题和事件的真实性，不给虚假信息可乘之机。从根本上来讲，这里的新媒体领袖就是大学生网络思想政治教育的主要工作者。所以，高校网络平台的新媒体领袖还需要适时地宣扬正确的价值观，引导积极健康的网络舆论导向。

针对高校网络媒体平台管理除了需要建立新媒体领袖机制外，还需要建立相应的应急机制。新媒体所特有的开放性、虚拟化的特点，使得一些鱼龙混杂的信息在新媒体平台肆意流传，一些不良信息不可避免地会被学生看到。这会给大学生的价值观和心理健康造成一定困扰，也会给大学生网络思想政治教育带来极大挑战。所以，高校需要建立网络新媒体应急机制，对校园内部的网络媒体进行严格把关，及时过滤和清除不良信息，并针对有可能发生网络群体事件的新媒体平台进行严格监控。此外，还需要针对新媒体突发事件制定出切实可行的应急方案，使得高校对网络媒体的突发事件有足够的应变能力和把控能力。

（三）建设具备新媒体素养的网络思想政治教育工作者队伍

高校的网络思想政治教育工作任务繁重，对思政教育工作队伍提出了更高的要求：不仅要具备专业化的思政教育素养，而且也必须具备网络新媒体素养。在当前新媒体环境下，尤其需要他们熟悉网络新媒体的特征，对相关专业技术能够熟练运用。此外，由于新媒体具有一定的时代性，所以网络思政教育需要不断与时俱进。这就需要高校建立常态化的网络思政教育工作队伍培养机制，实现新媒体环境下大学生网络思政教育的可持续发展。

在对网络思政教育工作队伍开展系统培训时，需要做到以下几点：第一，更新思想观念。大学生的"三观"状况直接受到高校思政工作者的政治素养状况的影响，所以首先必须提升他们的政治素养；第二，提升其新媒体信息技术水平。新媒体的更新换代速度很快，必须紧跟时代发展步伐，不断提升他们的新媒体信息技术水平，通过新媒体实现对大学生的网络思政教育；第三，培养沟通能力。网络思政教育主要是做人的工作，离不开与学生之间的沟通交流。实现有目的的沟通需要一定的技巧，所以需要对他们的沟通能力和网络人际交往能力开展科学培训；第四，培养综合素质。因为如今的网络思政工作呈现多元化、专业化发展趋势，这就要求他们必须全方位提升自己的素质，比如人际交往能力、创新能力等。

（四）加强大学生网络道德教育，提升他们的媒介素养

大学生的网络道德状况直接决定了高校网络空间环境，所以有必要加强大学生网络道德教育，让他们自觉避免新媒体环境带来的消极影响。一方面，需要着重培养学生在网络媒体环境下的是非辨别能力，对此，高校可以出台相应的大学生网络行为规范，或者通过宣讲来提升他

们对媒体信息的鉴别能力；另一方面，要求学生能够将网络道德真正运用到实践中，自觉遵守相应的网络道德规范，远离网络语言暴力。

另外，在新媒体环境下创新大学生网络思政教育离不开对大学生媒介素养的提升。当前网络新媒体上的信息海量又多样，对于善于接受新鲜事物却缺乏一定辨别能力的大学生来讲，极易受到不良信息的影响，这对大学生的成长是极其不利的。所以，需要着重提升大学生的媒介素养。媒介素养指的是人们接触多种媒介信息时的一种选择、判断、辨析、创新能力。提升大学生的媒介素养，就是有针对性地加深大学生对媒介本身的认识和理解。一方面，由于部分大学生对媒介具有超强的认同性和依赖性，通常对媒介信息选择全盘接受，不具备一定的辨析和批判能力。这就需要让学生认识到媒介本身和媒介信息二者的不同，让他们看到媒体信息的良莠不齐，所以必须带着谨慎质疑的眼光来看待媒介信息；另一方面，还应该让学生意识到媒介信息所包含的不同价值观，需要他们有意识地去辨别和抵制错误价值观，自觉接受和宣传社会主义核心价值观。

参考文献

[1]谭仁杰.地方院校德育研究·社会实践与高校德育[M].武汉:武汉大学出版社,2017.

[2]林惠生.为教育寻找思想"教育思想学"初探[M].北京:中国言实出版社,2017.

[3]杨晓阳.新媒体背景下高校思想政治教育创新研究[M].延吉:延边大学出版社,2017.

[4]张淼.中国传统文化与高校德育的融合研究[M].昆明:云南科技出版社,2017.

[5]陈焕随.儒家德育思想视阈下高校德育研究[M].北京:研究出版社,2017.

[6]张玉婷.高校思想政治教育反馈体系研究[M].长春:吉林人民出版社,2017.

[7]赵宝红,陈利.高校网络思想政治教育研究[M].北京:北京燕山出版社,2017.

[8]何鹏举,策力格尔,李俏.高校思想政治教育全视角研究举要[M].北京:九州出版社,2017.

[9]李红革.大学生思想政治教育理论与实践研究[M].武汉:武汉大学出版社,2017.

[10]王立荷,何丽,郭华.传统文化与现代高校德育建设[M].长春:吉林大学出版社,2017.

[11]任少波.高校德育共同体[M].杭州:浙江大学出版社,2018.

[12]白翠红.高校德育思维方式发展研究[M].广州:中山大学出版社,2018.

[13]刘丽波.新时期高校德育教育创新发展研究[M].石家庄:河北人民

出版社,2018.

[14]陈娟.传统文化与高校德育教育工作融合研究[M].北京:世界图书出版公司,2018.

[15]陈志勇.长安星雨蕴芳华:福建师范大学校报文化副刊选集[M].北京:光明日报出版社,2019.

[16]朱美燕.立德树人·高校生活德育实践[M].上海:上海交通大学出版社,2019.

[17]陆世宏.语言文化特色育人中的高校党建与德育工作[M].北京:人民日报出版社,2019.

[18]马利强.立德树人视阈下高校人文素质教育研究[M].北京:北京工业大学出版社,2019.

[19]刘小春.高校网络思想政治教育引论[M].重庆:重庆大学出版社,2020.

[20]颜笑,李冰.高校学生党建与思想政治教育实践研究[M].北京:北京工业大学出版社,2020.

[21]田颂文.传统文化与高校思想政治教育融合发展的价值审视[M].北京:北京工业大学出版社,2020.

[22]严莹.新媒体时代高校思想政治教育研究[M].上海:上海交通大学出版社,2020.

[23]王利平.网络环境下高校思想政治教育方法研究[M].武汉:武汉大学出版社,2020.

[24]王书贵.高校立德树人的理论探索与实践创新[M].银川:宁夏人民出版社,2020.

[25]赵宇华,于志勇.立德树人视阈下高校德育工作与思想教育创新[M].延吉:延边大学出版社,2020.

[26]鲍荣娟,常雪,吴迪.高校德育工作创新实践研究[M].长春:吉林出版集团股份有限公司,2021.

[27]宋述贤,巩绪福,严苗.高校法学教育与德育管理[M].长春:吉林人民出版社,2021.

[28]周翠.高校美育德育的当代发展研究[M].北京:中国纺织出版社,2021.

[29]陈建伟.高校德育的传承与创新研究[M].北京:北京工业大学出版社,2022.

[30]苏少丹.高校德育实践研究[M].北京:中国纺织出版社,2022.

[31]邢良.高校德育引导与学生管理创新研究[M].北京:北京工业大学出版社,2022.

[32]伍韬.传统文化视角下的高校德育创新路径探究[M].北京:北京工业大学出版社,2022.